中华经典名著

全本全注全译丛书

马天祥◎译注

中说

中華書局

图书在版编目(CIP)数据

中说/马天祥译注. —北京:中华书局,2020.11
(2024.9 重印)
(中华经典名著全本全注全译丛书)
ISBN 978-7-101-14853-4

Ⅰ.中… Ⅱ.马… Ⅲ.①哲学理论-中国-隋代②《中说》-译文③《中说》-注释 Ⅳ.B241.12

中国版本图书馆 CIP 数据核字(2020)第 203452 号

书　　名　中　说
译 注 者　马天祥
丛 书 名　中华经典名著全本全注全译丛书
责任编辑　刘胜利
装帧设计　毛　淳
责任印制　韩馨雨
出版发行　中华书局
　　　　　(北京市丰台区太平桥西里 38 号　100073)
　　　　　http://www.zhbc.com.cn
　　　　　E-mail:zhbc@zhbc.com.cn
印　　刷　北京中科印刷有限公司
版　　次　2020 年 11 月第 1 版
　　　　　2024 年 9 月第 4 次印刷
规　　格　开本/880×1230 毫米　1/32
　　　　　印张 12　字数 200 千字
印　　数　15001-18000 册
国际书号　ISBN 978-7-101-14853-4
定　　价　32.00 元

目录

前言

亚圣有云："五百年必有王者兴，其间必有名世者。"周公制礼，孔子承教，董仲舒申天人之辩，文中子达三才之权。圣贤代出，文脉相传，方使弦歌不辍、斯文未坠。周公兴礼乐于殷周鼎革，孔子昌教化于东周式微，董仲舒立纲常于西汉风鹏正举之世，文中子振礼教于隋末大厦将倾之时。文中子一生未遇其主亦未得其时，因无缘庙堂而行年未列乎史传、著述未编诸经籍，其著述散佚者居大半而传世者亦多有窜乱，故后世学人间有疑其书乃至疑其人者。

文中子即王通。王通，字仲淹，河东龙门（今山西万荣）人。生于隋开皇四年（584），卒于隋大业十三年（617）。王氏一族，世承家学，渊源深厚。王通在良好的家学熏陶下，少而徇齐，长而笃学，敦睦儒家圣教，宗师仲尼，尊王道，崇古制，十八岁秀才高第，次年任蜀郡司户书佐。然终不得其时，仁寿三年（603）西游长安，隋文帝不能尽用其才，遂退居乡里，隐居于河汾之间，终生以授徒讲习为业，一时之间往来受业者不可胜数，相传董常、姚义、杜淹、李靖、程元、窦威、魏徵、房玄龄等隋末名士乃至初唐卿相皆称师北面，时人尊为"王孔子"。王通离世后，门人弟子有感于先生之德业，故私谥为"文中子"。

据《文中子世家》所载，王通先祖可以追溯到两汉之时的王霸，王霸洁身自好，朝廷征辟不至；十八代祖王殷，为云中太守，以《春秋》《周易》

教乡里百姓；十四代祖王述，谨承家学，公府征辟不至，著有《春秋义统》；九代祖王寓，遭逢“八王之乱”而随晋室南渡；六代祖王玄则，历任南朝刘宋太仆、国子博士，时人称为“王先生”，著有《时变论》六篇；王玄则之子王焕，即“江州府君”，著有《五经决录》五篇；王焕之子王虬，即“晋阳穆公”，著有《政大论》八篇；王虬之子王彦，即“同州府君”，著有《政小论》八篇；王彦之子王一，即“安康献公”，著有《皇极谠义》九篇；王一之子王隆，即“铜川府君”，是为文中子之父，著有《兴衰要论》七篇。

王通在深厚家学的熏陶之下，天资聪慧而不失敦厚稳重，学业精进亦不失勤勉笃实。谨承家学之外更能广寻名师鸿儒。相传王通年少之时便有四方之志，受《书》于东海李育，学《诗》于会稽夏琠，问《礼》于河东关子明，正《乐》于北平霍汲，考《易》于族父仲华。王通潜心经典，勤勉不懈，不解衣者六年，是故六岁明王道，十五为人师，始冠而西游长安晋谒隋文帝奏陈《太平十二策》，然未得见用，于是退居河汾，授业讲习，著书立说，朝廷征辟皆不就。王通著述以传承孔子圣教为使命，以匡正世道人心为己任，以儒家《六经》为轨范，终成《续六经》，又称《王氏六经》。王通据《春秋》而成《元经》，据《尚书》而成《续书》，据《诗经》而成《续诗》，据《礼》而成《礼论》，据《易》而成《赞易》，据《乐》而成《乐论》。《续六经》仅有《元经》传世，其余皆已亡佚，古今学人多疑今本《元经》系后人伪作。另有《中说》传世，相传为王通门生薛收、姚义编纂，经王通亚弟王凝初步整理并授予王通少子王福畤，后得王福畤“辨类分宗，编为十编，勒成十卷”，方有今日《中说》之体式。《中说》内容实为王通门生对问之作，无论在体例上还是在内容上，效法《论语》的痕迹都颇为明显，较为直观地呈现了王通的思想。

一为尊圣教。王通身处隋朝末年，深切体察到经学道统的绵弱与衰微。魏晋玄学兴盛，南朝佛教昌炽，以致汉末以降三百载纲常不立、人心不古，遂使天下易于分裂而无法江山一统，王朝苦于更迭而难以长治久安。王通欲弘儒家圣教以重整乾坤，认为“兴衰资乎人，得失在乎教”，意在说明这种局面看似是由天下纷争、战乱不断造成的，实则却是源于“上失其道，民散久矣”。“上失其道”在于不遵周公之制，“民散久矣”在于不行孔子之教，终使庙堂尚权谋而不知礼乐，闾里矜诈力而不识纲常。王通对儒家礼乐王道推崇备至，直言：“卓哉！周、孔之道。其神之所为乎？”其盛赞之意溢于言辞。这种对儒学正统思想的尊崇既合乎王朝一统的外在客观需要，又合乎社会思潮因长久纷乱而趋于归一的内在发展诉求。

二为崇古制。在王通的思想体系中，因尊三皇五帝、周孔之教而崇分封、世卿、井田之制，尊圣教与崇古制实互为表里。这种互为表里的逻辑在于：圣王治天下必行古制，不行古制虽圣王亦不可治天下。王通认为能够使天下实现海晏河清的完美制度当为“三代古制”，这是因为三代之法，自是王道之正，如若“不以三代之法统天下，终危邦也”。因此，作为与“三代之法”相表里的分封、世卿、井田、肉刑等古制当为有道君王施政行教、重振皇纲的不二法门。分封、世卿是推行儒家礼乐王道政治层面的保障，井田、什一是经济层面的基础。鉴于时代的差异，王通亦以发展的眼光将两汉之制与三皇五帝之政相提并论，但终究还是因为两汉不尽遵古制而将其列为“帝制之变”。当然，对于王通思想中这种对古制的尊崇乃至膜拜，如若将其置于当时客观的历史维度之中加以冷静地看待，可以理解为世道长期动荡，经学道统被迫退出社会主流且饱受压抑后的“反弹”，是一种渴望国家一统、重构社会纲常秩序强烈诉求的体现。

三为厚人伦。王通为实现太平治世，一方面以“古制”为蓝本进行着“政归三代”的建构，另一方面以“古风”为目标进行着“民风归朴”的努力。前者于礼乐政教层面兴王道，后者于世道人伦层面化民心。王通在婚丧嫁娶、春种秋收、岁时祭祀、宴请宾客等方面皆以“古礼”“古风”教化民众，以期实现“经夫妇，成孝敬，厚人伦，美教化，移风俗”的目的。圣人孔子因“四体不勤，五谷不分”而为“荷蓧丈人”所诟病，王通不仅能“艺黍登场”力行农事，还能秉持公心亲服徭役。值得一提的是，王通鉴于汉末以来社会的分裂与动荡以及亲身经历隋末暴政的残惨与酷虐，在推行教化时充分汲取了“仓廪实而知礼节，衣食足而知荣辱”的现实总结，直言“仁生于歉，义生于丰，故富而教之，斯易也”，进而继承并发展了孔子“富而教之”的思想，深刻认识到必要的物质基础是实现民风归朴的重要保证。

四为辩文道。王通于物质层面认识到了“富而教之”的重要性，更于精神层面认识到了匡经、正史、彰明文道的必要性。在王通看来，三国两晋以讫南北二朝，皇纲不振、世道衰颓的直接原因在于不遵古制、不行王道，而更为深层的原因则在于文辞浮艳、史笔淆乱，以致文道乖析、大义不存。王通秉承孔子“辞达而已矣”的思想，对六朝辞藻华丽、内容空洞的文风给予纠正。对追慕虚名，乃至鼓吹异端以哗众取宠的写作动机予以批判。指出写作文章应当秉持恭敬严肃的态度，“苟作”之文断不可取。治学为文皆应以道为根本、以义为准绳。学应贯乎正道，文当济乎大义！而后方可以至公至正之心，或修史传记注、或续圣贤经典，以期彰明大道有补于世。

五为明中国。自春秋以讫两汉，秉承儒家正统思想的经史文献，始终将中原政权与周边少数民族的关系定义为诸夏与戎狄，抑或中国与四夷的二元对立关系。这种对立的背后是礼乐与蒙昧的分野，然而“永嘉之乱”使西晋王朝元气大伤，“衣冠南渡”之后，亘古未有之变局让中原士人始料不及。南、北二朝长期对立，偏安一隅的士大夫们皆以逼仄的气格，用蹩脚的文字附会出其半壁江山当为正朔的苍白理据。而王通却以更为宏阔的眼界来审视这个问题，超越了既往诸夏与戎狄二元对立的历史局限，在坚定中原礼乐文明的恢宏与雍容时，亦盛赞北魏明主孝文帝之功，肯定前秦能臣王猛之力，以更为宽广的胸襟和气度指出中国之道在于存续典章礼乐，因而能存续典章礼乐者即为中国。王通以仁德论王道，以礼乐辨中国，打破血脉正统之论，抛开一家一姓之私，实为超迈前人高屋建瓴之论。

从宽广的历史维度出发，重新审视《中说》篇章中王通的思想，可以发现王通的思想实是传统儒家学说由两汉经学向宋明理学过渡中的重要一环。王通欲在天下饱受离乱渐趋归于一统之时，以弘扬发展儒家学说为己任，以重振儒学道统为目标，既肩负起了传承圣教的复古之责任，又担负起了通达权变的开新之使命，为儒学在唐代的复兴做出了充分的思想准备和扎实的理论铺垫。一方面摒弃了汉末以来儒学或止步于章句，或流于空疏乃至神秘化等不良倾向，提出了“道”的概念，为宋明理学的发端埋下了伏笔；一方面充分吸收了道家、佛家的积极思想，实现了以儒家学说为主导的“三教合一”。这些都为大一统时代社会思潮的整合提供了正向的引导。以上仅就《中说》篇章中王通的思想做概要性介绍，如若有意对其思想做更为深入的挖掘，还应以《中说》文本为途径，进行深入细致地研读。

《中说》最早有北宋阮逸注本及龚鼎臣注本，南宋有陈亮重编本。阮逸注本流传至今，而龚鼎臣本、陈亮本皆佚。值得注意的是，龚鼎臣本仍有极少内容残存于他书引述之中，且与阮逸注本存在较大区别。本书以校勘精审谨严的张沛《中说校注》（中华书局 2013 年版）为底本，在注释和翻译过程中充分参考各类原典，以期对文意有更为准确的把握，译文以直译为主、意译为辅，务求做到文字明达雅正。另又对《中说》篇章中模仿《论语》及其他儒家经典的句式予以注明。囿于个人学力有限，书中难免存有一些错讹之处，还请广大读者方家谅解并予以批评指正，以待他日得以逐步完善。

马天祥

庚子孟秋于咸阳渭城

卷一

王道篇

【题解】

《王道篇》是《文中子》的开篇之作，无论在语言风格上还是在思想内容上，模仿《论语》的痕迹都比较明显。该篇前半部分并没有开门见山地将王通的政治构想和治国理念全盘托出，诸如封建、井田、世卿、肉刑、至公等重要思想皆未出现，而是从对各类史料著述的评价入手，进而展开对其所处时代的深入思考和批判，最终将主题引入到“王道”与“德政”上来。篇中依托王通自述及与门下弟子等人的问答对话，将王通的王道思想部分地呈现出来。该篇前半部分从讨论王通历代先人著述入手，引出对由晋至隋史籍编修乱象的批判。王通基于这种批判，更加深刻地指出造成“天人之意，其否而不交乎！制理者参而不一乎！陈事者乱而无绪乎”乱象背后的深层原因——实是社会长期动荡造成人们思想的崩溃与混乱，因此王通欲借编纂史籍之法，祖述仲尼《春秋》之义，以此重振儒家思想，使德政得以推行，重建政治上的王道体系与伦理上的纲常体系，使社会重归安宁太平。这些思想在当时社会都有着非常积极的意义，是值得充分肯定的。《王道篇》后半部分的思想脉络不像前半部分那样清晰，有对隋朝执政者“言政而不及化”“言声而不及雅”“言文而不及理”的犀利品评；也有对重臣杨素将记载珍馐佳肴的《食经》作为礼物赠予自己时，只能以《洪范》“三德”作为回赠的无奈。更有借“七制之主，其人可以即戎矣”，暗讽隋炀帝滥用民力穷兵黩武；借“舜一岁而巡五岳，国不费而民不劳”，暗讽隋炀帝大肆巡幸劳民伤财；还就《无鬼论》《乐毅论》《辩命论》《绝交论》等古今著述做了简明扼要的评价。虽然看起来内容驳杂不纯，但质而论之仍是站在传统儒家立场上，就其所处之时、所遇之事，给出自己的评价和判断。在王通看来，国家在政治上当推行王道，君主当体恤百姓修德安民，臣子当恪尽职守一心为公，读书人更应谨遵圣贤教诲，无论著书立说还是为人处世，都要以伦理纲常为准绳，为天下人做出表率。

1.1 文中子曰：“甚矣！王道难行也。吾家顷铜川六世矣[①]，未尝不笃于斯[②]，然亦未尝得宣其用[③]，退而咸有述焉，则以志其道也[④]。”盖先生之述[⑤]，曰《时变论》六篇，其言化俗推移之理竭矣[⑥]。江州府君之述曰《五经决录》五篇[⑦]，其言圣贤制述之意备矣。晋阳穆公之述曰《政大论》八篇[⑧]，其言帝王之道著矣。同州府君之述曰《政小论》八篇[⑨]，其言王霸之业尽矣。安康献公之述曰《皇极谠义》九篇[⑩]，其言三才之去就深矣[⑪]。铜川府君之述曰《兴衰要论》七篇[⑫]，其言六代之得失明矣。余小子获睹成训，勤九载矣[⑬]。服先人之义，稽仲尼之心[⑭]，天人之事[⑮]，帝王之道，昭昭乎！

【注释】

①顷：时间长短，无实际意义，与句中“六世”呼应。铜川：阮逸注云：“上党有铜堤县。”考《隋书·地理志》可知“铜堤”之说，乃“铜鞮”之误。铜川实属楼烦郡秀容县（今山西忻州），置于隋开皇初年，至大业初年废。六世：六代，自王通六世祖王玄则至王通父王隆，共六代。

②斯：阮逸注云："斯文。"此指推行王道。

③宣：施展。

④志：阮逸注云："记。"记录，记载。

⑤先生：王通六世祖王玄则。字彦法，仕宋，历太仆、国子博士，为一代鸿儒，江左人称"王先生"，著有《时变论》六篇。

⑥推移：变化，改变。此指社会的变革发展。

⑦江州府君：王通五世祖王焕。著有《五经决录》五篇。

⑧晋阳穆公：王通四世祖王虬。萧道成代宋自立，建立南齐之后，王虬因"耻食齐粟"，于齐建元元年(479)，即北魏太和三年，北奔至魏，太和中任并州刺史，安家于河汾，遂有"晋阳穆公"之名。考《录关子明事》可知晋阳穆公生于南朝宋大明二年(458)，卒于北魏景明元年(500)。

⑨同州府君：王通三世祖王彦。因任同州刺史，遂有"同州府君"之名。唐王绩《游北山赋序》云："同州悲永安之事，退居河曲。"指王彦因北魏孝庄帝元子攸被尔朱兆绞死，于是退隐河曲。

⑩安康献公：王通祖王一。官至济州刺史，著有《皇极谠义》九篇。一说名杰，北宋司马光《文中子补传》云："彦生杰，官至济州刺史。"《录关子明事》云："开皇元年，安康献公老于家。"可知安康献公卒于开皇元年(581)。《皇极谠(dǎng)义》：亦称《洪范谠义》。

⑪三才：亦作"三极"，指天、地、人。《周易·说卦》云："立天之道曰阴与阳，立地之道曰柔与刚，立人之道曰仁与义，兼三才而两之，故《易》六画而成卦。"此处亦代指人类社会。去就：体统与礼数。此处引申为规则与关系。

⑫铜川府君：王通父王隆。字伯高，教授门生千余人。隋开皇初年，以国子博士待诏云龙门，承隋文帝之诏作《兴衰要论》七篇。每奏事，隋文帝皆称善。出为武阳郡昌乐令，后又迁河东郡猗氏、楼烦郡秀容之铜川，秩满，退居家中，遂不仕。

⑬余小子获睹成训，勤九载矣：阮逸注云："自长安归，著《六经》，至九年功毕。"王通得见历代族人所著之书，历经九年辛勤著述方成《续六经》。余小子，言及先人时的自称之辞。成训，前人的教诲。此指王氏历代族人所著之书。《六经》，即《续六经》，王通参照儒家《六经》续写而成，又作《王氏六经》。

⑭稽：考核，考查。

⑮天人之事：又作"天人之际"，指天地自然与人类社会的规律。西汉司马迁《报任少卿书》云："亦欲以究天人之际，通古今之变，成一家之言。"

【译文】

文中子说："王道已经到了极难推行的地步了！我家居于铜川已有六代之久，先祖们未尝不致力于研究如何推行王道，然而却不曾得以施展其功用，于是退隐田园皆有所著述，用来记载如何推行王道。"六世祖王先生的著作为《时变论》六篇，该书谈论改变风俗与变革社会的道理甚为详尽。五世祖江州府君的著作为《五经决录》五篇，该书谈论圣贤著述的核心思想颇为完备。四世祖晋阳穆公的著作为《政大论》八篇，该书谈论帝王之道极为透彻。三世祖同州府君的著作为《政小论》八篇，该书谈论王霸之业臻于穷尽。祖父安康献公的著作为《皇极谠义》九篇，该书谈论人类社会的规则与关系非常深刻。父铜川府君的著作为《兴衰要论》七篇，该书谈论晋、宋、北魏、北齐、北周、隋六朝为政得失清楚明白。我得见历代先人所著之书，历经九年辛勤著述。遵从先人著述大义，考查孔子思想的核心，于是天地自然与人类社会的规律，圣君明主统治天下的方法，都清清楚楚了！

1.2 子谓董常曰[①]："吾欲修《元经》[②]，稽诸史论[③]，不足征也，吾得《皇极谠义》焉[④]。吾欲续《诗》[⑤]，考诸集记[⑥]，不足征也，吾得《时变论》焉。吾欲续《书》[⑦]，按诸载录[⑧]，不足征也，吾得《政大论》焉。”董常曰：“夫子之得，盖其志焉[9]？”子曰：“然。”

【注释】

①董常：又作“董恒”，字履常，早卒，王通门下杰出弟子。阮逸注云：“弟子亚圣者。”本书《关朗篇》载王凝语：“夫子得程、仇、董、薛而《六经》益明。对问之作，四生之力也。董、仇早殁，而程、薛继殂。”

②《元经》：王通《续六经》之一，共十五卷，凡五十篇，仿《春秋》而成。所记上起晋惠帝永熙元年（290），下讫隋开皇九年（589），凡三百年间事。据《文中子世家》可知《元经》的中心思想在于针对“魏晋以下数百年，九州无定主”的混乱局面，意欲通过倡导儒家传统思想以重振皇纲，为天下太平献“长久之策”。《元经》早亡佚，今存宋本《元经》系伪书。

③史论：阮逸注云：“谓历代史臣于纪传后赞论之类是也。”即历代史官的褒贬评论。

④得：选择，采纳。下同。

⑤续《诗》：王通《续六经》之一，共十卷，凡三百六十篇，仿《诗经》而成。收晋、宋、北魏、北齐、北周、隋六代之诗，通过化、政、颂、叹四种体例，以期达到美、勉、伤、恶、诫五种情感的表达。

⑥集记：阮逸注云：“前贤文集所记。”即历代名人文学作品的汇编。

⑦续《书》：王通《续六经》之一，共二十五卷，凡一百五十篇，仿《尚书》而成。选录汉、晋二代政令公文、天子制诰、大臣谏议及问对、训、命等内容。

⑧按：考查，研究。载录：阮逸注云：“史官载言所录。”即历代史官记载的朝政公文。

⑨夫子之得，盖其志焉：阮逸注云：“非以文体。”可知王通续修诸经，并不受制于文体类别的简单划分，而是深入把握各类文献材料的

真正志意与内涵，以自己独到眼光予以裁量。志，志意与内涵，即精髓。

【译文】

文中子对董常说："我想要编修《元经》，考查历代史官评论，发现不足征引，于是我选取了《皇极谠义》。我想要续编《诗经》，遍考历代名人文集，发现不足征引，于是我选取了《时变论》。我想要续纂《尚书》，详研历代史官记载的朝政公文，发现不足征引，于是我选取了《政大论》。"董常说："老师所选取的，应该就是这些文献真正的志意与内涵吧？"文中子说："正是。"

1.3 子谓薛收曰[①]："昔圣人述史三焉[②]：其述《书》也，帝王之制备矣，故索焉而皆获；其述《诗》也，兴衰之由显，故究焉而皆得；其述《春秋》也，邪正之迹明，故考焉而皆当[③]。此三者，同出于史而不可杂也，故圣人分焉。"

【注释】

①薛收（591—624）：字伯褒，蒲州汾阴（今山西万荣西南）人。隋内史侍郎薛道衡之子。隋大业末年，郡举秀才，固辞不应，后得房玄龄举荐于秦王李世民，出为秦王府主簿，判陕东道大行台金部郎中。薛收才思过人，秦王檄文战书多出其手。更精通兵略，曾为李世民献计生擒窦建德。隋亡，授天策府记室参军，封汾阴县男。武德六年（623），又兼任文学馆学士。武德七年（624）卒，年三十三。《旧唐书》卷七十三、《新唐书》卷九十八有传。

②圣人：阮逸注云："谓孔子。"史：指下文中出现的《尚书》《诗经》《春秋》。

③邪正之迹明，故考焉而皆当：阮逸注云："史有记事，稽邪正则法当矣。"迹，事迹，事情。当，允当。此指法令公正合理。

【译文】

文中子对薛收说："从前圣人孔子修纂史书三种：他所著的《尚书》，对帝王管理天下的制度已经记录得堪称完备了，所以探究这部书就能完全掌握这些制度；他所著的《诗经》，将王朝兴衰的原因已经一一阐明了，所以探究这部书就可以完全掌握王朝兴衰的原因；他所著的《春秋》，邪正之事都已经记录得明明白白了，所以详加考查这部书就会使国家法令公正合理。这三种重要功用，都源出于史书但却不能杂糅在一起，所以孔子将它们划分开来。"

1.4　文中子曰："吾视迁、固而下①，述作何其纷纷乎！帝王之道其暗而不明乎②！天人之意，其否而不交乎③！制理者参而不一乎④！陈事者乱而无绪乎⑤！"

【注释】

①迁：司马迁（前145—？），字子长，左冯翊夏阳（今陕西韩城）人。西汉著名史学家。青年时期游历各地，继承其父司马谈之职出任太史令，博览群书，因替李陵战败投降匈奴申辩而触怒汉武帝，下狱受腐刑。后出任中书令，忍辱负重发愤著书，终成《史记》。其生平事迹可见《史记·太史公自序》《报任安书》《汉书·司马迁传》。固：班固（32—92），字孟坚，扶风安陵（今陕西咸阳东北）人。东汉著名史学家。十六岁入太学，博览群书，在其父班彪《续汉纪》基础上编纂西汉史事，修成《汉书》。《后汉书》卷四十有传。

②暗：幽暗。此指帝王之道湮没于世间。明：彰显。此指帝王之道得以施展。

③否：指《周易》中《否卦》所表达的阻塞不通之意。交：通达，畅通。此指公理得以伸张。

④制理：评判公理，裁量是非曲直。制，裁。此指评判。理，公理。

此指是非曲直。参:即“三”,众多。

⑤绪:条理,逻辑。

【译文】

文中子说:“我看司马迁、班固之后,史书编纂何其纷乱驳杂!帝王为政之道因此而湮没不得彰显!天地间的公理因此而阻塞不得伸张!评判是非曲直之人因此而意见众多无法统一!讨论世事是非对错之人因此而论述混乱毫无条理。”

1.5 子不豫,闻江都有变[①],泫然而兴曰[②]:“生民厌乱久矣,天其或者将启尧、舜之运,吾不与焉[③],命也!”

【注释】

①江都有变:阮逸注云:“大业十三年,炀帝幸江都宫,宇文化及弑逆。”然《隋书·恭帝纪》载:“(义宁二年)三月丙辰,右屯卫将军宇文化及杀太上皇于江都宫。”可知大业十三年(617)“江都有变”非宇文化及杀隋炀帝之事。考诸《隋书·裴矩传》:“(大业十三年)寻从幸江都宫。时四方盗贼蜂起,郡县上奏者不可胜计。矩言之,帝怒,遣矩诣京师接候蕃客。以疾不行。及义兵入关,帝令虞世基就宅问矩方略,矩曰:‘太原有变,京畿不静,遥为处分,恐失事机,唯愿銮舆早还,方可平定。’矩复起视事。”又《旧唐书·高祖本纪》载:“(大业)十三年,为太原留守。郡丞王威、武牙郎将高君雅为副将。群贼蜂起,江都阻绝。太宗与晋阳令刘文静首谋,劝举义兵。”故可推知,原文“江都有变”当作“江都阻绝”或“太原有变”,二者实皆一事,即隋炀帝久留江都,荒废朝政,唐高祖李渊于太原举兵之事。

②泫(xuàn)然:流着眼泪的样子。泫,水珠滴下,引申为流眼泪。兴:感叹,慨叹。

③天其或者将启尧、舜之运，吾不与焉：上天或许将要开启一个太平时代了，可我却等不到那一天了！其，副词，也许，大概。尧、舜之运，上古圣君尧、舜开创的太平盛世。运，运数。此指时代。与，参与。此指赶得上。

【译文】

文中子患病在身，听闻隋炀帝久居江都，荒废朝政，而李渊于太原举兵，流着眼泪感叹道："百姓厌恶战乱已经很久了，上天或许将要开启一个太平的时代，可我却等不到那一天了，这就是命啊！"

1.6 文中子曰："道之不胜时久矣[①]，吾将若之何？"董常曰："夫子自秦归晋[②]，宅居汾阳，然后三才、五常各得其所[③]。"

【注释】

①道：王道。此指儒家王道仁政的政治理想。不胜（shēng）时：不得推行于世。胜，任。此指得到推行。时，世。

②夫子自秦归晋：据《文中子世家》可知，隋仁寿三年（603），王通西游都城长安，见隋文帝，纵文帝大悦，然王通深知朝局错综复杂，将有"萧墙之祸"，故东归还乡。

③五常：仁、义、礼、智、信。又作"五典"，即父义、母慈、兄友、弟恭、子孝。此指社会中的各种伦常规范。

【译文】

文中子说："王道仁政得不到推行已经很久了，我又能怎么办呢？"董常说："老师从秦地都城长安回到晋地老家，定居汾阳，潜心著书立说，然后天地伦常才各得其所。"

1.7 薛收曰："敢问《续书》之始于汉，何也？"子曰："六国之弊[①]，亡秦之酷，吾不忍闻也，又焉取皇纲乎[②]？汉之统天下也，其除残秽[③]，与民更始而兴其视听乎[④]！”薛收曰：“敢问《续诗》之备六代[⑤]，何也？”子曰：“其以仲尼《三百》始终于周乎[⑥]？”收曰：“然。”子曰：“余安敢望仲尼[⑦]！然至兴衰之际[⑧]，未尝不再三焉[⑨]。故具六代始终[⑩]，所以告也[⑪]。”

【注释】

①六国：阮逸注云：“燕王喜、魏王假、齐王建、楚王负刍、韩王安、赵王嘉也。”即战国七雄中为秦国所灭的燕、魏、齐、楚、韩、赵六国。

②皇纲：圣明帝王治理天下的法度。皇，此指圣明的帝王。纲，纲纪，法度。

③残秽（huì）：邪恶污秽。此指上文中的六国弊政与亡秦暴虐。

④与民更始：与百姓一同革除弊政，除旧布新。兴：振奋，振作。此指国家面貌焕然一新。视听：此指百姓的所见、所闻。

⑤备：具。此指记录。六代：指晋、宋、北魏、北齐、北周、隋六朝。

⑥其以仲尼《三百》始终于周乎：孔子的《诗三百》不是贯穿整个周代吗？其，助词，表反问，无实际意义。《三百》，又作《诗三百》，即《诗经》。始终，贯穿始终。

⑦望：指比较、相比。

⑧兴衰：王朝的兴盛与衰败。此指朝代更替。

⑨再三：屡次，多次。此指从晋至隋朝代更替频繁。

⑩具：记录，编写。

⑪告：阮逸注云：“犹贡也，贡其俗于时君。”此指将王朝兴衰、世风时俗上呈天子。

【译文】

薛收说：“请问为何《续书》起始于汉朝？”文中子说：“战国末年六国的弊政，亡秦的残暴，我都不忍心去听，又哪里有圣明帝王的法度呢？

汉朝统治天下，除去弊政与暴虐，和百姓一起除旧布新，所见所闻皆有振作之感！”薛收说：“请问为何《续诗》要记录从晋到隋这六代呢？”文中子说：“孔子的《诗三百》不是贯穿整个周代吗？”薛收说：“是的。”文中子说：“我怎敢与孔子相比！然而朝代兴衰更替，确实过于频繁。所以才将晋至隋六代全部记录下来，用来上呈天子。”

1.8 文中子曰：“天下无赏罚三百载矣①，《元经》可得不兴乎②？”薛收曰：“始于晋惠③，何也？”子曰：“昔者明王在上，赏罚其有差乎④？《元经》褒贬，所以代赏罚者也。其以天下无主而赏罚不明乎？”薛收曰：“然则《春秋》之始周平、鲁隐⑤，其志亦若斯乎？”子曰：“其然乎！而人莫之知也。”薛收曰：“今乃知天下之治⑥，圣人斯在上矣；天下之乱，圣人斯在下矣。圣人达而赏罚行⑦，圣人穷而褒贬作⑧，皇极所以复建而斯文不丧也⑨。不其深乎？”再拜而出，以告董生。董生曰：“仲尼没而文在兹乎⑩？”

【注释】

①三百载：阮逸注云：“自晋惠帝永平元年至隋开皇十年，凡三百载。”

②兴：兴起，兴盛。此指广为流传。

③晋惠：晋惠帝司马衷（259—307），字正度，晋武帝司马炎次子，西晋第二位皇帝，在位17年。其人愚钝无才，不堪大任，以致皇后贾氏专权，朝政混乱不堪，终在“八王之乱”中丢掉皇位，颠沛流离，沦为各方势力集团挟持的傀儡（kuí lěi）。《晋书》卷四有《惠帝纪》。

④差：偏差，不公平。

⑤周平：周平王（？—前720），姓姬，名宜臼，周幽王之子，母申后，

因周幽王宠爱褒姒(bāo sì)而被废,出奔申国。后来周幽王因烽火戏诸侯而为犬戎所杀,西周遂亡。宜臼因得申、鲁等国拥立,于公元前770年东迁洛邑,是为周平王,史称东周。《史记·周本纪》有载录。鲁隐:鲁隐公,姓姬,名息姑,鲁惠公之子,鲁国第十四代国君。后为鲁桓公所杀,与周平王同时。《史记·鲁周公世家》有载录。孔子所作《春秋》始于鲁隐公元年(前722)。

⑥治:世道安定,天下太平。

⑦达:得志,抱负和才华得以施展。

⑧穷:与“达”相反,即不得志,抱负和才华得不到施展。褒贬:褒奖与批评。作:产生,兴起。

⑨皇极:此指皇权得以建立的制度与规范,即“大中之道”。《尚书·洪范》:“天乃锡禹洪范《九畴》,彝伦攸叙:初一曰五行,次二曰敬用五事,次三曰农用八政,次四曰协用五纪,次五曰建用皇极,次六曰乂用三德,次七曰明用稽疑,次八曰念用庶征,次九曰向用五福,威用六极。”西汉孔安国注云:“皇,大。极,中也。凡立事,当用大中之道。”斯文:儒家所指的礼乐制度。《论语·子罕》篇载孔子之语:“文王既没,文不在兹乎?天之将丧斯文也,后死者不得与于斯文也;天之未丧斯文也,匡人其如予何?”

⑩没(mò):通“殁”,离世,去世。文:此指儒家礼乐制度。兹:此,这里。

【译文】

文中子说:“天下没有法度已经三百年了,《元经》怎能不广为流传呢?”薛收说:“《元经》始于晋惠帝,这是为什么呢?”文中子说:“从前圣明帝王统治天下,赏罚哪会有什么偏差呢?《元经》以褒贬代替赏罚,难道不正是因为天下无圣主而赏罚不明吗?”薛收说:“那么《春秋》起自周平王、鲁隐公,其用意也是如此吧?”文中子说:“大概是吧!但普通人是不知道的。”薛收说:“今天才知道天下太平是因为圣人在朝为政,天下混乱是因为圣人退居乡野。圣人抱负得以施展则法度和秩序方可推行,圣人抱负不得施展则褒奖与批评便开始兴起，这就是大中之道得以重新建立而礼乐制度亦不会沦丧的原因。个中道理难道不深奥吗？”薛收再拜告退，将这些告诉了董常。董常说：“孔子虽然离世，但他所传承的礼乐制度不就在此吗？”

1.9 文中子曰：“卓哉①！周、孔之道。其神之所为乎②？顺之则吉，逆之则凶。”

【注释】

①卓：高远而伟大。

②所为：作为，完成的事业。

【译文】

文中子说：“周公、孔子之道真是高远而伟大啊！这应该就是神的作为吧？遵循周公、孔子之道天下就会太平安宁，违背周公、孔子之道天下就会战乱不断。”

1.10 子述《元经》皇始之事①，叹焉。门人未达②，叔恬曰③：“夫子之叹，盖叹命矣。《书》云：天命不于常，惟归乃有德④。戎狄之德⑤，黎民怀之，三才其舍诸⑥？”子闻之曰：“凝，尔知命哉！”

【注释】

①皇始之事：指北魏开国之初的皇始年间，道武帝拓跋珪励精图治，军事上统一黄河流域的北方地区，政治上选贤任能积极学习中原政治制度，思想上以儒家思想为正宗，经济上与民休息，使社会生产得到有效恢复。

②达：理解，明白。

③叔恬（tián）：王凝，字叔恬，王通之弟，王绩之兄。唐贞观初年任监察御史，因弹劾侯君集被贬为胡苏令，遂辞官归田，后官至太原县令，故有"太原府君"之名。从王通受《元经》，并整理王通《续六经》。

④天命不于常，惟归乃有德：天命无常，只属于有德之人。此二句非《尚书》原文，实出自汉献帝禅位《册命》："咨尔魏王：昔者帝尧禅位于虞舜，舜亦以命禹，天命不于常，惟归有德。"晋袁宏《后汉纪·献帝纪》、陈寿《三国志·魏书·文帝纪》皆有载录。归，属于。

⑤戎狄：居于中原西方和北方的少数民族。此指建立北魏政权的鲜卑族领袖拓跋珪。

⑥舍：背弃，背离。

【译文】

文中子讲到《元经》中皇始年间拓跋珪励精图治之事时发出感叹。门生不明白其中原委，叔恬说："老师所感叹的，那是在感叹天命。《尚书》说：天命无常，只属于有德之人。北魏朝廷的恩德，百姓感念于心，世上还有谁会背弃这个朝廷呢？"文中子听闻叔恬的这番话说道："王凝，你已经懂得什么是天命了！"

1.11 子在长安，杨素、苏夔、李德林皆请见[①]。子与之言，归而有忧色。门人问子，子曰："素与吾言终日，言政而不及化[②]。夔与吾言终日，言声而不及雅[③]。德林与吾言终日，言文而不及理[④]。"门人曰："然则何忧？"子曰："非尔所知也。二三子皆朝之预议者也[⑤]，今言政而不及化，是天下无礼也；言声而不及雅，是天下无乐也；言文而不及理，是天下无文也。王道从何而兴乎？吾所以忧也。"门人退。子援琴鼓《荡》之什[⑥]，门人皆沾襟焉[⑦]。

【注释】

①杨素(？—606):字处道,弘农华阴(今陕西华阴)人。隋朝权臣。出身北朝士族,祖父北魏谏议大夫杨暄,父北周汾州刺史杨敷。北周时任车骑将军,隋时任御史大夫,开皇八年(588)出任行军元帅,领兵灭陈,拜荆州总管,封越国公,后助杨广继位,官至司徒,封楚国公。为政尚权谋而弃仁义,对隋炀帝阿谀奉承,助长其贪图享乐之风,导致朝政废弛、国力衰败。《隋书》卷四十八有传。苏夔(kuí,568—616):字伯尼,京兆武功(今陕西武功)人。隋朝重臣,邳国公苏威之子。文思敏捷,口才过人,精通音律,深得杨素赏识。隋炀帝继位,以太子洗马职转司朝谒者,后随炀帝征辽东,因功至朝散大夫。著有《乐志》十五篇。《隋书》卷六十三有传。李德林(532—591):字公辅,博陵安平(今河北安平)人。幼有神童之名,善属文,精通音律,辅佐隋文帝即位,入隋任内史令,封安平公,朝廷公文多出其手,后参修律令,又奉诏编修《齐史》,开皇十一年(591)卒。《隋书》卷四十二有传。按,李德林卒于开皇十一年(591),而《文中子世家》载:"开皇四年,文中子始生。"故可知李德林请见之事,实为后人附会。

②言政而不及化:阮逸注云:"上正下曰政,下从上曰化。"上正下,指在上位者统治管理臣民。下从上,指在上位者推行德政,以仁爱之心教化百姓,使百姓发自内心地追随他、服从他。政,统治,管理。化,教化,感化。

③言声而不及雅:阮逸注云:"知音为声,知德为雅。"即知晓音乐可以称为懂得音律,而能品味出音乐中所蕴含的盛德,才可以称为懂得其中的平和雅正。声,音乐。雅,平和雅正之乐。此处借《毛诗序》训解"雅者,正也,言王政之所由废兴也",指节奏平和雅正,彰显王化盛德的乐章。

④文:属文,作文。理:阮逸注云:"知道为理",即洞明世间大道。此

指探求真理。

⑤二三子：各位，列位，这些人。此指上文中提到的杨素、苏夔、李德林。预：参与。议：商议。

⑥子援琴鼓《荡》之什：文中子拿起琴弹奏《荡》之诸篇。援，执，拿。鼓，弹奏。《荡》之什，《诗经·大雅》中以《荡》为起始的十一篇作品，《毛诗序》云："《荡》，召穆公伤周室大坏也。厉王无道，天下荡荡，无纲纪文章，故作是诗也。"皆为感伤周室衰败、天下离乱之作。文中子弹奏《荡》之什，实为借古喻今，感伤隋朝将乱之意。什，《诗经》中的《雅》《颂》诸篇皆以十篇为一什。

⑦沾襟：眼泪沾湿衣襟，指流泪、落泪。

【译文】

文中子在隋都长安时，杨素、苏夔、李德林皆来求见。文中子与他们交谈回来之后，面带愁容。门生便问文中子，文中子说："杨素与我交谈许久，然而谈论治理天下却达不到仁民爱物教化百姓的高度。苏夔与我交谈许久，谈论音乐声律却达不到平和雅正彰显盛德的境界。李德林与我交谈许久，谈论遣词作文却达不到洞明大道探求真理的深度。"门生问："既然如此，那您担忧的是什么呢？"文中子说："这不是你们所能懂的。这些都是参与朝政的人，如今谈论治理天下却达不到仁民爱物教化百姓的高度，说明现在天下已经没有礼制了；谈论音乐声律却达不到平和雅正彰显盛德的境界，说明现在天下已经没有雅乐了；谈论遣词作文却达不到洞明大道探求真理的深度，说明现在天下已经没有能够承载大道的文章了。那么王道又如何兴起呢？这才是我担忧的原因啊。"门生离去。文中子拿起琴弹奏《荡》之诸篇，门生都纷纷落泪。

1.12　子曰："或安而行之，或利而行之，或畏而行之，及其成功，一也，稽德则远①。"

【注释】

①“或安而行之”六句：实模仿《礼记·中庸》：“或安而行之，或利而行之，或勉强而行之，及其成功，一也。”《礼记·中庸》原文意为，在思想层面上，有的人安于善道而有所作为，有的人为了利益而有所作为，有的人勉勉强强才去有所作为，这些思想上的差距是十分巨大的，然而在具体施行的行动层面，也就没有什么分别了。此处“或安而行之”六句，意在模仿《礼记·中庸》做更为深入地阐释：有的人安于善道而有所作为，有的人为了利益而有所作为，有的人因心怀畏惧而有所作为，但在具体施行的层面是看不出什么分别的，如若深入考察其中的动机和德行，那么差别可就大了。或，有的人。安，此指安于善道，恪守正途。利，为了利益，贪图利益。畏，心怀畏惧。此指担心因违背善道而遭到报应。成功，此指有所作为。稽，考察。远，此指差别大。

【译文】

文中子说：“有的人是因为安于善道而有所作为，有的人是因为贪图利益而有所作为，有的人是因为心怀畏惧而有所作为，至于在具体的施行层面，都是一样的，如若考察其中的德行，差别可就大了。”

1.13　贾琼习《书》至《桓荣之命》[①]，曰：“洋洋乎[②]！光、明之业。天实监尔，能不以揖让终乎[③]？”

【注释】

①贾琼：王通门下弟子，中山（今河北定州）人。《书》：王通所作《续书》。《桓荣之命》：《续书》之篇目。桓荣，字春卿，沛郡龙亢（今安徽怀远）人。少学长安，研习《欧阳尚书》，光武帝征为太子少傅，以《尚书》授太子。为人温良谦恭，恪守礼数，明帝即位，尊以师礼。《后汉书》卷三十七有传。

②洋洋：赞美之词。此指功业伟大而光明。

③天实监尔，能不以揖让终乎：建武十九年(43)，光武帝刘秀的皇太子刘彊主动谦退，愿为藩王，将太子之位让给德行修养更为优秀的东海王刘庄。刘庄(即汉明帝)即位后谨遵光武制度，崇尚儒学，纲纪整肃，天下大治。监，明察，督察。揖让，让贤，即将天子之位让给有德之人。《韩非子·八说》："古者人寡而相亲，物多而轻利易让，故有揖让而传天下者。"

【译文】

贾琼研习《续书》读到《桓荣之命》篇，说："光武帝、明帝的功业真是伟大而光明啊！上天明察一切，怎能不让位于有德之人呢？"

1.14 繁师玄将著《北齐录》[①]，以告子。子曰："无苟作也[②]。"

【注释】

①繁师玄：唐初人。曾为文林郎，因文辞华美闻名于世，位列"陈留八俊"。《北齐录》：阮逸注云："李德林父子俱有《北齐书》，王邵有《北齐志》，师玄撮其要为录。"

②无苟作：阮逸注云："勿苟且表文词而已。"实承袭《论语·子路》中"君子于其言，无所苟而已矣"的思想。苟，敷衍了事，草草了事。

【译文】

繁师玄将要编纂《北齐录》，把这个打算告诉了文中子。文中子说："不要只留意文章辞藻而敷衍了事。"

1.15 越公以《食经》遗子[①]，子不受，曰："羹藜含糗[②]，无所用也。"答之以《酒诰》及《洪范》"三德"[③]。

【注释】

①越公：即隋朝重臣杨素，因受封越国公，故有“越公”之名。见1.11条注。《食经》：阮逸注云：“淮南王撰，卢仁宗、崔浩亦有之。”当为记录天下珍馐美味之书。

②羹藜（lí）：以藜作羹，即野菜汤，代指粗劣的饭食。羹，汤。藜，野菜。含糗（qiǔ）：以糗为饭，亦指饭食粗劣。含，吃。糗，干粮，多以炒米为主。

③《酒诰》：即《尚书·酒诰》篇，意在告诫臣子商亡周兴的重要原因在于“克用文王教，不腆于酒”，即能秉承文王教诲，不沉湎于美酒。《洪范》“三德”：即《尚书·洪范》篇中提出臣子的三种美德：正直、刚克、柔克，同时告诫臣子“无有作福、作威、玉食，臣之有作福、作威、玉食，其害于而家，凶于而国”。据上下文意，“三德”当指“无有作福、作威、玉食”。

【译文】

杨素把记录天下美味佳肴的《食经》送给文中子，文中子没有接受，说：“我吃的是粗茶淡饭，《食经》对我而言没什么用。”回赠以戒酒之《酒诰》及戒作福、戒作威、戒玉食的《洪范》。

1.16 子曰：“小人不激不励，不见利不劝[①]。”

【注释】

①励、劝：二词同义，努力，用功。

【译文】

文中子说：“寻常之人不受到激励，是不会用功的；不见到利益，是不会努力的。”

1.17 靖君亮问辱[①]。子曰：“言不中[②]，行不谨，辱也。”

【注释】

①靖君亮：隋末唐初人。曾为罗川郡户曹，位列“陈留八俊”。

②中（zhòng）：此指合乎规范。

【译文】

靖君亮问何为耻辱。文中子说：“言语不合乎规范，行为不谨慎周全，这就是耻辱。”

1.18 子曰：“化至九变，王道其明乎[①]？故乐至九变[②]，而淳气洽矣。”裴晞曰[③]：“何谓也？”子曰：“夫乐，象成者也[④]。象成莫大于形而流于声[⑤]，王化始终所可见也。故《韶》之成也[⑥]，虞氏之恩被动植矣[⑦]。乌鹊之巢可俯而窥也，凤皇何为而藏乎[⑧]？”

【注释】

①化至九变，王道其明乎：阮逸注云：“变，变于道也。孔子曰‘三年有成’，九成二十七年，仅必世之仁矣，故曰‘王道明’。”化，教化。变，俞樾《诸子平议补录》作“成”，指儒家思想中通过德政教化人民所期望达到的美好境界，故“九变”指教化的最高境界。另，《论语·雍也》：“齐一变，至于鲁；鲁一变，至于道。”“变”亦为修德教化的改进与提升。

②乐：乐曲。此处特指兼具儒家教化功能的典雅之乐。变：又作“更”，指乐曲演奏结束后再重新开始演奏，故“九变”之乐当演奏九次。

③裴晞（xī）：文中子之舅，疑即唐武德元年（618）以录事参军之职出任尚书右丞之裴晞。

④象：表现，体现。

⑤大：通“达”，表达，展现。形：具体的形象或形态。流：展现，呈现。

⑥《韶》：相传为舜时彰显盛德的乐曲。

⑦虞氏：即舜，舜号有虞氏，故称。上古时期圣明的帝王，位列“五帝”。被（pī）：泽及，施及。动：动物，飞禽走兽。植：植物，花草树木。

⑧乌鹊之巢可俯而窥也，凤皇何为而藏乎：此二句意在说明天下推行德化，人人有德，草木禽兽皆各得其所，不必担心遭到威胁和捕杀，因此寻常乌雀都不会将巢筑得太高，人们甚至可以俯身一窥究竟，社会达到了这样的境界，像凤凰这种象征着太平盛世的“祥瑞之物”也自然会出现了。

【译文】

文中子说：“推行教化到了最高境界，那么王道应该得以昭明了吧？所以典雅的乐曲演奏九次，彰显的是天地万物的和谐与融洽。”裴晞说：“为何这样说？”文中子说：“典雅的乐曲，体现的是天下德化的境界。德化的境界虽然不能通过具体的形象来展现，但却可以借助乐曲得到抽象的表达，因此圣王推行德化自始至终都是可以看到的。所以《韶》乐的谱成，体现着虞舜的恩德泽及草木禽兽。乌鹊之巢皆可俯身而视，凤凰为何要藏起来呢？”

1.19　子曰：“封禅之费[①]，非古也，徒以夸天下，其秦、汉之侈心乎[②]？”

【注释】

①封禅（shàn）：古代有德君王举行规模宏大祭祀天地的仪式。“封”指在泰山上修筑高台祭祀上天，“禅”指在泰山下的梁父山平整土地祭祀大地。

②侈心：奢靡之念。此指贪慕美名，向天下世人炫耀功业。

【译文】

文中子说：“封禅耗费巨大，并非古已有之，只不过是向天下夸耀自己罢了，这应该就是秦皇、汉武的奢靡之念吧？”

1.20 子曰：“易乐者必多哀，轻施者必好夺。”

【译文】

文中子说：“容易快乐的人一定多有哀伤，轻易施予的人一定喜好争夺。”

1.21 子曰：“无赦之国①，其刑必平；多敛之国，其财必削。”

【注释】

①赦：赦免，免除或减轻刑罚。

【译文】

文中子说：“没有赦免的国家，它的刑罚一定公平；赋税繁多的国家，它的财富一定会减少。”

1.22 子曰：“廉者常乐无求①，贪者常忧不足。”

【注释】

①无求：无所求。此指没有过多的欲望。

【译文】

文中子说：“清廉的人常常快乐是因为无所求，贪婪的人常常忧虑是因为不知足。”

1.23 子曰：“杜如晦若逢其明王①，于万民其犹天乎！”董常、房玄龄、贾琼问曰②：“何谓也？”子曰：“春生之，夏长之，秋成之，冬敛之。父得其为父，子得其为子，君得其为君，臣得其为臣，万类咸宜[3]，百姓日用而不知者[4]：杜氏之任[5]，不谓其犹天乎？吾察之久矣，目光惚然[6]，心神忽然[7]。此其识时运者[8]，忧不逢真主以然哉[9]！”

【注释】

①杜如晦（585—630）：字克明，京兆杜陵（今陕西西安）人。隋末唐初时人，李世民帐下重要谋臣。唐太宗即位后，整饬纲纪，修明法令，朝政典章多出其手。因杜如晦处事果断，房玄龄善于谋划，故有“房谋杜断”之称。堪称一代名相，位列“凌烟阁二十四功臣”。《旧唐书》卷六十六、《新唐书》卷九十六有传。

②房玄龄（579—648）：名乔，字玄龄，齐州临淄（今山东淄博临淄区）人。隋末唐初时人，李世民帐下重要谋臣。唐太宗即位后，历任中书令、尚书左仆射、司空等职，综理朝政，选贤任能。因房玄龄善于出谋划策，杜如晦处事果断，故有“房谋杜断”之称。堪称名相典范，位列“凌烟阁二十四功臣”。《旧唐书》卷六十六、《新唐书》卷九十六有传。

③宜：应该，适当。此指万物各得其所的和谐状态。

④日用：每天都在使用。

⑤任：功劳。

⑥惚然：恍惚不定的样子。此指为国家社稷殚精竭虑而目光恍惚不定。

⑦忽然：忧心忡忡的样子。此指因内心忧国忧民而神色焦虑不安。

⑧识：看透，了解。时运：命运，运数。

⑨真主：真命天子。此指圣明的君主。

【译文】

文中子说：“杜如晦如果遭逢明王圣主，对于百姓万民就好比苍天啊！”董常、房玄龄、贾琼问道：“为什么这么说呢？”文中子说：“万物春天萌生，夏天生长，秋天成熟，冬天收获储藏。父得以为父，子得以为子，君得以为君，臣得以为臣，万物皆各得其所，百姓万民每天都在使用却不知晓其中的道理：这就是杜如晦的功劳，这难道不能比作苍天吗？我观察很久了，杜如晦目光恍惚不定，神情忧心忡忡。这就是看透运数的人，担忧遇不到圣君明主所以才这样啊！”

1.24 叔恬曰：“舜一岁而巡五岳①，国不费而民不劳，何也？”子曰：“无他道也，兵卫少而征求寡也。”

【注释】

①舜一岁而巡五岳：《尚书·舜典》载：“岁二月，东巡守，至于岱宗，柴。望秩于山川，肆觐东后。协时月正日，同律度量衡。修五礼、五玉、三帛、二生、一死贽。如五器，卒乃复。五月，南巡守，至于南岳，如岱礼。八月，西巡守，至于西岳，如初。十有一月，朔巡守，至于北岳，如西礼。归，格于艺祖，用特。五载一巡守。”按此当作“舜一岁而巡四岳”。

【译文】

叔恬说：“舜帝一年巡行五岳，国家没有耗费百姓也不劳苦，这是为什么呢？”文中子说：“没有别的方法，士兵和护卫少并且赋税征收得也不多。”

1.25 子曰：“王国之有《风》，天子与诸侯夷乎①？谁居乎②？幽王之罪也③。故始之以《黍离》④，于是雅道息矣⑤。”

【注释】

①王国之有《风》，天子与诸侯夷乎：《诗经》中的王国之诗列于《国风》，天子与诸侯怎能等量齐观？王国，指《诗经》十五国风中的“王风”，包括《黍离》《君子于役》《君子阳阳》《扬之水》《中谷有蓷》

《兔爰》《葛藟》《采葛》《大车》《丘中有麻》。有，存于，列于。《风》，《诗经》中的《风》包含"十五国风"，多为周时各地诸侯国之诗歌。夷，平等，相同。

②居：承担。此指造成，即对上文"王国之有《风》，天子与诸侯夷乎"进行深入追问。

③幽王：周幽王（？—前771），西周王朝末代君王。姬姓，名宫涅，周宣王之子。在位期间沉湎酒色，不理朝政，因宠幸褒姒，废黜申后及太子宜臼。立褒姒为后，立褒姒之子伯服为太子。为博褒姒一笑上演"烽火戏诸侯"的闹剧，最终导致西周王朝灭亡。《史记·周本纪》有载录。

④《黍离》：《王风》诸篇的第一篇，主要表达了作者的亡国之思和"闵宗周"之情。

⑤雅道：王道。此指维护周王朝统治权威的等级体系和礼乐制度。

【译文】

文中子说："王国之诗列于《国风》，天子与诸侯怎能等量齐观？这是谁造成的？这是周幽王的罪过。所以《王风》以《黍离》开篇，于是王道也就衰微了。"

1.26　子曰："五行不相沴[①]，则王者可以制礼矣；四灵为畜，则王者可以作乐矣[②]。"

【注释】

①五行：古人认为金、木、水、火、土是构成世界的五种基本物质，五行之间的相生相克形成了宇宙万物的变化发展。不相沴（lì）：互不干扰。此指各得其宜。沴，水流不畅。此指扰乱。

②四灵为畜，则王者可以作乐矣：阮逸注云："仁及飞走，则龟龙麟凤在沼薮，故乐形仁声也。"四灵，古人认为龟、龙、麒麟、凤凰皆为

神兽，只在君主有德、天下太平时才会出现。

【译文】

文中子说："五行各得其宜，那么君王就可以制定礼法了；四灵皆为寻常之物，那么君王就可以制作雅乐了。"

1.27 子游孔子之庙，出而歌曰："大哉乎！君君臣臣，父父子子，兄兄弟弟，夫夫妇妇[①]，夫子之力也[②]。其与太极合德[③]，神道并行乎[④]？"王孝逸曰[⑤]："夫子之道，岂少是乎？"子曰："子未三复'白圭'乎[⑥]？天地生我而不能鞠我[⑦]，父母鞠我而不能成我[⑧]，成我者夫子也。道不啻天地父母[⑨]，通于夫子，受罔极之恩[⑩]。吾子汩彝伦乎[⑪]？"孝逸再拜谢之，终身不敢臧否[⑫]。

【注释】

①"君君臣臣"四句：实化用《论语·颜渊》和《周易·家人》彖传两篇内容。《论语·颜渊》载："齐景公问政于孔子。孔子对曰：'君君、臣臣、父父、子子。'"《周易·家人》彖传载："父父子子、兄兄弟弟、夫夫妇妇，而家道正，正家而天下定矣。"意在强调传统儒家的重要思想，即处在伦理体系不同位置的人要相应地遵守与之对应的伦理道德和行为规范。

②力：功劳，功绩。

③太极：中国传统哲学概念，指宇宙产生之初的混沌状态。此指天地本原。合德：同德。此指相同。

④神道：天道，大道。并行：并列而行。此指同理。

⑤王孝逸：名贞，陈留（今河南开封）人。少聪颖过人，善属文，位列"陈留八俊"，相传为王通门生。

⑥子未三复"白圭"乎：你没有反复研读《诗经·大雅·抑》中言及

的"白圭"之意吗？三复，反复，多次。白圭，《诗经·大雅·抑》云："白圭之玷，尚可磨也；斯言之玷，不可为也。"原指白玉上的斑点尚可磨去，但言语的伤害却无能为力，意在提醒人们应当"慎言"，即对王孝逸所说的"夫子之道，岂少是乎"提出批评。三复"白圭"，《论语·先进》："南容三复白圭，孔子以其兄之子妻之。"意谓，南容反复吟诵《诗经·大雅·抑》中"白圭之玷，尚可磨也；斯言之玷，不可为也"，借此提醒自己说话要小心谨慎。

⑦天地生我而不能鞠（jū）我，父母鞠我而不能成我：实化用《诗经·小雅·蓼莪》："父兮生我，母兮鞠我。"鞠，养育，抚养。

⑧成：成就。此指教导。

⑨不啻（chì）：如同，无异于。

⑩罔（wǎng）极之恩：实化用《诗经·小雅·蓼莪》："欲报之德，昊天罔极。"意即无穷的恩德，多用来形容父母的养育或师长的教诲。

⑪吾子：敬称，您。此处实为反语。汩（gǔ）：扰乱，搅乱。彝（yí）伦：常道，伦常。《尚书·洪范》："惟天阴骘下民，相协厥居，我不知其彝伦攸叙。"

⑫臧否（zāng pǐ）：评论，褒贬。此指说话不假思索随意评论。

【译文】

文中子游历孔子庙宇，出来咏叹道："伟大啊！君君臣臣，父父子子，兄兄弟弟，夫夫妇妇，这是孔子的功绩。他大概与天地本原同德，与世间大道同理吧？"王孝逸说："孔子的思想，难道就这些吗？"文中子说："你没有反复研读'白圭'之意吗？天地生我却不能养我，父母养我却不能教导我，教导我的是孔子。道就像是天地父母，我从孔子那里，得到无穷的恩惠。你难道要搅乱伦常大道吗？"王孝逸再拜道歉，终身不敢随意评论了。

1.28　韦鼎请见①，子三见而三不语，恭恭若不足②。鼎出，谓门人曰："夫子得志于朝廷③，有不言之化④，不杀之严矣。"

【注释】

①韦鼎（515—593）：字超盛，京兆杜陵（今陕西西安）人。少通脱率性，博览经史，通阴阳，善相术。任南朝梁中书侍郎，后任南朝陈黄门侍郎，累官至太府卿。陈亡入隋，授上仪同三司，除光州刺史。《隋书》卷七十八有传。

②恭恭：恭敬之貌。若不足：此指态度谦逊。

③得志：此指得到朝廷重用。

④不言之化：不通过语言而实现教化。此指不依靠政令，通过自己躬行盛德教化天下。《论语·阳货》："天何言哉？四时行焉，百物生焉，天何言哉？"北宋邢昺疏云："以喻人若无言，但有其行，不亦可乎？"

【译文】

韦鼎求见，文中子见了三次而三次都没有说话，态度恭敬谦逊。韦鼎离开后，对门生说："如果文中子能够得到朝廷重用，就可以不通过语言而实现教化，不依靠杀戮而树立威严。"

1.29 杨素谓子曰："天子求善御边者，素闻惟贤知贤[①]，敢问夫子。"子曰："羊祜、陆逊仁人也[②]，可使[③]。"素曰："已死矣，何可复使？"子曰："今公能为羊、陆之事则可，如不能，广求何益？通闻：迩者悦，远者来[④]，折冲樽俎可矣[⑤]，何必临边也？"

【注释】

①素：杨素自称。

②羊祜（hù，221—278）：字叔子，泰山南城（今山东平邑）人。魏晋名臣。博学能文，清廉正直，魏时与荀勖共掌机密。西晋时坐镇襄阳、都督荆州诸军事，整肃军纪，屯田兴学，惠爱百姓，深得军民

爱戴。《晋书》卷三十四有传。陆逊(183—245):本名陆议,字伯言,吴郡吴县(今江苏苏州)人。三国时期吴国名臣。谋略过人,中正耿直。章武二年(222),孙权以陆逊为大都督,在夷陵之战中火烧连营击败刘备,一战成名。黄龙元年(229),孙权称帝后,以陆逊为上大将军、右都护,辅佐太子。深得孙权器重,一生出将入相,被誉为"社稷之臣"。《三国志》卷五十八有传。

③使:任用,重用。

④迩(ěr)者悦,远者来:实模仿《论语·子路》:"近者说,远者来。"迩,近。

⑤折冲樽俎(zǔ):不借助军事行动而依靠外交手段克敌制胜。此指修德安民以怀柔远人。折冲,原指打退敌人进攻的战车,后多指击退敌人。樽俎,樽、俎原为宴饮酒器与食器,代指宴饮聚会,后多指外交活动。

【译文】

杨素对文中子说:"天子寻求善于守御边疆的人,我听说只有贤才了解贤才,所以冒昧向先生请教。"文中子说:"羊祜、陆逊都是仁义之人,可以任用。"杨素说:"已经死了,怎能再用?"文中子说:"现在您如果能做到羊祜、陆逊那样的事迹就可以,如果不能,遍求贤才又有何用?我听说:近处的人对君主发自内心地喜爱,远处的人就会前来归附,修德安民便可怀柔远人,何必前往边境防御敌军呢?"

1.30 子之家,《六经》毕备,朝服祭器不假[①]。曰:"三纲五常[②],自可出也。"

【注释】

①朝服:臣子上朝的礼服。祭器:祭祀所用的礼器。假:借。

②三纲五常:传统社会伦理道德体系的基础。三纲,君为臣纲,父为

子纲，夫为妻纲。五常，见1.6条注。

【译文】

文中子家，《六经》皆备，朝服和祭器都不外借。说：“三纲五常，自可由此产生。”

1.31 子曰：“悠悠素餐者天下皆是[①]，王道从何而兴乎？”

【注释】

①悠悠素餐者天下皆是：实模仿《论语·微子》：“滔滔者天下皆是也。”悠悠，此指人庸庸碌碌。素餐，不劳而食，多指无功受禄。《诗经·魏风·伐檀》云：“不稼不穑，胡取禾三百廛兮？不狩不猎，胡瞻尔庭有县貆兮？彼君子兮，不素餐兮！”

【译文】

文中子说：“庸庸碌碌不劳而食的人天下到处都是，王道如何能振兴呢？”

1.32 子曰：“七制之主[①]，其人可以即戎矣[②]。”

【注释】

①七制之主：汉代兴立文、武功业的圣君，指西汉高祖、文帝、武帝、宣帝，东汉光武帝、明帝、章帝，这七位两汉历史上圣明有为的君主。此说又见于卷二《天地篇》、卷六《礼乐篇》、卷七《述史篇》。

②其人可以即戎矣：他们的子民才可以应征作战。此句意在说明国君当推行仁政奋发有为，国泰民安之后方可兴兵征战，实则暗讽隋炀帝横征暴敛、穷兵黩武。即戎，应征作战。

【译文】

文中子说："两汉七位有为之君，他们的子民才可以应征作战。"

1.33 董常死，子哭于寝门之外①，拜而受吊②。

【注释】

①董常死，子哭于寝门之外：董常死，文中子在内室之门的外面痛哭。阮逸注云："不可视犹子也，哭寝则太亲；不可视犹朋友也，哭野则太疏，故折中于寝门之外。"此句意在说明文中子痛失杰出弟子，在哀伤痛哭之余亦不忘礼数。寝门，内室之门。

②拜：拜谢。吊：慰问。

【译文】

董常死，文中子在内室门外痛哭，拜谢并接受慰问。

1.34 裴晞问曰："卫玠称①：'人有不及②，可以情恕③；非意相干④，可以理遣⑤。'何如？"子曰："宽矣。"曰："仁乎？"子曰："不知也。""阮嗣宗与人谈⑥，则及玄远，未尝臧否人物，何如？"子曰："慎矣。"曰："仁乎？"子曰："不知也。"

【注释】

①卫玠（jiè，286—312）：字叔宝，河东安邑（今山西夏县）人。容貌俊美，风采极佳，是魏晋之际著名的清谈名士和玄学家，有"情恕""理遣"之论。官至太子洗马。永嘉六年（312）去世，时年二十七岁。《世说新语·容止》："卫玠从豫章至下都，人久闻其名，观者如堵墙。玠先有羸疾，体不堪劳，遂成病而死。时人谓'看杀卫玠'。"

②不及:不周之处,不当之处。

③情恕:依据人之常情或世间常理给予理解。

④干:冒犯。

⑤理遣:依据世间常理自我开解。

⑥阮嗣宗:阮籍(210—263),字嗣宗,陈留尉氏(今河南尉氏)人。三国时期魏国名士,"竹林七贤"之一。曾任步兵校尉,世称"阮步兵"。崇奉老庄之学,缄口少言,不问世事,明哲保身。有《咏怀诗》八十余首,工散文,后人辑有《阮嗣宗集》。

【译文】

裴晞问:"卫玠说:'人做事如有不周之处,可按常情理解原谅;不是故意冒犯,可据情理自我开解。'这话说得如何?"文中子说:"这是度量宽宏。"裴晞问:"这就是仁吗?"文中子说:"不知道。""那么阮嗣宗与人交谈,谈得玄妙幽深,不曾评论人物,这么做如何?"文中子说:"这是小心谨慎。"裴晞问:"这就是仁吗?"文中子说:"不知道。"

1.35 子曰:"恕哉!凌敬①。视人之孤犹己也。"

【注释】

①凌敬:隋末唐初人。为人足智多谋,有大志,原为窦建德帐下主簿,由于屡献奇策,窦建德任命其为国子祭酒,成为窦建德重要谋士之一。《旧唐书·窦建德传》载,窦建德攻破赵州,欲杀刺史张昂、邢州刺史陈君宾等人,凌敬劝谏称:"夫犬各吠非其主,今邻人坚守,力屈就擒,此乃忠确士也。若加酷害,何以劝大王之臣乎?"终使张昂、陈君宾等得释。

【译文】

文中子说:"凌敬真是能够理解他人啊!把别人的孤子当作自家孩子看待。"

1.36　子曰："仁者，吾不得而见也，得见智者，斯可矣；智者，吾不得而见也，得见义者，斯可矣[①]。如不得见，必也刚介乎[②]？刚者好断[③]，介者殊俗[④]。"

【注释】

①"仁者"八句：实模仿《论语·述而》："圣人，吾不得而见之矣；得见君子者，斯可矣。""善人，吾不得而见之矣；得见有恒者，斯可矣。"义者，行为合宜之人。义，宜，指行为合乎标准。

②介：耿介，耿直。

③断：遭受挫折打击。

④殊俗：特立独行，行为处事不合时俗。

【译文】

文中子说："仁爱之人，我没有见到，能够见到睿智的人就可以了；睿智的人，我没有见到，能够见到行为合宜之人就可以了。如果还是见不到，那接下来就必定是刚强耿直的人吧？但刚强的人容易遭受挫折，耿直的人往往又特立独行。"

1.37　薛收问至德要道[①]。子曰："至德，其道之本乎？要道，其德之行乎？《礼》不云乎：至德，为道本[②]。《易》不云乎：显道，神德行[③]。"

【注释】

①至德要道：最崇高的德行与最深刻的道理。

②"《礼》不云乎"三句：《周礼·地官·师氏》云："以三德教国子：一曰至德，以为道本；二曰敏德，以为行本；三曰孝德，以知逆恶。"

③"《易》不云乎"三句：《周易·系辞上》云："显道，神德行，是故可

与酬酢，可与祐神矣。”“显道，神德行”句与上文“要道，其德之行乎”相对。显道，大道，要道。神德行，验德行，即德行的体现。神，验。

【译文】

薛收问什么是至德要道。文中子说：“至德，应该就是道的根本吧？要道，应该就是德的体现吧？《周礼》不是说：至德，是道的根本。《周易》不是说：要道，是德的体现。”

1.38 子曰：“大哉神乎！所自出也[①]。至哉《易》也！其知神之所为乎[②]？”

【注释】

①大哉神乎！所自出也：指先圣先贤从天地自然中体悟到的重要启示。神，启示。

②至哉《易》也！其知神之所为乎：此二句盛赞《周易》，意在说明《周易》不仅载录了天地万物的重要启示，更能在此基础上推演变化，洞悉世间万物的运行与发展。至哉，盛赞之辞。

【译文】

文中子说：“天地之启示真是伟大啊！皆从自然万物中来。《周易》真是玄妙精深啊！已然洞悉世间万物的运行与发展了吧？”

1.39 子曰：“我未见嗜义如嗜利者也[①]。”

【注释】

①我未见嗜（shì）义如嗜利者也：实模仿《论语·卫灵公》：“吾未见好德如好色者也。”嗜，喜好。

【译文】

文中子说：“我没有见过喜好道义如同喜好利益的人。”

1.40 子登云中之城[①]，望龙门之关[②]。曰："壮哉！山河之固。"贾琼曰："既壮矣，又何加焉？"子曰："守之以道[③]。"降而宿于禹庙[④]，观其碑首曰[⑤]："先君献公之所作也[⑥]，其文典以达。"

【注释】

①云中：山名。位于今山西河津西北部，濒临黄河。一说为"云中郡"，阮逸注云："汉云中郡，唐延州。"治约在今内蒙古托克托东北，因下文有"望龙门之关"及"禹庙"，可知云中山一说似更为合理。

②龙门：山西河津城西北黄河峡谷中的龙门，今称"禹门口"。阮逸注云："河中有龙门县。"

③道：王道。此指推行仁政。

④禹庙：大禹庙。

⑤碑首：碑额，石碑的最上部，多刻有装饰花纹或螭龙等图案。

⑥先君献公：即安康献公，王通祖父王一。先君，已故的祖或父。

【译文】

文中子登上云中山城，眺望黄河龙门关。说："壮美啊，山河如此险固！"贾琼说："既然已经如此壮美，还需要辅之以什么呢？"文中子说："还需要以王道来守护。"下山后在大禹庙歇宿，文中子看着碑额说："这是先祖安康献公所作，这篇文章典雅畅达。"

1.41 子见刘孝标《绝交论》[①]，曰："惜乎，举任公而毁也[②]。任公于是乎不可谓知人矣。"见《辩命论》[③]，曰："人道废矣[④]。"

【注释】

①刘孝标：刘峻（463—521），字孝标，本名法武，平原（今山东德州）

人。南朝齐梁间学者。家境清苦，自幼勤奋好学，为人洒脱率直，言辞峻切，颇有文才，以注释《世说新语》而闻名。《梁书》卷五十、《南史》卷四十九有传。

②举：推举。此指称颂。任公：任昉（fǎng，460—508），字彦昇，乐安博昌（今山东博兴）人。南朝文臣，"竟陵八友"之一。幼时勤勉好学，才华出众。宋时任太常博士，齐时任尚书殿中郎，梁时任吏部郎中。一生勤政清廉，惠爱百姓，奖掖后进，喜好结交朋友。《梁书》卷十四、《南史》卷五十九有传。阮逸注云："刘峻，字孝标，性率多毁。时任昉死，有子东里冬衣葛裘，孝标作《绝交论》以讥任公之友，然又彰任公不知人耳。"

③《辩命论》：刘孝标所作。此文意在说明人之贵贱、贫富、祸福、寿夭及社会之治乱、个人仕途之穷达皆由命定。阮逸注云："峻又有《辩命论》，言管辂才高不遇，乃谓穷达由天，殊不由人。是不知命，废人道也。"

④人道：中国古代哲学中与"天道"相对的概念，泛指人事。此指人在社会发展中的作用和价值。

【译文】

文中子看到刘孝标所作的《绝交论》，说："可惜啊！称颂任昉而又中伤了他。于是就不能说任公有识人之明了。"看到《辩命论》，说："人的作用和价值被彻底否定了。"

1.42 子曰："使诸葛亮而无死，礼乐其有兴乎？"

【译文】

文中子说："假如诸葛亮没有死，礼乐应该就会复兴了吧？"

1.43 子读《乐毅论》①，曰："仁哉！乐毅。善藏其用②。

智哉！太初[③]。善发其蕴[④]。”

【注释】

①《乐毅论》：三国时期魏国文臣夏侯玄所作。文章盛赞战国时期燕国上将乐毅，虽统兵征战，但不滥用武力、不屠城，是心存仁爱之人。

②“仁哉”三句：意在赞美乐毅在统兵征战时亦能不失仁爱之心。藏，隐藏。用，才干，才智。

③太初：夏侯玄（209—254），字太初，沛国谯县（今安徽亳州）人。三国时期魏国文臣、征南大将军夏侯尚之子，右将军夏侯霸之侄，大将军曹爽表弟。博学多才，精通玄学，是魏晋玄学早期领袖之一。曹爽被诛后，夏侯玄与李丰、张缉谋杀司马懿，事泄被斩于东市，夷三族。《三国志》卷九有传。

④蕴：深层的含义。此指乐毅的仁德之心。

【译文】

文中子读《乐毅论》，说：“仁德啊，乐毅！善于隐藏自己的才智。睿智啊，太初！善于阐发乐毅的仁德之心。”

1.44 子读《无鬼论》[①]，曰：“未知人，焉知鬼[②]？”

【注释】

①《无鬼论》：疑即西晋永嘉中太子舍人阮瞻所作之《无鬼论》，文章穷究天地，纵论古今，欲证无鬼之论。阮逸注云：“阮瞻作《无鬼论》，谓可以辨幽明，盖不知圣人不语之旨。”

②未知人，焉知鬼：实模仿《论语·先进》：“未知生，焉知死？”“未能事人，焉能事鬼？”是对“子不语怪、力、乱、神”思想的继承和发扬。

【译文】

文中子读《无鬼论》，说：“人事尚且不了解，哪里了解鬼神呢？”

卷二

天地篇

【题解】

《天地篇》并非执着于探究天地乾坤的深奥与玄妙，而是以天地自然之道为发端，以圣贤之教为纽带，将个人的高下贤愚之别与社会的治乱兴衰之变有机地联结在了一起。圣贤之教，上合天道，下顺民心，在人则为立德修身之法，在国则为治世安邦之策。在王通看来，人的德行修养是至关重要的，因此《天地篇》中有较多章节是对其门生、权臣、名士，乃至历史人物德行品性的评鉴，意在阐明个人德行修明与否，与时代治乱存在重要联系。这也从根本上回答了汉末以来，世道为何长久陷入离乱动荡。因此，王通上承天地大道，祖述周公之政，谨遵孔子之教，希望借此以重振三纲五常之法、两汉七制之政，而这一切，仍要回到立德修身上来。《天地篇》中的立德修身之法，秉承儒家正道，除潜心研习经典之外，亦注重日常德行的修习与身心的砥砺。细读其文不难发现，凡于政事日用、农桑耕稼、岁时祭祀、婚丧典礼，王通皆秉持仁义之心、贯穿忠恕之道、合乎礼仪之制、明达权变之法。其次，《天地篇》由修身之法延及治国之道。修身当师圣贤之法，治国当遵圣王之道。圣王之道的根本，在于参悟天地自然，践行古圣先王之政，将立德修身与治国安邦相结合，以仁义公恕治天下，更以礼乐教化安天下，只有这样才能实现真正的太平康乐。最后，《天地篇》中还透射出王通富有儒家正统思想的文道观。王通认为，著述当弘扬正道、传承文教、褒善贬恶，而不应流于空疏烦琐的说解、立场暧昧的缀编、华丽文辞的堆砌。因此，王通的《续六经》堪称践行这一理念的典范之作。

2.1　子曰："圆者动，方者静，其见天地之心乎[①]？"

【注释】

①"圆者动"三句：阮逸注云："天圆动，地方静，人动静之中也。中也者，心可见矣。"天地之心，天地间最为本质的规律，即自然大道。

【译文】

文中子说："圆形的物体运动，方形的物体沉静，这其中体现的是天地自然的大道吧？"

2.2　子曰："智者乐，其存物之所为乎？仁者寿，其忘我之所为乎[①]？"

【注释】

①"智者乐"四句：实模仿《论语·雍也》："知者乐，仁者寿。"并对此做深入阐释。存物，胸怀万物。物，此指天下万物。

【译文】

文中子说："智慧的人快乐，是因为他胸怀万物吧？仁爱的人长寿，是因为他忘记自我吧？"

2.3　子曰："义也清而庄[①]，靖也惠而断[②]，威也和而博[③]，收也旷而肃[④]，琼也明而毅[⑤]，淹也诚而厉[⑥]，玄龄志而密[⑦]，徵也直而遂[⑧]，大雅深而弘[⑨]，叔达简而正[⑩]。若逢其时，不减卿相[⑪]，然礼乐则未备。"

【注释】

①义：姚义，生卒年不详，王通门生。与薛收一起编纂《中说》。阮逸《文中子〈中说〉序》："《中说》者，子之门人对问之书也。薛收、姚义集而名之。"

②靖：李靖（571—649），本名药师，京兆三原（今陕西三原）人。善用兵，有谋略。初仕隋朝，拜马邑郡丞。晋阳起兵后，效力唐朝，从李世民平王世充和窦建德，后南平萧铣和辅公祏，北灭东突厥，西破吐谷浑，战功显赫。历任检校中书令、兵部尚书，拜尚书右仆射，封卫国公，世称"李卫公"。位列"凌烟阁二十四功臣"。贞观二十三年（649）病逝，谥号"景武"。《旧唐书》卷六十七有传。

③威：窦威，字文蔚，扶风平陵（今陕西咸阳）人。隋朝太傅窦炽之子，太穆皇后从父兄。初仕隋朝，历任秘书郎、蜀王杨秀府记室、内史舍人、考功郎中，后坐事免职。晋阳起兵后，补任大丞相府司录参军，参与制定朝廷典制。唐朝建立后，窦威担任内史令，同年病逝追赠同州刺史、延安郡公，谥号"靖"。《旧唐书》卷六十一有传。

④收：即薛收。见1.3条注。

⑤琼：即贾琼。见1.13条注。

⑥淹：杜淹（？—628），字执礼，京兆杜陵（今陕西西安）人。隋朝河内太守杜徵之子，唐初宰相，贞观名相杜如晦之叔父。初仕隋朝，任御史中丞，后效力于王世充，任吏部尚书。降唐后任天策府兵曹参军、文学馆学士。杨文幹事件中受到牵连，被流放巂州。唐太宗继位后，授御史大夫，封安吉郡公。贞观二年（628）病逝，追赠尚书右仆射，谥号"襄"。《旧唐书·杜如晦传》有载录。

⑦玄龄：即房玄龄。见1.23条注。

⑧徵：魏徵（580—643），字玄成，先世为巨鹿下曲阳（今河北晋州西）人。年少孤贫，为人豁达，胸怀大志。大业十三年（617）参加瓦岗军，为李密所重。武德元年（618）随李密降唐。李建成闻其

名，特封为太子洗马，屡劝防范秦王李世民。李世民即位后，不计前嫌，重其才干，升为谏议大夫，推诚相待，后相继任给事中、尚书右丞，封郑国公。魏徵性情刚直，敢于犯颜进谏，屡以隋亡为鉴，常以居安思危、去奢恭俭、轻徭薄赋、选贤任能等直谏，为成就“贞观之治”起到重要作用，位列“凌烟阁二十四功臣”。贞观十七年（643）病逝，谥号“文贞”。《旧唐书》卷七十一有传。

⑨大雅：温大雅（572—629），字彦宏，太原祁（今山西祁县）人。北齐文林馆学士温君悠长子。隋时任东宫学士、长安县尉，以父忧去职，退居乡里。晋阳起兵后，任大将军府记室参军，专掌文翰。武德元年（618）任黄门侍郎。太宗即位，任礼部尚书，封黎国公，编纂《创业起居注》。贞观三年（629）病逝，谥号“孝”。《旧唐书》卷六十一有传。

⑩叔达：陈叔达（？—635），字子聪，陈宣帝第十六子。隋大业中，任内史舍人，出为绛郡通守。李渊义兵至绛郡，陈叔达响应，任丞相府主簿，封汉东郡公，与记室温大雅同掌机密，军书、赦令及禅代文诰多出其手。武德元年（618）任黄门侍郎，贞观年间任礼部尚书，贞观九年（635）病逝，谥号“忠”。《旧唐书》卷六十一有传。

⑪不减：不低于，不亚于。

【译文】

文中子说：“姚义，清洁而庄重；李靖，惠物而勇断；窦威，和容而博识；薛收，体旷而志肃；贾琼，通明而果毅；杜淹，诚悫而威厉；房玄龄，志虑而用密；魏徵，直道而遂行；温大雅，量深而宽宏；陈叔达，简静而中正。这些人如果能遇到时机，官职都不会低于卿相，然而在推行礼乐方面却都有所欠缺。”

2.4　或曰：“董常何人也？”子曰：“其动也权[①]，其静也至[②]。其颜氏之流乎[③]！”

【注释】

①权：阮逸注云："权变，才也。"此指处事随机应变。

②至：阮逸注云："至极，性也。"此指达到修养身心的最高境界，即守护好自己的本心本性。

③颜氏：即颜回，字子渊，春秋末期鲁国人。孔子弟子中德行最高者，位列七十二贤之首。孔子对颜回称赞有加，不幸早卒。

【译文】

有人问："董常是什么样的人呢？"文中子说："他行事时能够随机应变，无事时能够坚守本心。应该是颜回一类的人啊！"

2.5 叔恬曰："山涛为吏部[①]，拔贤进善，时无知者[②]。身殁之后，天子出其奏于朝，然后知群才皆涛所进。如何？"子曰："密矣。"曰："仁乎？"子曰："吾不知也。"

【注释】

①山涛（205—283）：字巨源，河内怀县（今河南武陟）人。"竹林七贤"之一。早年孤贫，喜好老庄学说，与嵇康、阮籍等交游。西晋建立后，历任侍中、吏部尚书、太子少傅、左仆射等职，封新沓伯。他每选用官吏，皆秉承晋武帝之意，并亲做评论，时人称之为"山公启事"。屡次以老病辞官，皆不准。太康三年（282），升为司徒，以老病归家，次年去世，谥号"康"。《晋书》卷四十三有传。

②无知：此指无人知晓，没人知道。

【译文】

叔恬说："山涛担任吏部尚书，选贤任能屡进良言，当时没有人知道。离世之后，天子向朝臣出示了他的奏表，然后人们才知道这些人才都是山涛举荐的。这该如何评价呢？"文中子说："行事缜密。"问："这就是仁吗？"文中子说："这我就不知道了。"

2.6 李密见子而论兵[①]。子曰："礼信仁义，则吾论之；孤虚诈力[②]，吾不与也。"

【注释】

①李密（582—619）：字玄邃，小字法主，辽东襄平（今辽宁辽阳）人。西魏名将李弼的曾孙。少好读书，常乘黄牛，以《汉书》挂牛角，读书不辍。大业九年（613），与杨玄感起兵反隋，后因杨玄感不能采纳其建议，兵败被捕，后逃脱。参加瓦岗义军，大破荥阳。大业十三年（617），称"魏公"，因瓦岗军领袖翟让之兄翟宽排挤而杀掉翟让、翟宽兄弟，后为王世充所败归顺李唐，拜光禄卿，封邢国公。不久之后叛唐，为盛彦师斩杀。《隋书》卷七十、《旧唐书》卷五十三有传。

②孤虚：此指谋略和诡计。阮逸注云："兵家之术。"考《太白阴经》卷一《人谋》："天时为敌国有水旱、灾害、虫蝗、霜雹、荒乱之天时，非孤虚向背之天时也。"及《兵录》卷十四《天时总说》之"论孤虚法"，可知"孤虚"即古代围绕作战的天时、地利等相关因素进行占卜、推演的一种数术之法。

【译文】

李密拜见文中子谈论统兵作战之事。文中子说："礼仪、诚信、仁爱、道义，这些我可以和你谈论；谋略、诡计、欺骗、勇力，这些我就不和你谈论了。"

2.7 李伯药见子而论诗[①]，子不答。伯药退，谓薛收曰："吾上陈应、刘[②]，下述沈、谢[③]，分四声八病[④]，刚柔清浊[⑤]，各有端序[⑥]，音若埙篪[⑦]，而夫子不应我，其未达欤？"薛收曰："吾尝闻夫子之论诗矣，上明三纲，下达五常，于是征存亡，辩得失。故小人歌之以贡其俗[⑧]，君子赋之以见其志，圣人采之以观其变[9]。今子营营驰骋乎末流[10]，是夫子之所痛也。不答则有由矣。”

【注释】

①李伯药（564—648）：即李百药，字重规，博陵安平（今河北安平）人。隋内史令、安平公李德林之子。初仕隋朝，拜太子舍人，辅佐太子杨勇。隋炀帝杨广即位，贬为桂州司马，迁建安郡丞，参加农民起义。武德年间，归顺唐朝，遭人陷害，流放泾州。贞观元年（627），任中书舍人，参与修订《五礼》及律令、编纂《北齐书》。贞观二年（628）迁礼部侍郎，转太子右庶子，辅佐太子李承乾。以修史之功，任散骑常侍、太子右庶子、宗正卿。贞观二十二年（648）卒，谥号“康”。《旧唐书》卷七十二有传。

②应、刘：当指同为“建安七子”之应玚、刘桢，阮逸注云：“魏应璩、刘公幹。”当作“魏应玚、刘桢”。应玚（177—217），字德琏，汝南南顿（今河南平舆）人。应劭从子。与孔融、陈琳、王粲、徐幹、阮瑀、刘桢合称“建安七子”。刘桢（179—217），字公幹，东平宁阳（今山东宁阳）人。东汉名士、诗人，“建安七子”之一。

③沈、谢：沈约和谢朓。沈约（441—513），字休文，吴兴武康（今浙江德清）人。南朝梁开国功臣。学识渊博，精通音律，与周颙等开创“四声八病”之说，要求诗文中平、上、去、入四声应当相互协调，避免八病。其诗作皆注重声律、对仗，时称“永明体”，是体式自由的古体诗走向格律严整的近体诗的一个重要过渡阶段。沈约与萧衍、谢朓、王融、萧琛、范云、任昉、陆倕八人号为“竟陵八友”。《梁书》卷一十三有传。谢朓（tiǎo，464—499），字玄晖，陈郡阳夏（今河南太康）人。南齐杰出的山水诗人。与沈约等共同开创“永明体”，诗文平仄协调，对仗工整，开唐代律绝之先河。《南齐书》卷四十七有传。沈约、谢朓实为同时代、同体式诗文的开创

者，故阮逸注云："梁沈约、谢灵运。"当为"梁沈约、谢朓"，且下文有"分四声八病，刚柔清浊"，可知当就开创"永明体"之人而言。

④四声八病：周颙发现汉字有平、上、去、入者四种声调。沈约根据汉字四声和双声叠韵的特点，研究诗句中声、韵、调的配合，指出平头、上尾、蜂腰、鹤膝、大韵、小韵、旁纽、正纽这八种五言诗应该避免的弊病，是为"八病"。

⑤刚柔清浊：阮逸注云："语见为刚，旨婉为柔；飘逸则清，质实则浊。"语见，即诗文直抒胸臆。旨婉，即诗文委婉含蓄。清，指文风清新飘逸。浊，指文风质朴无华。刚、柔、清、浊，皆就诗文创作中的审美旨趣而言。

⑥端序：头绪，条理。

⑦埙（xūn）篪（chí）：阮逸注云："埙，土音，刚而浊；篪，竹音，柔而清。"埙，古代用陶土烧制的一种吹奏乐器，圆形或椭圆形，有六孔。亦称"陶埙"。篪，古代一种用竹管制成像笛子一样的乐器，开孔数不一，通常有八孔。"埙""篪"二者常常合奏，故多表示声音和谐，此处借"埙""篪"意在强调自己上文论述"四声八病"和"刚柔清浊"时就好像埙篪合奏般周全与完美。

⑧贡：阮逸注云："告也。"即呈现，展示。

⑨采之：采诗官。《汉书·艺文志》："《书》曰：'诗言志，歌咏言。'故哀乐之心感，而歌咏之声发。诵其言谓之诗，咏其声谓之歌。故古有采诗之官，王者所以观风俗，知得失，自考正也。"

⑩营营：汲汲之貌。驰骋：此指纵论。末流：阮逸注云："齐、梁文，弊之末也。"即在文中子看来，与《诗经》相比，齐、梁诗文皆为末流。

【译文】

李百药拜见文中子并讨论诗文，文中子却不回答。李百药告退，对薛收说："我上述应玚、刘桢，下谈沈约、谢朓，梳理诗文写作中的四声八病，文章旨趣上的刚柔清浊，皆有条理，论述完美，然而先生却没有回应，是我说得不够明白吗？”薛收说：“我曾听老师谈论诗，指出诗的功用上要明三纲，下要达五常，进而能够成为国家存亡的表征，让人能够明辨是非得失。所以普通百姓唱诗是向为政者展示民风民俗，为政者唱诗是向人昭示个人志向，圣人命官采诗用来观察时代和民风的变化。您现在汲汲于纵论齐、梁这些末流诗文，这正是老师所痛心的。老师不回答是有原因的。”

2.8 子曰：“学者，博诵云乎哉[①]？必也贯乎道[②]。文者，苟作云乎哉[③]？必也济乎义。”

【注释】

①博诵云乎哉：实模仿《论语·阳货》：“子曰：‘礼云礼云，玉帛云乎哉？乐云乐云，钟鼓云乎哉？’”博诵，博览群书。

②必也贯乎道：实模仿《论语·卫灵公》：“子曰：‘赐也，女以予为多学而识之者与？’对曰：‘然，非与？’曰：‘非也，予一以贯之。’”及《论语·里仁》：“子曰：‘参乎！吾道一以贯之。’”

③苟作：见1.14条及注。

【译文】

文中子说：“治学，只是博览群书吗？切记一定要贯彻大道。作文，只是堆砌辞藻吗？切记一定要有补于道义。”

2.9 内史薛公见子于长安[①]，退谓子收曰：“《河图》《洛书》尽在是矣，汝往事之，无失也。”

【注释】

①内史薛公：王通门生薛收之父薛道衡（540—609），字玄卿，蒲州汾阴（今山西万荣西南）人。专精好学，与卢思道、李德林齐名。

初仕北齐，再仕北周，任内史舍人。隋朝建立后，拜内史侍郎。隋炀帝即位后，出为番州刺史，迁司隶大夫，因触怒隋炀帝而被害。《隋书》卷五十七有传。文中“内史”，即就内史侍郎而言。

②《河图》《洛书》：《周易·系辞上》：“河出图，洛出书，圣人则之。”相传伏羲时，有龙马出于黄河，背负“河图”；有神龟出于洛水，背负“洛书”。伏羲据此画成八卦。此指圣人从天地自然中学习的大道。

【译文】

内史薛道衡在长安拜见文中子，回来对儿子薛收说：“《河图》《洛书》等天地大道都在先生那里，你去拜他为师，不会有错的。”

2.10 子曰：“士有靡衣鲜食而乐道者[①]，吾未之见也。”

【注释】

①靡（mǐ）衣鲜食：又作“靡衣玉食”，指穿华丽的衣服，吃精美的食物。形容生活豪华奢侈。

【译文】

文中子说：“士人中有锦衣玉食仍乐于大道的，我还没有见过。”

2.11 子谓魏徵曰：“汝与凝皆天之直人也[①]。徵也遂[②]，凝也挺[③]，若并行于时，有用舍焉[④]。”

【注释】

①凝：王凝。见1.10条注。直人：正直之人。

②遂：此指通达。

③挺：此指直率、耿直。

④用舍：又作“用行舍藏”，或得重用为官，或不得重用而归隐。《论

语·述而》:“用之则行,舍之则藏。”

【译文】

文中子对魏徵说:“你和王凝都是生性正直之人。你通达,王凝耿直,若你们同时出仕为官,那么其中一人或得重用为官,另一人将不得重用归隐田园。”

2.12 子谓李靖曰:“凝也若容于时,则王法不挠矣[①]。”

【注释】

①挠:阮逸注云:“挠曲。”即弯曲、枉曲。此指法律不公正。

【译文】

文中子对李靖说:“王凝如果得以重用,那么国家法律就不会不公正。”

2.13 李靖问任智如何[①]。子曰:“仁以为己任[②]。小人任智而背仁为贼[③],君子任智而背仁为乱。”

【注释】

①任:此指使用。

②仁以为己任:《论语·泰伯》:“曾子曰:‘士不可以不弘毅,任重而道远。仁以为己任,不亦重乎?死而后已,不亦远乎?’”任,此指责任,职责。

③任:专任。下同。

【译文】

李靖问使用机智怎么样。文中子说:“应当以仁德为己任。小人专任机智而背弃仁德就会危害社会,君子专任机智而背弃仁德就会祸乱国家。”

2.14　薛收问："仲长子光何人也[1]？"子曰："天人也[2]。"收曰："何谓天人？"子曰："眇然小乎！所以属于人；旷哉大乎！独能成其天[3]。"

【注释】

①仲长子光：阮逸注云："子光，字不曜，游于河东，人问者，书'老''易'二字为对，王绩有《仲长先生传》。"考《新唐书·隐逸传》"王绩"条相关载录，可知为当时隐士，与王绩交游。另阮逸所云《仲长先生传》，当为王绩《祭处士仲长子光文》。

②天人：即洞悉天地大道之人。《庄子·天下》："不离于宗，谓之天人。不离于精，谓之神人。不离于真，谓之至人。以天为宗，以德为本，以道为门，兆于变化，谓之圣人。"北宋王雱《南华真经新传》释云："宗者，道之原本也。道之原本出于天，故曰：'不离于宗，谓之天人。'"

③"眇（miǎo）然小乎"四句：实化用《庄子·德充符》："有人之形，无人之情。有人之形，故群于人；无人之情，故是非不得于身。眇乎小哉！所以属于人也；謷乎大哉！独成其天。"眇，微小，渺小。此处就人的身躯而言。旷，光明，开朗。此处就光明、伟大的德行与修为而言。

【译文】

薛收问："仲长子光是怎样的人？"文中子说："是天人。"薛收问："什么是天人？"文中子说："他的身躯渺小，所以与常人无异！他的修为广大，唯此方能成就他的光明与伟岸！"

2.15　贾琼问君子之道。子曰："必先恕乎！"曰："敢问恕之说。"子曰："为人子者，以其父之心为心；为人弟者，以其兄之心为心。推而达于天下,斯可矣。”

【译文】

贾琼问什么是君子之道。文中子说:“一定是‘恕’吧!”问:“请问‘恕’是什么?”文中子说:“做儿子的,要站在父母的角度去考虑问题;做弟弟的,要站在兄长的角度去考虑问题。由此类推以至于全天下,这就可以了。”

2.16 子曰:“君子之学进于道,小人之学进于利。”

【译文】

文中子说:“君子学习是为了钻研大道,小人学习是为了追逐利益。”

2.17 楚难作[①],使使召子,子不往,谓使者曰:“为我谢楚公[②],天下崩乱,非至公血诚不能安[③]。苟非其道,无为祸先。”

【注释】

①楚难:隋大业九年(613),杨玄感于黎阳起兵反隋。

②楚公:杨玄感袭爵楚国公,故称“楚公”。杨玄感(?—613),弘农华阴(今陕西华阴)人。隋司徒楚国公杨素长子。以父军功位至柱国,任郢、宋二州刺史,迁鸿胪卿、礼部尚书,袭封楚国公。受到隋炀帝猜忌,大业九年(613),隋炀帝二次出征高句丽时,趁机反叛,屯兵于黎阳,为大将军宇文述所败。《隋书》卷七十有传。

③血诚:赤诚。《三国志·魏书·仓慈传》:“及西域诸胡闻慈死,悉共会聚于戊己校尉及长吏治下发哀,或有以刀画面,以明血诚。”

【译文】

杨玄感起兵，派遣使者征召文中子，文中子不去，对使者说："替我谢谢楚公，天下大乱，只有怀着至公赤诚之心才能使天下安定，如果不遵循这个道理，就不要再为害天下了。"

2.18　李密问王霸之略。子曰："不以天下易一民之命[①]。"李密出，子谓贾琼曰："乱天下者必是夫也。幸灾而念祸，爱强而愿胜，神明不与也。"

【注释】

①不以天下易一民之命：阮逸注云："易，为'轻易'之'易'。一民，至细也，不可以天下之大轻小民之命。"即不要因为天下之大就轻视一个百姓的性命。此句意在告诫李密当以天下苍生为念。

【译文】

李密问实现王霸之业的方略。文中子说："不要因为天下之大就轻视一个百姓的性命。"李密走后，文中子对贾琼说："将来祸乱天下的必是此人。此人幸灾乐祸，争强好胜，神明是不会保佑他的。"

2.19　子居家，虽孩孺必狎[①]。其使人也，虽童仆必敛容[②]。

【注释】

①孩孺：孩童，小孩子。狎：亲近，亲昵。

②敛容：端正容貌，表示严肃庄重。《汉书·霍光传》："光每朝见，上虚己敛容，礼下之已甚。"

【译文】

先生日常居家，即便对小孩子也很亲昵。先生差遣人做事，即便对年幼的仆人也很严肃。

2.20 子曰："我未见知命者也①。"

【注释】

①知命：《论语·尧曰》："子曰：'不知命，无以为君子也。不知礼，无以立也。不知言，无以知人也。'"西汉孔安国注云："命，谓穷达之分也。"即知晓人生穷达、祸福之天命。

【译文】

文中子说："我还没有见过知天命之人。"

2.21 子曰："不就利①，不违害②，不强交，不苟绝，惟有道者能之。"

【注释】

①就：趋，追求。

②违：避，躲避。《尚书·太甲中》："天作孽，犹可违；自作孽，不可逭。"西汉孔安国注云："言天灾可避，自作灾不可逃。"

【译文】

文中子说："不趋利，不避害，不勉强交往，不随便断绝，只有有道之人才能做到。"

2.22 子躬耕①。或问曰："不亦劳乎？"子曰："一夫不耕，或受其饥②，且庶人之职也。亡职者，罪无所逃天地之间③，吾得逃乎？"

【注释】

①躬耕：亲自耕种。《礼记·月令》："天子亲载耒耜，……帅三公九

卿诸侯大夫躬耕帝藉。"

②一夫不耕,或受其饥:实化用西汉贾谊《新书·无蓄》:"古人曰:'一夫不耕,或为之饥;一妇不织,或为之寒。'"

③罪无所逃天地之间:实化用《庄子·人间世》:"仲尼曰:'天下有大戒二:其一,命也;其一,义也。子之爱亲,命也,不可解于心;臣之事君,义也,无适而非君也,无所逃于天地之间。是之谓大戒。'"

【译文】

文中子亲自耕种。有人问:"这不是很辛苦吗?"文中子说:"一人不耕种,就会有人挨饿,并且这是普通人职责。不履行职责的人,在天地间是无法逃避罪责的,我难道能逃避得了吗?"

2.23 子艺黍登场[①],岁不过数石[②],以供祭祀、冠婚、宾客之酒也[③],成礼则止。子之室,酒不绝。

【注释】

①艺黍:种植黍稷。《尚书·酒诰》:"小子惟一妹土,嗣尔股肱,纯其艺黍稷,奔走事厥考厥长。"西汉孔安国注云:"其当勤种黍稷,奔走事其父兄。"登场:收割粮食并运到打谷场。

②石:容量单位,十斗为一石。西汉晁错《论贵粟疏》:"百亩之收,不过百石。"

③冠婚:冠礼和婚礼。冠礼,古代男子二十岁举行加冠之礼,表示成人。《礼记·冠义》:"古者冠礼,筮日筮宾,所以敬冠事。敬冠事所以重礼,重礼所以为国本也。"

【译文】

先生种植庄稼收获粮食,每年收获不过数石,用以酿造供给祭祀、冠礼、婚礼、招待宾客所用之酒,礼仪完成后就不再饮用。所以先生家的酒才不会用尽。

2.24 薛方士问葬[①]。子曰："贫者敛手足[②]，富者具棺椁[③]。封域之制无广也，不居良田。古者不以死伤生，不以厚为礼。"

【注释】

①薛方士：其人不详。考本书《关朗篇》："门人窦威、贾琼、姚义受《礼》，温彦博、杜如晦、陈叔达受《乐》，杜淹、房乔、魏徵受《书》，李靖、薛方士、裴晞、王珪受《诗》。"可知其从文中子受学。

②敛手足：又作"敛手足形"，意指遮蔽身体。《礼记·檀弓下》："敛手足形，还葬而无椁，称其财，斯之谓礼。"唐孔颖达疏云："敛手足形者，亲亡但以衣棺敛其头首及足，形体不露，还速葬而无椁材，称其家之财物所有以送终。"《释名·释丧制》："衣尸棺曰敛。敛者，敛也。敛藏不复见也。"手足，即手足形，指手足身体。

③具：齐备，皆备。棺椁：棺材及套在棺材外面的外棺。内曰棺，外曰椁。

【译文】

薛方士问葬礼。文中子说："穷人遮蔽身体，富人棺椁齐备。墓地规模不要太大，不要侵占良田。古人不以死去的人而伤害活着的人，不把厚葬看做是符合礼制的行为。"

2.25 陈叔达问事鬼神之道。子曰："敬而远之[①]。"问祭。子曰："何独祭也，亦有祀焉，有祭焉，有享焉。三者不同，古先圣人所以接三才之奥也[②]。达兹三者之说，则无不至矣。"叔达俯其首。

【注释】

①敬而远之：实模仿《论语·雍也》："子曰：'务民之义，敬鬼神而远

之，可谓知矣。'"

②三才：天、地、人。见 1.1 条注。

【译文】

陈叔达问侍奉鬼神之法。文中子说："恭敬对待且要远离它。"问祭祀。文中子说："不只有祭天之礼，还有祀地之礼，有祭天，有享先人宗庙。三者是不同的，这就是古代圣人沟通天、地、人之间的奥秘所在。认识到这三者的真谛，那么一切问题就都明白了。"陈叔达俯首称是。

2.26 子曰："王猛有君子之德三焉①：其事上也密，其接下也温，其临事也断。"或问苏绰②。子曰："俊人也。"曰："其道何如③？"子曰："行于战国可以强，行于太平则乱矣。"问牛弘④。子曰："厚人也。"

【注释】

①王猛（325—375）：字景略，北海剧（今山东潍坊）人。出身贫寒，隐居山中，博学而好读兵书，善于谋略和用兵。苻坚即位，任中书侍郎，官至尚书令、太子太傅、司徒、录尚书事，封清河郡侯，为苻坚重要谋臣。综合儒法，选贤任能，抵制氐、羌权贵，整肃吏治，强化中央集权，劝课农桑，兴修水利，发展生产。建元十一年（375）去世，谥号"武"。临终力劝苻坚勿图晋，苻坚不听，终有淝水惨败。《晋书》卷一百十四《苻坚载记》有载录。

②苏绰（498—546）：字令绰，京兆武功（今陕西武功）人。南北朝西魏名臣。少好学，博览群书，尤善算术及申韩之学，拜为大行台左丞，参与机密，大力推举改革。曾创制计账、户籍等法，精简冗员，设置屯田、乡官，增加国家赋税收入，累升大行台度支尚书兼司农卿，封美阳伯。大统十二年（546）病逝。《周书》卷二十三、《北史》卷六十三有传。

③道：此指施行的政略。

④牛弘(545—610)：本姓尞，字里仁，安定鹑觚(今甘肃灵台)人。袭封临泾公。少好学，博览群书。北周时，专掌文书，修起居注。隋文帝即位后，任散骑常侍、秘书监，晋爵奇章郡公。开皇三年(583)，拜礼部尚书，请修明堂，定礼乐制度。选贤任能，宽仁待下，不善言谈而恪尽职守。大业六年(610)离世。《北史》卷七十二、《隋书》卷四十九有传。

【译文】

文中子说："王猛有三种君子之德：他对待君主细密，对待下属温和，处理事情果断。"有人问苏绰。文中子说："是有才干之人。"问："他施行的政略如何？"文中子说："推行于战国之时可以富国强兵，推行于太平之世则会祸乱天下。"问牛弘。文中子说："是敦厚之人。"

2.27 子观田，魏徵、杜淹、董常至。子曰："各言志乎①？"徵曰："愿事明王，进思尽忠，退思补过②。"淹曰："愿执明王之法，使天下无冤人。"常曰："愿圣人之道行于时，常也无事于出处③。"子曰："大哉！吾与常也。"

【注释】

①各言志乎：实模仿《论语·公冶长》："子曰：'盍各言尔志？'"即文中子模仿孔子，通过让弟子谈论各自志向，来考察他们思想所达到的境界。

②进思尽忠，退思补过：《孝经·事君》："子曰：'君子之事上也，进思尽忠，退思补过，将顺其美，匡救其恶，故上下能相亲也。'"

③出处：出仕和归隐。《周易·系辞上》："君子之道，或出或处，或默或语。"

【译文】

文中子察看农事，魏徵、杜淹、董常来了。文中子说："大家各自说说自己的志向吧？"魏徵说："我愿奉侍有道明君，在朝为官则竭诚尽忠，居家归隐则迁善改过。"杜淹说："我愿为有道明君掌管法令，使天下没有蒙冤之人。"董常说："我愿圣人王道推行于世，自己出仕为官还是隐居乡野都不重要。"文中子说："这志向真是伟大啊！我赞赏董常。"

2.28 子在长安①，曰："归来乎！今之好异轻进者②，率然而作③，无所取焉。"

【注释】

①子在长安：阮逸注云："仁寿四年，在长安谒文帝，见公卿异端轻率，文辞不根道义，苟媚其主，使无所取治焉，遂归。"即文中子拜谒隋文帝，目睹朝臣不务重本立道，反而争相媚上，以标榜异端为能事，于是心灰意冷而离开长安。

②轻进：此指向君主进言而态度轻率。

③率然：草率、轻率之貌。

【译文】

文中子在长安，说："回去吧！现在喜好标新立异及轻率进言之人，他们的种种草率行径，没什么可取之处。"

2.29 子在绛①，程元者因薛收而来②。子与之言《六经》。元退，谓收曰："夫子载造彝伦③，一匡皇极④。微夫子，吾其失道左见矣⑤。"

【注释】

①绛：绛州（治今山西运城新绛）。

②程元：王通门生，南阳(今属河南)人。生卒年不详。

③彝伦：常道，伦常。见1.27条注。

④皇极：皇权得以建立的制度与规范。见1.8条注。

⑤微夫子，吾其失道左见矣：实模仿《论语·宪问》："微管仲，吾其被发左衽也。"左，偏差，错误。

【译文】

文中子在绛州，程元通过薛收引见前来拜访。文中子和他谈论《续六经》。程元回来后，对薛收说："先生承载伦常大道，匡正国家制度。没有先生的话，我应该就错失大道误入歧途了。"

2.30 子曰："盖有慕名而作者，吾不为也[①]。"

【注释】

①盖有慕名而作者，吾不为也：实模仿《论语·述而》："子曰：'盖有不知而作之者，我无是也。'"东汉包咸注云："时人多有穿凿妄作篇籍者，故云然也。"意在说明文中子之作实为"载造彝伦，一匡皇极"，亦与"无苟作"呼应。

【译文】

文中子说："大概有追慕虚名而著书立说的，我是不会这样做的。"

2.31 叔恬曰："文中子之教兴，其当隋之季世、皇家之未造乎[①]！将败者，吾伤其不得用；将兴者，吾惜其不得见。其志勤，其言征，其事以苍生为心乎？"

【注释】

①季世：末世，末代。皇家：阮逸注云："谓唐室。"即唐王朝。造：建立，成立。

【译文】

叔恬说："文中子的教化兴起，正值隋朝末世、唐朝尚未建立之时！令我悲伤的是，将要衰败的王朝无法重用他；令我惋惜的是，将要兴起的王朝他却见不到。他心志勤勉，言出有据，他的事业是以天下苍生为念吧？"

2.32　文中子曰："二帝、三王[①]，吾不得而见也，舍两汉将安之乎？大哉！七制之主[②]。其以仁义公恕统天下乎！其役简，其刑清，君子乐其道，小人怀其生[③]。四百年间，天下无二志，其有以结人心乎？终之以礼乐，则三王之举也。"

【注释】

①二帝、三王：指上古圣明帝王。

②七制之主：见1.32条注。

③君子乐其道，小人怀其生：实模仿《论语·里仁》："子曰：'君子怀德，小人怀土；君子怀刑，小人怀惠。'"

【译文】

文中子说："二帝、三王，我无法见到，除去两汉哪里还有圣明的君主呢？七制之主真是伟大啊！他们以仁义公恕统治天下！他们徭役少，刑罚明，君子乐于他们的治世之道，百姓感念他们的好生之德。四百年间，天下人没有二心，应该是有能够凝聚人心的方法吧？如果最后能加以礼乐教化，就会实现上古三王的伟大成就了。"

2.33　子曰："王道之驳久矣[①]，礼乐可以不正乎？大义之芜甚矣[②]，《诗》《书》可以不续乎？"

【注释】

①王道之驳久矣：实模仿《论语·八佾》："出曰：'二三子何患于丧

乎？天下之无道也久矣，天将以夫子为木铎。'" 驳，驳杂，淆乱。

②芜：荒废。

【译文】

文中子说："王道淆乱已经很久了，难道不应该匡正礼乐吗？大义荒废已经很严重了，难道不应该续修《诗》《书》吗？"

2.34 子曰："唐、虞之道直以大[①]，故以揖让终焉[②]。必也有圣人承之，何必定法？其道甚阔，不可格于后[③]。夏商之道直以简，故以放弑终焉[④]。必也有圣人扶之，何必在我？其道亦旷，不可制于下。如有用我者，吾其为周公所为乎[⑤]！"

【注释】

①唐、虞：即唐尧、虞舜。

②揖让：让贤。此处特指禅让。见1.13条注。

③格：规范，准则。

④放弑：流放和杀戮。放，流放。《尚书·仲虺之诰》："成汤放桀于南巢。"弑，杀。《尚书·洪范》："武王胜殷，杀受（纣），立武庚，以箕子归。"

⑤周公：姬姓，名旦，周文王之子。辅佐周武王伐纣建立周王朝。武王离世之后，周公摄政，辅佐武王之子成王，平定管叔、蔡叔叛乱，制礼作乐，完善分封制、宗法制，为西周王朝统治奠定了坚实的基础。《史记·周本纪》《史记·鲁周公世家》有载录。

【译文】

文中子说："尧、舜之道方正而伟大，因此以禅让终结。一定会有圣人来传承它，何必制定法则？尧、舜之道宏阔宽广，不能作为后世的准则。禹、汤之道方正而简省，因此以流放和杀戮终结。一定会有圣人扶助它，何必由我来担当？禹、汤之道过于疏旷，不能作为统治天下的办法。如果有君主重用我，我会像周公那样做一番事业！”

2.35 子燕居[①]，董常、窦威侍。子曰：“吾视千载已上，圣人在上者，未有若周公焉。其道则一[②]，而经制大备[③]，后之为政，有所持循[④]。吾视千载而下，未有若仲尼焉。其道则一，而述作大明，后之修文者[⑤]，有所折中矣[⑥]。千载而下，有申周公之事者，吾不得而见也；千载而下，有绍宣尼之业者，吾不得而让也。”

【注释】

①燕居：闲居。《论语·述而》：“子之燕居，申申如也，夭夭如也。”南宋朱熹《四书章句集注》卷第四云：“燕居，闲暇无事之时。”

②其道则一：阮逸注云：“一，谓尧、舜、汤、武一归于道也。”即周公秉承着尧、舜、汤、武一脉相承的为政之道。

③经制：国家的典章制度。西汉贾谊《治安策》：“岂如今定经制，令君君臣臣上下有差，父子六亲各得其宜，奸人亡所几幸，而群臣众信，是不疑惑！”大备：阮逸注云：“谓设官分职、制礼作乐也。”即官制、礼乐等皆详细完备。

④持循：遵循。西汉贾谊《治安策》：“此业一定，世世常安，而后有所持循矣。”

⑤修文：修明文教。《尚书·武成》：“乃偃武修文，归马于华山之阳，放牛于桃林之野。”

⑥折中：取法，参照。《史记·孔子世家》：“自天子王侯，中国言六艺者折中于夫子，可谓至圣矣！”

【译文】

文中子闲居，董常、窦威侍立于旁。文中子说：“在我看来千年之前，圣贤在位之人，没有谁能比肩周公。周公秉承圣君之道，使国家典章制度详尽完备，使后世为政之人有所遵循。在我看来千年以来，没有谁能比肩孔子。孔子秉承圣君之道，使文章著述大道昌明，使后世修明文教之人有所取法。千年以来，发扬周公事业的人，我没有见到；千年以来，传承孔子事业的人，我当仁不让。”

2.36 子曰：“常也其殆坐忘乎[①]？静不证理而足用焉[②]，思则或妙[③]。”

【注释】

①殆：几乎，近乎。坐忘：《庄子·大宗师》：“颜回曰：‘堕肢体，黜聪明，离形去知，同于大通，此谓坐忘。’”西晋郭象注云：“夫坐忘者，奚所不忘哉？既忘其迹，又忘其所以迹者，内不觉其一身，外不识有天地，然后旷然与变化为体而无不通也。”即摆脱身体和精神的束缚，进而达到洞悉世间大道的过程。

②证理：求取至理。证，同“征”，求。理，天地自然间的大道至理。

③妙：阮逸注云：“谓几微也。”《老子》第一章：“无，名天地之始；有，名万物之母。故常无欲，以观其妙；常有欲，以观其徼。”三国王弼注云：“妙者，微之极也。”

【译文】

文中子说：“董常几乎能够坐忘了吧？内心平静虽不能求取至理，但已足够用了，若能加以深思或许能洞悉其中的玄妙。”

2.37 李靖问圣人之道。子曰：“无所由，亦不至于彼[①]。”门人曰：“徵也至。”或曰：“未也。”门人惑。子曰：“徵也去此矣，而未至于彼[②]。”或问彼之说。子曰：“彼，道之方也[③]。必也无至乎！”董常闻之悦，门人不达。董常曰：“夫子之道，与物而来，与物而去。来无所从，去无所视。”薛收曰：“大哉！夫子之道。一而已矣。”

【注释】

①彼：此指去处、去向。与上文“由”相对。

②徵也去此矣，而未至于彼：阮逸注云：“已离中贤之见，然未至上哲之性。”即已然超越当下普通之人，然而尚未达到上哲之最高境界。

③方：相并，并列。《国语·齐语》：“至于西河，方舟设泭，乘桴济河。”三国韦昭注云：“方，并也。编木曰泭，小泭曰桴。”

【译文】

李靖问圣人之道。文中子说：“不知从何而来，亦不知向何而去。”门生说：“魏徵达到了这种境界。”有人说：“没有达到。”门生感到困惑。文中子说：“魏徵超越了常人，但未达到最高境界。”有人问什么是最高境界。文中子说：“所谓最高境界，是与大道并行的。必定是永远无法达到的！”董常听后非常喜悦，其他门生则没有听懂。董常说：“先生的大道，与万物俱来，与万物俱去。即不知来于何处，又不见去向何方。”薛收说：“先生的大道真是伟大啊！与天地万物浑然一体。”

2.38 子谓程元曰：“汝与董常何如？”[①]程元曰：“不敢企常。常也遗道德[②]，元也志仁义[③]。”子曰：“常则然矣，而汝于仁义，未数数然也[④]，其于彼有所至乎？”

【注释】

①子谓程元曰：“汝与董常何如”：实模仿《论语·公冶长》：“子谓子贡曰：‘女与回也孰愈？’对曰：‘赐也何敢望回。回也闻一以知十，赐也闻一以知二。’”

②遗道德：阮逸注云“遗，犹忘也。道大而无所道，德高而无所德，是忘也。”即已经达到了非常高的境界，待人接物无不符合道与德的要求，因而不再刻意追求乃至忘却。

③志：目标，努力的方向。《论语·为政》：“子曰：‘吾十有五而志于学。’”

④数数（shuò）：《庄子·逍遥游》：“彼其于世，未数数然也。”西晋司马彪注云：“犹汲汲也。”即急切、迫切。

【译文】

文中子对程元说：“你与董常相比如何？”程元说：“不敢与董常相比。董常已经达到了忘却道与德的境界，而我仍停留在以仁和义为目标的层次上。”文中子说：“董常是这样，而你对于仁和义也不再那么迫切地追求了，应该也达到了修为的新境界了吧？”

2.39 子曰：“董常时有虑焉，其余则动静虑矣[①]。”

【注释】

①董常时有虑焉，其余则动静虑矣：实模仿《论语·雍也》：“回也，其心三月不违仁，其余则日月至焉而已矣。”时，阮逸注云：“谓时中也。”《礼记·中庸》：“君子之中庸也，君子而时中；小人之中庸也，小人而无忌惮也。”即适当，合乎时宜。意在说明董常修为境界甚高，日常行事皆不违礼数，只在适当之时，即当慎思之时，进行思考。其余，阮逸注云：“其余，程、薛、房、魏辈。”指其他门生。动静，或动或静。此指随时随地。

【译文】

文中子说：“董常只在当思之时思考，其他学生随时随地都要思考。”

2.40 子曰：“孝哉！薛收。行无负于幽明[①]。”

【注释】

①行无负于幽明：阮逸注云："收父道衡，非辜见戮，收遁于首阳山以免，此行全幽明矣。"考《旧唐书·薛收传》："薛收字伯褒，蒲州汾阴人，隋内史侍郎道衡子也。事继从父孺以孝闻。年十二，解属文。以父在隋非命，乃洁志不仕。大业末，郡举秀才，固辞不应。义旗起，遁于首阳山，将协义举。蒲州通守尧君素潜知收谋，乃遣人迎收所生母王氏置城内，收乃还城。"幽明，鬼神。此指死者和生者。

【译文】

文中子说："薛收真是孝子啊！他的作为无愧于死者和生者。"

2.41　子于是日吊祭，则终日不笑[①]。

【注释】

①子于是日吊祭，则终日不笑：实模仿《论语·述而》："子食于有丧者之侧，未尝饱也。于是日哭，则不歌。"

【译文】

文中子前去吊唁的那天，终日没有笑容。

2.42　或问王隐[①]。子曰："敏人也。其器明[②]，其才富，其学赡。"或问其道。子曰："述作多而经制浅，其道不足称也。"

【注释】

①王隐：字处叔，陈郡陈县（今河南淮阳）人。东晋大臣。博学多闻，受父遗业，留心晋代史事。太兴初，晋元帝召王隐为著作郎，令撰晋史，以平王敦之乱有功，赐爵平陵乡侯。后免官归家，年七十余

卒。其所著述，文体混漫，义不可解。《晋书》卷八十二有传。

②器：阮逸注云："谓才学而已。"此指才具、心志。

【译文】

有人问王隐。文中子说："他是机敏之人。他心志明达，博学多才，学识广博。"有人问及他的思想。文中子说："著述很多，但在典章制度上失之浅陋，他的思想不足称道。"

2.43 子谓陈寿有志于史[①]，依大义而削异端。谓范甯有志于《春秋》[②]，征圣经而诘众传[③]。子曰："使陈寿不美于史，迁、固之罪也。使范甯不尽美于《春秋》，歆、向之罪也[④]。"裴晞曰[⑤]："何谓也？"子曰："史之失，自迁、固始也，记繁而志寡[⑥]。《春秋》之失，自歆、向始也，弃经而任传[⑦]。"

【注释】

①陈寿（233—297）：字承祚，巴郡安汉（今四川南充）人。三国西晋时著名史学家。少时好学，师事同郡学者谯周，曾任观阁令史、治书侍御史等职。晚年多次被贬，元康七年（297）病逝。著有《三国志》。《晋书》卷八十二有传。

②范甯（约339—约401）：字武子，南阳顺阳（今河南淅川）人。徐、兖二州刺史范汪之子、《后汉书》作者范晔之祖父。东晋大儒、经学家。官至临淮太守，封阳遂乡侯。反对何晏、王弼之玄学，推崇儒学，著有《春秋穀梁传集解》。《晋书》卷七十五有传。

③诘（jié）：考证，考查。

④歆、向：刘歆和刘向。刘歆（约前53—23），字子骏，后改名秀，字颖叔，刘向之子。少时诵习《诗》《书》，以通经学、善属文为汉成帝召见，待诏宦者署，为黄门郎。汉成帝河平三年（前26），受诏与其

父刘向领校内府藏书。刘向死后，继承父业。哀帝时，刘歆负责总校群书，在刘向《别录》基础上，修订编纂而成《七略》。《七略》是我国历史上第一部图书分类目录。《汉书》卷三十六《楚元王传》有载录。刘向（前77—前6），字子政，本名更生，祖籍沛郡丰县（今江苏沛县），汉高祖刘邦异母弟楚元王刘交五世孙，刘歆之父。汉宣帝时，为郎中、给事黄门，迁散骑、谏大夫、给事中。汉元帝时，任宗正。汉成帝即位后，得进用，任光禄大夫，官至中垒校尉。奉命领校秘书，编撰《别录》。《汉书》卷三十六《楚元王传》有载录。

⑤裴晞（xī）：见1.18条注。

⑥记繁而志寡：阮逸注云："但务广记，而不原圣人教化之志。"即忽视了史书传承圣人教化的功用。

⑦弃经而任传：阮逸注云："但争众传而不原圣人权衡之法。"圣人权衡之法，指《春秋》经文中蕴含的"春秋笔法"，即所谓"一字褒贬"，裁量史料秉笔直书背后体现的是"春秋大义"。传，传注，后人对经典原文的注解和说明。

【译文】

文中子说陈寿有志于编纂史书，遵循正统思想削除异端之论。说范甯有志于撰述《春秋》，广征经典考察各家之论。说："陈寿编纂的史书不完美，是司马迁、班固的罪过。范甯撰述的《春秋》不完美，是刘歆、刘向的罪过。"裴晞问："为何这样说？"文中子说："史书编纂中出现的问题，是从司马迁、班固开始的，问题在于记录的材料过多而忽视了圣人之教。《春秋》流传中出现的问题，是从刘歆、刘向开始的，问题在于背弃原文经典而过分注重后人传注。"

2.44　子曰："盖九师兴而《易》道微[①]，三《传》作而《春秋》散。"贾琼曰："何谓也？"子曰："白黑相渝，能无微乎？是非相扰，能无散乎？故齐、韩、毛、郑[②]，《诗》之末也；大戴、小戴[③],《礼》之衰。《书》残于古、今[④],《论》失于齐、鲁[⑤]。汝知之乎?”贾琼曰:“然则无师无传可乎[⑥]?”子曰:“神而明之,存乎其人[⑦]。苟非其人,道不虚行[⑧]。必也传,又不可废也。”

【注释】

①九师:阮逸注云:“淮南王聘九人明《易》者,撰《道训》二十篇,号《九师易》。”

②齐、韩、毛、郑:指汉代传习《诗经》的“齐诗”“韩诗”“毛诗”及东汉郑玄。《齐诗》出于齐人辕固,《韩诗》出于燕人韩婴,《毛诗》则出于鲁人毛亨和赵人毛苌。“齐”“韩”二家为今文经学,西汉时皆立于学官,置博士,魏晋以后亡佚。《毛诗》是古文经学,较晚出,盛于东汉。魏晋以后,通行的《诗经》即为《毛诗》。东汉郑玄“遍注诸经”,郑玄对《毛诗》所作注解即“郑笺”。

③大戴、小戴:又作“大、小戴”,指西汉梁国人戴德、戴圣叔侄二人,戴德称“大戴”,戴圣称“小戴”,叔侄二人及庆普皆出于西汉经学博士后仓门下,潜心钻研,由是《礼》有大戴、小戴、庆氏之学。

④古、今:指汉代经学分为古文经学与今文经学两派。今文经学,指汉初由师徒口耳相传的经文与解释,诵习的文献典籍用当时的隶书记录。古文经学,指河间献王以重金在民间征集所得古文经书,及武帝时鲁恭王拆孔子故宅发现的古文典籍,其记录文字为古文字“蝌蚪文”,且篇目、内容上与今文经学文献存在差异。

⑤齐、鲁:汉代传习《论语》主要有《古论语》《齐论语》《鲁论语》三家。《论语注疏解经序》:“汉兴,传者则有三家,《鲁论语》者,鲁人所传,即今所行篇次是也。常山都尉龚奋、长信少府夏侯胜、丞相韦贤及子玄成、鲁扶卿、太子太傅夏侯建、前将军萧望之并传之,各

自名家。《齐论语》者，齐人所传，别有《问王》《知道》二篇，凡二十一篇，其二十篇中，章句颇多于《鲁论》。昌邑中尉王吉、少府朱畸、琅邪王卿、御史大夫贡禹、尚书令五鹿充宗、胶东庸生并传之，唯王吉名家。《古论语》者，出自孔氏壁中，凡二十一篇，有两《子张》，篇次不与《齐》《鲁论》同，孔安国为传，后汉马融亦注之。"

⑥师：师法。

⑦神而明之，存乎其人：《周易·系辞上》："化而裁之，存乎变；推而行之，存乎通；神而明之，存乎其人。"唐孔颖达疏云："言人能神此《易》道而显明之者，存在于其人。若其人圣则能神而明之，若其人愚则不能神而明之，故存于其人，不在《易》象也。"

⑧苟非其人，道不虚行：《周易·系辞下》："初率其辞，而揆其方，既有典常。苟非其人，道不虚行。"唐孔颖达疏云："言若圣人，则能循其文辞，揆其义理，知其典常，是《易》道得行也。若苟非通圣之人，则不晓达《易》之道理，则《易》之道不虚空得行也。言有人则《易》道行，若无人则《易》道不行。无人而行是虚行也，必不如此。"

【译文】

文中子说："九师《易》之学兴起后，《易》中的大道就衰微了；《春秋三传》之学兴起后，《春秋》中的大义就离散了。"贾琼问："为何这样说？"文中子说："黑白颠倒，大道能不衰微吗？是非混淆，大义能不离散吗？所以齐、韩、毛、郑，是《诗经》之学没落的标志；大戴、小戴，是《礼》学衰败的表现。《尚书》之学因古、今两派而残缺，《论语》之学因齐、鲁两家而丢失。这些你都知道吗？"贾琼说："那么没有师法、没有传注可以吗？"文中子说："能否洞悉大道的玄妙，关键在于人的贤愚。若非至圣至贤之人，大道是不会化行于世的。传注是一定要有的，更不可将其荒废。"

2.45　子谓叔恬曰："汝不为《续诗》乎？则其视七代损

益，终懑然也[①]。"

【注释】

①"汝不为《续诗》乎"三句：实模仿《论语·阳货》："子谓伯鱼曰：'女为《周南》《召南》矣乎？人而不为《周南》《召南》，其犹正墙面而立也与？'"七代，由汉至隋的七个朝代，即汉、晋、宋、北魏、北齐、北周、隋。损益，此指得失。懑，阮逸注云："昏也。"即不明。

【译文】

文中子对叔恬说："你不研读《续诗》吗？那么由汉至隋这七代的得失，终究还是看不明白。"

2.46 子谓："《续诗》可以讽[①]，可以达[②]，可以荡[③]，可以独处[④]；出则悌，入则孝[⑤]；多见治乱之情[⑥]。"

【注释】

①讽：阮逸注云："讽时政。"用含蓄的语言规劝告诫。此指有补于时政。"《续诗》可以讽"以下七句，实模仿《论语·阳货》："子曰：'小子！何莫学夫《诗》？《诗》，可以兴，可以观，可以群，可以怨。迩之事父，远之事君。多识于鸟兽草木之名。'"

②达：阮逸注云："达下情。"使在上位者知晓民情民风。此指昭示民情。

③荡：阮逸注云："荡涤郁结。"意谓消除愁苦郁结之情。

④独处：阮逸注云："独处无邪。"即儒家思想中的"慎独"。《礼记·中庸》："天命之谓性，率性之谓道，修道之谓教。道也者，不可须臾离也；可离，非道也。是故君子戒慎乎其所不睹，恐惧乎其所不闻。莫见乎隐，莫显乎微，故君子慎其独也。"

⑤出则悌，入则孝：《论语·学而》："子曰：'弟子入则孝，出则弟，谨

而信，泛爱众，而亲仁。行有余力，则以学文。'"

⑥治乱之情：阮逸注云："治之情乐，乱之情哀。"《礼记·乐记》："治世之音安以乐，其政和；乱世之音怨以怒，其政乖；亡国之音哀以思，其民困；声音之道，与政通矣。"

【译文】

文中子说："《续诗》可以有补时政，可以昭示民情，可以排解愁苦，可以明道慎独；使人在外能尊敬兄长，在家能孝顺父母；能够充分了解盛世与乱世的民风民情。"

2.47 文中子曰："吾师也，词达而已矣①。"

【注释】

①词达而已矣：阮逸注云："圣人不繁文，惟达意而已。"《论语·卫灵公》："子曰：'辞达而已矣。'"西汉孔安国注云："凡事莫过于实，辞达则足矣，不烦文艳之辞。"

【译文】

文中子说："我所学习的，词能达意即可。"

2.48 或问扬雄、张衡①。子曰："古之振奇人也，其思苦，其言艰。"曰："其道何如？"子曰："靖矣②。"

【注释】

①扬雄（前53—18）：字子云，蜀郡成都（今四川成都）人。西汉辞赋大家。少好学，口吃不善言谈，博览群书，长于辞赋，游历都城长安。成帝时，得同乡杨庄推荐，入奏《甘泉》《河东》等赋，授给事黄门侍郎，修书于天禄阁。仿《论语》作《法言》、仿《周易》作《太玄》，继承并发扬了道家的玄学思想，另有《方言》传世。天凤

五年(18)离世。《汉书》卷八十七有传。张衡(78—139):字平子,南阳西鄂(今河南南阳)人。“南阳五圣”之一,与司马相如、扬雄、班固并称“汉赋四大家”。历任郎中、太史令、侍中、河间相等职。张衡学识广博,天文历法方面著有《灵宪》《浑仪图注》等,算学方面著作有《算罔论》,文学辞赋方面以十年心血写就《二京赋》。发明浑天仪、地动仪,是东汉中期浑天说的代表人物之一。晚年因病入朝任尚书,于永和四年(139)离世。《后汉书》卷五十九有传。

②靖:安静,平和。

【译文】

有人问扬雄、张衡。文中子说:“此二人皆是超凡之人,他们构思谋篇冥思苦想,遣词属文绞尽脑汁。”问:“他们的思想如何?”文中子说:“安静平和。”

2.49 子曰:“过而不文①,犯而不校②,有功而不伐③,君子人哉!”

【注释】

①文:掩饰。《论语·子张》:“子夏曰:‘小人之过也必文。’”西汉孔安国注云:“文饰其过,不言其情实也。”

②犯而不校:《论语·泰伯》:“曾子曰:‘以能问于不能,以多问于寡;有若无,实若虚,犯而不校,昔者吾友尝从事于斯矣。’”东汉包咸注云:“校,报也。言见侵犯不报。”

③伐:夸耀。《论语·公冶长》:“颜渊曰:‘愿无伐善,无施劳。’”西汉孔安国注云:“不自称己之善。”

【译文】

文中子说:“犯了错误却不掩饰,遭受冒犯却不计较,有了功劳却不夸耀,这才是君子啊!”

2.50 子曰:“我未见见谤而喜、闻誉而惧者[①]。”

【注释】

①我未见见谤而喜、闻誉而惧者:实模仿《论语·公冶长》:“子曰:‘已矣乎!吾未见能见其过而内自讼者也。’”见谤,受到批评。

【译文】

文中子说:“我还没有见到因受到批评而高兴、听到赞誉而恐惧的人。”

2.51 子曰:“富观其所与,贫观其所取,达观其所好,穷观其所为[①],可也。”

【注释】

①“富观其所与”四句:实模仿《史记·魏世家》:“李克曰:‘君不察故也。居视其所亲,富视其所与,达视其所举,穷视其所不为。’”与,阮逸注云:“与贫则仁,与奸则贼。”取,阮逸注云:“取于义则安,取于利则危。”好,阮逸注云:“好(hào)贤则治,好(hào)佞则乱。”为,阮逸注云:“为善则生,为恶则死。”

【译文】

文中子说:“辨别一个人,要看他富贵时的施与之人,贫穷时的求取之道,显达时的交游之好,困顿时的所为之事,就可以了。”

2.52 或问魏孝文[①]。子曰:“可与兴化。”

【注释】

①魏孝文:北魏孝文帝拓跋宏(467—499),汉名元宏,献文帝拓跋弘之长子,北魏第七位皇帝。五岁即位,由祖母文明太后临朝执政,进行强化中央集权改革。太和十四年(490)亲政,大力推进

改革,整顿吏治,立三长制,实行均田制。太和十八年(494),迁都洛阳,全面改革鲜卑旧俗,服饰、语言、姓氏乃至朝廷典章制度一律采用中原汉制,自己也改姓“元”。这些改革极大地推动了北魏政治、经济、文化、社会、军事等方面的发展,促进了民族融合,史称“太和改制”。《北史》卷三有《魏高祖孝文皇帝本纪》。

【译文】

有人问北魏孝文帝。文中子说:“可以和他一起振兴教化。”

2.53 铜川夫人好药[①],子始述方[②]。芮城府君重阴阳[③],子始著历日。且曰:“吾惧览者或费日也。”

【注释】

①铜川夫人:文中子之母。

②方:医方,方剂。

③芮城府君:阮逸注云:“子之兄也,为芮城令,陕州县名。”

【译文】

文中子之母喜好医药方剂,文中子便着手编写医方。文中子之兄喜好阴阳之术,文中子便着手编修历书。并且还说:“我担心看这些东西会浪费时间。”

2.54 子谓薛知仁善处俗,以芮城之子妻之[①]。

【注释】

①子谓薛知仁善处俗,以芮城之子妻之:实模仿《论语·公冶长》:“子谓南容:‘邦有道,不废;邦无道,免于刑戮。’以其兄之子妻之。”薛知仁,生卒行年不详。处俗,阮逸注云:“谓能随俗而处。”即待人接物,应对世情交往。芮城,指芮城府君。

【译文】

文中子说薛知仁善于待人处世,把兄长的女儿嫁给了他。

2.55 子曰:“内难而能正其志,同州府君以之[①]。”

【注释】

①内难而能正其志,同州府君以之:实模仿《周易·明夷》彖曰:“内难而能正其志,箕子以之。”唐孔颖达疏云:“内有险难,殷祚将倾,而能自正其志,不为邪干,惟箕子能用之,故云:‘箕子以之。’”同州府君,王通三世祖王彦。见1.1条注。以,依照,遵循。

【译文】

文中子说:“国家内部发生变乱仍能端正志行,同州府君就是这样做的。”

2.56 子曰:“吾于天下,无去也,无就也,惟道之从[①]。”

【注释】

①“吾于天下”四句:实模仿《论语·里仁》:“子曰:‘君子之于天下也,无适也,无莫也,义之与比也。’”惟道之从,阮逸注云:“从中道。”

【译文】

文中子说:“我对于天下之事,即不置身事外,也不投身其中,唯有从道而行。”

卷三

事君篇

【题解】

《事君篇》主要阐述的是臣子如何事君的问题，具体包括为臣之道和为政之道两个部分。这两部分依然是秉承儒家正道，从立德修身出发，以期达到君君臣臣皆合礼、是是非非皆中道的理想境界。当然，在具体的为臣、为政方面，亦遵循其特有的原则与变通。在为臣之道部分，除强调传统的立德修身之外，王通更为详细地论述了为人臣者所应具备的品德与修养，结合对当时大小官员及历史人物的品评，指出崇圣教、合礼义、守忠正、克勤俭才是为臣之道的正途，为匡正魏晋南北朝以来上下失序、君臣失道的局面提出对策。更为可贵的是，王通直溯孔孟之教，恪守忠正而又不失中道。得其主，则位列朝堂行教化之政；失其时，则退居乡里述圣贤之教。居朝堂事君，不以其道则止，不强而为之；处乡里修身，必遵其道而行，当自强不息。切不可因求取高位而沦于谄佞，因超然物外而放浪形骸。在为政之道部分，《事君篇》中亦遵循德政、教化的正统思想，并结合其《续六经》的编修体例及微言大义进行深入阐释。在具体施政中，固然要心存仁德，恩泽百姓，但在面对恩与义、俭与礼的取舍时，亦当保持中道，不因恩而害义，不因俭而伤礼。秉承这一思想，《事君篇》中还出现了关于郡县之弊、肉刑之废的议论。王通认为，为政当顺民心、遵古制、持中道、合礼义，郡县制度不顺民心、不遵古制，是苛政暴虐之根；废除肉刑，有违中道，恩伤于义，是刑罚不中之源。此外，王通在《事君篇》中更对儒家传统的君臣关系进行了完善与补充。面对超出传统儒家经典阐释范围的霍光废立之事，文中子亦秉承中道思想，对这种尽臣职而匡君道的行为给予肯定。

3.1 房玄龄问事君之道。子曰："无私。"[①]问使人之道。曰："无偏[②]。"曰："敢问化人之道。"子曰："正其心。"问礼乐。子曰："王道盛则礼乐从而兴焉，非尔所及也[③]。"

【注释】

①"房玄龄问事君之道"三句：实模仿《论语·宪问》："子路问事君。子曰：'勿欺也，而犯之。'"北宋陈祥道《论语全解》卷七注云："勿欺，忠也；犯之，义也。"房玄龄，见1.23条注。

②偏：偏心，偏向。《尚书·洪范》："无偏无陂，遵王之义；无有作好，遵王之道；无有作恶，遵王之路。"西汉孔安国注云："偏，不平；陂，不正。言当循先王之正义以治民。"

③非尔所及也：实模仿《论语·公冶长》："子曰：'赐也，非尔所及也。'"

【译文】

房玄龄问奉侍君王之道。文中子说："无私心。"问用人之道。文中子说："不偏心。"房玄龄说："请问教化百姓之道。"文中子说："端正他们的思想。"问礼乐。文中子说："王道兴盛则礼乐亦随之大兴，这不是你能做到的。"

3.2 或问杨素[①]。子曰："作福、作威、玉食[②]，不知其他也。"

【注释】

①杨素：见1.11条注。

②作福、作威、玉食：见1.15条“《洪范》‘三德’”注。

【译文】

有人问杨素。文中子说：“他只知道作福、作威、锦衣玉食，其他的就不知道了。”

3.3 房玄龄问郡县之治。子曰：“宗周列国八百余年[①]，皇汉杂建四百余载[②]，魏晋已降，灭亡不暇[③]，吾不知其用也。”

【注释】

①宗周：指周王朝，因周为所封诸侯之宗主，故称“宗周”。《诗经·小雅·正月》：“赫赫宗周，褒姒灭之。”列国：阮逸注云：“谓封建五等诸侯。”即封建诸侯。此指封建制度。

②杂建：阮逸注云：“汉监秦亡之势，虽无五等，而杂封功臣宗室子弟。”即兼郡县、封建两种制度而用之。

③不暇：来不及，没有时间。此指立国时间短暂。

【译文】

房玄龄问郡县制度。文中子说：“周朝分封诸侯，国祚八百余年；汉朝兼用郡县分封，国祚四百余年；魏晋以来皆用郡县，国祚短暂纷纷灭亡，我不知道这种制度究竟有什么用。”

3.4 杨素使谓子曰：“盍仕乎[①]？”子曰：“疏属之南[②]，汾水之曲，有先人之敝庐在，可以避风雨，有田可以具馆粥[③]，弹琴著书，讲道劝义，自乐也。愿君侯正身以统天下，时和岁丰[④]，则通也受赐多矣，不愿仕也。”

【注释】

①盍：何不。《论语·公冶长》："颜渊、季路侍。子曰：'盍各言尔志？'"北宋邢昺疏云："盍，何不也。"

②疏属：山名。《(嘉庆)大清一统志》卷一百五十五《绛州志》："疏属山，在河津县东，接本州界，高一千九百丈，周三十里。"

③饘(zhān)粥：即粥，稀饭。《礼记·檀弓》："申也闻诸申之父曰：'哭泣之哀，齐斩之情，饘粥之食，自天子达。'"唐孔颖达疏云："饘粥之食者，厚曰饘，希曰粥。"

④时和岁丰：即"时和年丰"。《诗谱·小大雅谱》唐孔颖达疏云："万物盛多，人民忠孝，则致时和年丰，故次《华黍》，岁丰宜黍稷也。"

【译文】

杨素派人对文中子说："何不出仕为官呢？"文中子说："疏属山之南，汾河转弯之处，那里有先人老宅，可以遮风挡雨，有薄田可以煮粥糊口，居家弹琴著书，宣道劝善，自得其乐。希望君侯您修身正己以治理天下，天下太平、五谷丰登，我也就受惠颇多了，不想出仕为官。"

3.5 子曰："古之为政者，先德而后刑[①]，故其人悦以恕；今之为政者，任刑而弃德，故其人怨以诈。"

【注释】

①先：根本的，重要的。《庄子·天道》："末学者，古人有之，而非所以先也。"唐成玄英疏云："先，本也。"

【译文】

文中子说："古人为政，以德化为本而以刑罚为末，因此百姓心怀喜悦而淳朴宽厚；今人为政，专任刑罚而抛弃德化，因此百姓心怀怨恨而奸诈狡猾。"

3.6 子曰："古之从仕者养人，今之从仕者养己[①]。"

【注释】

①古之从仕者养人，今之从仕者养己：实模仿《论语·宪问》："子曰：'古之学者为己，今之学者为人。'"

【译文】

文中子说："古时为官之人关照百姓，现今为官之人关照自己。"

3.7 子曰："甚矣！齐文宣之虐也[①]。"姚义曰[②]："何谓克终[③]？"子曰："有杨遵彦者[④]，寔掌国命[⑤]，视民如伤[⑥]，奚为不终[⑦]？"

【注释】

①齐文宣：高洋(529—559)，字子进，因生于晋阳，一名晋阳乐，北齐开国皇帝，齐神武帝高欢次子。东魏孝静帝天平二年(535)，任散骑常侍、骠骑大将军、左光禄大夫、太原郡开国公等职。武定七年(549)，长兄高澄遇刺身亡，遂趁机执掌朝政，任丞相、封齐王。武定八年(550)，高洋逼迫东魏孝静帝禅位，遂登基称帝，改国号为齐，史称"北齐"。在位初期，励精图治，厉行改革，劝农兴学。后期以功自矜，纵欲酗酒，残暴滥杀，大兴土木，赏费无度，最终因饮酒过度而暴毙，谥号"文宣"。《北齐书》卷四有《文宣帝纪》。

②姚义：见2.3条注。

③克终：得以善终。

④杨遵彦：杨愔(yīn，511—560)，字遵彦，小字秦王，弘农华阴(今陕西华阴)人。北齐宰相、北魏司空杨津之子。少聪颖，十一岁通《诗》《易》《左氏春秋》。建义元年(528)，孝庄帝即位，任通直散

骑侍郎，后弃官归隐。永安四年（531），投靠高欢，任行台郎中。武定八年（550），高欢之子高洋逼迫东魏孝静帝禅位，建立北齐，杨愔封阳夏县男，领太子少傅。历任侍中、尚书仆射、尚书令、骠骑大将军等职，封开封郡王。乾明元年（560），常山王高演发动政变，杨愔被杀。《北齐书》卷三十四有传。

⑤寔（shí）：同“实”。

⑥视民如伤：《孟子·离娄下》：“文王视民如伤，望道而未之见。”东汉赵岐注云：“视民如伤者，雍容不动扰也。”北宋孙奭疏云：“言文王常有恤民之心，故视下民常若有所伤而不敢以横役扰动之也。”

⑦奚：为何，怎么。

【译文】

文中子说：“北齐文宣帝真是太暴虐了。”姚义说：“为何能得以善终呢？”文中子说：“有杨遵彦这样的人执掌国家大政，关爱黎民百姓，怎么能不善终呢？”

3.8 窦威好议礼[①]。子曰：“威也贤乎哉？我则不敢[②]。”

【注释】

①窦威：见2.3条注。

②威也贤乎哉？我则不敢：阮逸注云：“隋室礼坏，贤威有心，大抵治定而后议，今非其时，故曰‘不敢’。”即赞赏窦威贤能的同时，意在强调当下世道变乱、天下崩颓，慨叹不得其时，无法推行礼制。

【译文】

窦威喜好讨论礼制。文中子说：“窦威很贤能吧？我却不敢讨论这些。”

3.9 北山丈人谓文中子曰：“何谓遑遑者，无乃急欤？”子曰：“非敢急，伤时怠也。”[①]

【注释】

①此条实模仿《论语·宪问》:“微生亩谓孔子曰:‘丘何为是栖栖者与?无乃为佞乎?’孔子对曰:‘非敢为佞也,疾固也。’”丈人,老者,老人。《论语·微子》:“子路从而后,遇丈人,以杖荷蓧。”遑遑,匆忙。怠,衰败,衰微。

【译文】

北山老者对文中子说:“为何这样匆忙,岂不是太着急了?”文中子说:“并不是着急,只是感伤时世衰败。”

3.10 子曰:“吾不度不执[①],不常不遂[②]。”

【注释】

①不度不执:阮逸注云:“度德执用。”即考虑是否合乎德的标准而后再去施行。度,标准,准则。此指“度德”,即合乎德的标准。执,执行,施用。

②不常不遂:阮逸注云:“得常遂行。”即考虑是否合乎道的规范而后再去行动。常,常道,大道。此指“守常”,即遵守道的规范。遂,遂行,实行。

【译文】

文中子说:“不合乎德的标准不做,不遵守道的规范不为。”

3.11 房玄龄曰:“《书》云霍光废帝举帝[①],何谓也?”子曰:“何必霍光!古之大臣,废昏举明,所以康天下也[②]。”

【注释】

①《书》:阮逸注云:“《续书》有《霍光之命》,言废帝举帝之事。”霍光(?—前68):字子孟,河东平阳(今山西临汾)人。霍中孺之子,

霍去病异母弟。初以门荫，选为郎官，历任侍中、奉车都尉、光禄大夫等职。汉武帝临终，拜大将军、大司马，受命托孤辅政，封博陆侯，辅佐汉昭帝。昭帝死后，无子嗣，立昌邑王刘贺，又因刘贺淫乱无道，废刘贺而拥立汉宣帝。地节二年（前68）离世，谥号“宣成”。《汉书》卷六十八有传。

②康：安宁，平安。《礼记·乐记》：“啴谐、慢易、繁文、简节之音作，而民康乐。”唐孔颖达疏云：“康，安也。”

【译文】

房玄龄问：“《续书》说霍光废掉皇帝又拥立新君，这是什么意思？”文中子说：“不只是霍光！古时的大臣，废黜昏君推举明君，都是为了天下安宁。”

3.12　子游河间之渚[①]。河上丈人曰：“何居乎[②]，斯人也？心若醉《六经》，目若营四海[③]，何居乎，斯人也？”文中子去之。薛收曰：“何人也？”子曰：“隐者也。”收曰：“盍从之乎？”子曰：“吾与彼不相从久矣[④]。”“至人相从乎[⑤]？”子曰：“否也[⑥]。”

【注释】

①河间之渚：阮逸注云：“隋河间郡连涿水渚，今深州。”即河间郡一带。

②居：阮逸注云：“音姬，发语之端。”表示疑问语气。《礼记·檀弓上》：“檀弓曰：‘何居？我未之前闻也。’”东汉郑玄注云：“居，读为‘姬姓’之‘姬’，齐鲁之间语助也。”

③目若营四海：《庄子·外物》：“老莱子之弟子出薪，遇仲尼，反以告，曰：‘有人于彼，修上而趋下，末偻而后耳，视若营四海，不知其谁氏之子？’”唐成玄英疏云：“瞻视高远，所作匆匆，观其仪容，似营天下。”

④吾与彼不相从久矣：阮逸注云："吾道自仲尼与荷蓧丈人已来不相从也，故曰'久矣'。"意在说明儒家先圣与山野隐士断非同道，事见《论语·微子》。从，此指同道。

⑤至人：《庄子·逍遥游》："至人无己，神人无功，圣人无名。"西晋郭象注云："无己，故顺物，顺物而至矣。"即至真无己、顺天达道之人。

⑥否也：阮逸注云："言至人有名而难名者也。今之隐者异于是，独善一身，不以天下为道。"即在文中子看来，这些隐士并不是真正的至人。

【译文】

文中子游历于河间一带。河边一老者说："这究竟是个什么人呢？心思好像完全沉醉于《六经》之中，目光好像高出于四海乾坤之上，这究竟是个什么人呢？"文中子转身离去。薛收问："他是什么人？"文中子说："是隐士。"薛收问："为何不与他同行呢？"文中子说："长久以来，我与他这类人就不是同道中人。"薛收问："至真达道之人难道不是同道之人？"文中子说："他这类人并不是至真达道之人。"

3.13 子在河上曰："滔滔乎！昔吾愿止焉而不可得也，今吾得之止乎？"①

【注释】

①此条实模仿《论语·子罕》："子在川上曰：'逝者如斯夫！不舍昼夜。'"昔吾愿止焉而不可得也，今吾得之止乎，阮逸注云："圣人时行则行，时止则止。昔常欲止而心犹有为，故献策于长安；今道之不行，得以止矣，故退居于河曲。"止，退居乡野。

【译文】

文中子在河边说："这滔滔的河水啊！从前我想退居于此而不得，如今可以退居于此了吧？"

3.14　子见牧守屡易[①]，曰：“尧、舜三载考绩[②]，仲尼三年有成[③]。今旬月而易[④]，吾不知其道。”薛收曰：“如何？”子曰：“三代之兴[⑤]，邦家有社稷焉[⑥]；两汉之盛，牧守有子孙焉[⑦]。不如是之亟也[⑧]。无定主而责之以忠，无定民而责之以化，虽曰能之，末由也已[⑨]。”

【注释】

①牧守：州牧和太守。此指地方官员。易：更换。

②三载考绩：《尚书·舜典》：“三载考绩，三考，黜陟幽明，庶绩咸熙。”西汉孔安国注云：“三年有成，故以考功。”即为期三年考核政绩。

③三年有成：《论语·子路》：“子曰：‘苟有用我者，期月而已可也，三年有成。’”西汉孔安国注云：“言诚有用我于政事者，期月而可以行其政教，必三年乃有成功也。”

④旬月：此指时间短暂。旬，十天。月，一个月。

⑤三代：指夏、商、周。

⑥邦家有社稷焉：阮逸注云：“诸侯称邦，卿大夫称家，立社稷，世奉其祀。”即列国诸侯可以承其国。邦家，分封的邦国。社稷，土神和谷神，古时国君祭祀社稷，后代指国家。

⑦牧守有子孙焉：阮逸注云：“袭爵，通侯无罪国不除。”即地方牧守可以袭其爵。子孙，此指传及子孙。

⑧亟（qì）：屡次，多次。

⑨虽曰能之，末由也已：实模仿《论语·子罕》：“虽欲从之，末由也已。”北宋邢昺疏云：“末，无也。”末由，无由，无从。

【译文】

文中子见地方官员更换频繁，说：“尧、舜治国三年考核政绩，孔子行教三年方有成就。如今十天半月就更换官员，我不懂这是什么道理。”薛收问："为何这样说？"文中子说："三代兴旺，是因为诸侯可以世承其国；两汉隆盛，是因为牧守可以世袭其爵。不像现在这样更换频繁。没有稳定的君主而要求臣子尽忠，没有稳定的人民而要求推行教化，即使说能做到，实则也是无法做到。"

3.15 贺若弼请射于子①，发必中。子曰："美哉乎艺也！古君子志于道，据于德，依于仁，而后艺可游也②。"弼不悦而退。子谓门人曰："矜而愎③，难乎免于今之世矣④。"

【注释】

①贺若弼（544—607）：复姓贺若，字辅伯，洛阳（今属河南）人。鲜卑族。北周金州刺史贺若敦之子，北周、隋朝时名将。少有大志，擅骑射，博闻强识。初仕北周，追随齐王宇文宪，封当亭县公。随韦孝宽平定淮南，封襄邑县公。隋朝建立后，任吴州总管，参与灭陈有功，拜右武候大将军，加位上柱国，晋爵宋国公。自恃功高，心生怨怼，为隋文帝所疏远。大业三年（607），以"私议得失"获罪被杀。《北史》卷六十八、《隋书》卷五十二有传。

②"古君子志于道"四句：实模仿《论语·述而》："子曰：'志于道，据于德，依于仁，游于艺。'"南朝梁皇侃《论语义疏》卷四云："游者，履历之辞也。艺，六艺，谓礼、乐、书、数、射、御也。其轻于仁，故云不足依据，而宜遍游历以知之也。"六艺，是周代贵族教育的六种基本技能。《周礼·地官·司徒》："保氏……养国子以道，乃教之六艺：一曰五礼，二曰六乐，三曰五射，四曰五御，五曰六书，六曰九数。"

③愎：刚愎自用，固执己见。

④难乎免于今之世矣：阮逸注云："弼竟诛死。"即难以幸免于当今之世。《论语·雍也》："子曰：'不有祝鮀之佞，而有宋朝之美，难

乎免于今之世矣！'"免，幸免。

【译文】

贺若弼请求为文中子展示射艺，每发必中。文中子说："射艺超群啊！古时君子以道为目标，以德为根据，以仁为标准，而后方可游习于艺。"贺若弼心中不悦，于是离去。文中子对门生说："这个人骄傲自大而又刚愎自用，难以幸免于当今之世。"

3.16 子谓荀悦[①]："史乎！史乎[②]！"谓陆机[③]："文乎！文乎！"皆思过半矣[④]。

【注释】

①荀悦（148—209）：字仲豫，颍川颍阴（今河南许昌）人。名士荀淑之孙，司空荀爽之侄，东汉史学家。灵帝时宦官专权，隐居不出。献帝时，应曹操之召，任黄门侍郎，累迁至秘书监、侍中。奉献帝命以《左传》体例作《汉纪》三十篇，辞约事详，辩论多美。建安十四年（209）离世。《后汉书》卷六十二有传。

②史乎！史乎：实模仿《论语·宪问》："使者出。子曰：'使乎！使乎！'"北宋邢昺疏云："孔子善其使得其人，故言'使乎'所以善之者。"

③陆机（261—303）：字士衡，吴郡吴县（今江苏苏州）人。西晋著名文学家。出身吴郡陆氏，三国吴丞相陆逊之孙，少有奇才，文章冠世，西晋太康末年，与弟陆云至洛阳，二人文才驰名一时。历任太傅祭酒、吴国郎中令、著作郎等职，与贾谧等结为"鲁公二十四友"。赵王司马伦掌权时，引为相国参军，封关中侯，于其篡位时受伪职。司马伦被诛后，险遭处死，赖成都王司马颖搭救得免，此后便委身依之，为平原内史，世称"陆平原"。太安二年（303），率军讨伐长沙王司马乂，兵败七里涧，遭谮遇害。《晋书》卷五十四有传。

④思过半矣:《周易·系辞下》:“知者观其彖辞,则思过半矣。”唐孔颖达疏云:“言聪明知达之士,观此卦下彖辞,则能思虑有益,以过半矣。”字面上指对问题理解超过一半,实则是指对深入理解大有助益。此句意在说明荀悦之史、陆机之文,皆有助于世人深入了解世间大道。

【译文】

文中子评价荀悦:“这才是史书啊!这才是史书啊!”评价陆机:“这才是文章啊!这才是文章啊!”皆有助于世人深入了解世间大道。

3.17 子谓:“文士之行可见:谢灵运①,小人哉!其文傲,君子则谨。沈休文②,小人哉!其文冶③,君子则典。鲍昭、江淹④,古之狷者也⑤,其文急以怨。吴筠、孔珪⑥,古之狂者也,其文怪以怒。谢庄、王融⑦,古之纤人也,其文碎。徐陵、庾信⑧,古之夸人也,其文诞。”或问孝绰兄弟⑨,子曰:“鄙人也,其文淫。”或问湘东王兄弟⑩,子曰:“贪人也,其文繁。”“谢朓⑪,浅人也,其文捷⑫。江总⑬,诡人也,其文虚。皆古之不利人也。”子谓颜延之、王俭、任昉“有君子之心焉,其文约以则”⑭。

【注释】

①谢灵运(385—433):原名公义,字灵运,以字行于世,世称“谢客”,陈郡阳夏(今河南太康)人。谢玄之孙,袭爵康乐公。少好学,博览群书,工诗善文,尤以山水诗见长,其诗与颜延之齐名,并称“颜谢”。《宋书》卷六十七有传。阮逸注云:“性奢豪,曾为永嘉太守,多游山,不听民讼。召为侍中,称疾不朝。此傲可见也。”

②沈休文:即沈约。见2.7条注。

③冶：此指文辞雕饰，过于华丽。《周易·系辞上》："慢藏诲盗，冶容诲淫。"唐孔颖达疏云："若慢藏财物，守掌不谨，则教诲于盗者，使来取此物。女子妖冶其容，身不精悫，是教诲淫者，使来淫己也。"

④鲍昭：即鲍照（416？—466），字明远，唐人或避武后讳而作"鲍昭"。与北周庾信并称"鲍庾"。长于乐府诗，其七言诗对唐代诗歌发展起到重要的作用。《南史》卷十三有传。阮逸注云："有虚词而官不达，故多怨刺。"江淹（444—505）：字文通，济阳考城（今河南民权）人。历仕宋、齐、梁三朝。少有才气，而后文才渐衰。《梁书》卷十四有传。阮逸注云："有罪下狱上书，其言急。皆狷可见矣。"

⑤狷（juàn）：孤傲。

⑥吴筠：阮逸注云："《南史》无吴筠，疑是'吴均'，文之误也。……又疑是王筠。"吴均（469—520），字叔庠，吴兴故鄣（今浙江安吉）人。出身贫寒，性格耿直，好学有俊才。《梁书》卷四十九有传。阮逸注云："文体古怪。"王筠，字元礼，一字德柔，琅邪临沂（今山东临沂）人。南朝梁大臣，侍中王僧虔之孙。《梁书》卷三十三有传。阮逸注云："为文好押强韵，多而不精。"孔珪（447—501）：一作"孔稚珪"，字德璋，会稽山阴（今浙江绍兴）人。南朝刘宋时，曾任尚书殿中郎。齐武帝永明年间，任御史中丞。齐明帝建武初年，上书建议北征。东昏侯永元元年（499），迁太子詹事。死后追赠金紫光禄大夫。《南齐书》卷四十八、《南史》卷四十九有传。阮逸注云："与江淹对掌文翰，而不肯伏淹，皆狂可见矣。"

⑦谢庄（421—466）：字希逸，陈郡阳夏（今河南太康）人。南朝刘宋大臣谢弘微子，谢灵运的族侄，以《月赋》闻名。历仕宋文帝、宋孝武帝、宋明帝三朝，官至中书令，加金紫光禄大夫。《宋书》卷八十五有传。阮逸注云："善词赋，歌诗传于乐府。"王融（466—493）：字元长，琅邪临沂（今山东临沂）人。王僧达孙，王道琰之子。聪慧过人，富有文才，位列"竟陵八友"。累迁太子舍人，兼任

主客郎中等职。齐武帝去世后,参与萧子良夺嫡,事败被杀。《南齐书》卷四十七有传。阮逸注云:“文辞辩捷,长于属缀。”

⑧徐陵(507—583):字孝穆,东海郯县(今山东郯城)人。出身东海徐氏,八岁能文,十二岁通《庄子》《老子》。梁武帝时,任东宫学士,善宫体诗,与庾信齐名,并称“徐庾”。《陈书》卷二十六有传。阮逸注云:“好裁缉新意,自成文体。”庾信(513—581):字子山,小字兰成,南阳新野(今河南新野)人。南朝梁中书令庾肩吾之子。自幼随父出入于萧纲宫廷,后与徐陵一起出任萧纲东宫学士,成为南朝宫体文学的代表作家,其作品风格被称为“徐庾体”。《周书》卷四十一有传。阮逸注云:“与徐陵同为学士,文体相夸,时称‘徐庾’。此诞可见矣。”

⑨孝绰:刘孝绰(481—539),字孝绰,本名冉,小字阿士,徐州彭城(今江苏徐州)人。能文善草隶,人称“神童”,年十四,代父起草诏诰。初为著作佐郎,后官秘书丞,又迁廷尉卿等职。《梁书》卷三十三、《南史》卷三十九有传。阮逸注云:“盖淫词类舅(王筠)。”

⑩湘东王兄弟:阮逸注云:“南齐世祖之子,湘东王名子建,与兄竟陵王子良及隋郡王子隆皆好文章。”考《南齐书·武十七王列传》:“子建永泰元年见杀,年十三。”故此实非湘东王子建。

⑪谢朓(tiǎo):见2.7条注。

⑫捷:旁出,斜处。此指不遵正道。

⑬江总(519—594):字总持,济阳考城(今河南民权)人。幼聪慧,长而有文才。十八岁时,初任宣惠武陵王府法曹参军,不久任尚书殿中郎。逢侯景之乱,寄居岭南多年。后任中书侍郎、尚书令等职,“不持政务,但日与后主游宴后庭”,国家日益衰败,以致陈朝灭亡,开皇十四年(594)离世。《陈书》卷二十七、《南史》卷三十六有传。阮逸注云:“与陈后主为长夜之饮,相和为诗,不持政事。此诡佞可见矣。”

⑭颜延之（384—456）：字延年，琅邪临沂（今山东临沂）人。南朝宋名臣。少孤贫，居陋室，好读书，无所不览，文章之美，冠绝当时，与谢灵运并称“颜谢”。《宋书》卷七十三有传。王俭（452—489）：字仲宝，琅邪临沂（今山东临沂）人。南齐名臣。少孤，自幼勤学，手不释卷。初为秘书郎，历任秘书丞、义兴太守、太尉右长史等职。后辅佐齐太祖萧道成即位，礼仪诏策，皆出其手，以佐命之功封南昌县公。仿《七略》而成《七志》，又编定《元徽四部书目》。《南齐书》卷二十三有传。任昉：见 1.41 条注。

【译文】

文中子说：“文士的品行可从其文章窥见：谢灵运就是小人！他文辞傲慢，而君子则文辞谦谨。沈约就是小人！他文辞雕饰靡丽，而君子则文辞典雅。鲍昭、江淹，是古时的孤傲之人，他们文辞峻切急刻以抒发怨恨。吴筠、孔稚珪，是古时狂放之人，他们文辞诡诞以表达愤怒。谢庄、王融，是古时细密之人，他们文辞琐碎。徐陵、庾信，是古时浮夸之人，他们文辞虚妄。”有人问刘孝绰、刘孝威两兄弟，文中子说：“都是鄙陋之人，他们文辞放荡。”有人问湘东王兄弟，文中子说：“都是贪婪之人，他们文辞繁复。”“谢朓，是浅薄之人，他文辞不遵正道。江总，是诡诈之人，他文辞虚媚。这些都是古时的无良之人。”文中子说颜延之、王俭、任昉“有君子之心，他们文辞简约论理有法”。

3.18　尚书召子仕，子使姚义往辞焉①。曰：“必不得已，署我于蜀②。”或曰：“僻。”子曰：“吾得从严、扬游泳以卒世③，何患乎僻？”

【注释】

①姚义：见 2.3 条注。

②署：阮逸注云：“隋尚书署天下吏。”即任命、安排。

③严：严君平（前86—10），名遵，字君平，蜀郡成都（今四川成都）人。西汉隐士。好黄老之学，汉成帝时隐居市井之中，以卜筮为业。于郫县平乐山设馆讲习《老子》《庄子》。一生谨遵老庄思想，著书十余万言，扬雄出其门下。扬：扬雄。见2.48条注。游：交游。此指追慕。泳：此指沉浸。

【译文】

尚书征召文中子为官，文中子派姚义前去推辞。说："实在不得已，就安排我去蜀地吧。"有人说："那里太偏远了。"文中子说："我能够追慕并沉浸在严君平、扬雄的风范之中以度过余生，又哪里会在意偏远呢？"

3.19 子曰："吾恶夫佞者，必也愚乎[①]！愚者不妄动[②]；吾恶夫豪者，必也吝乎！吝者不妄散。"

【注释】

①吾恶夫佞（nìng）者，必也愚乎：实模仿《论语·八佾》："子曰：'君子无所争，必也射乎！'"佞者，巧言献媚之人。必，假使，如果。

②不妄动：《礼记·玉藻》："足容重，手容恭，目容端，口容止，声容静，头容直，气容肃，立容德，色容庄。"其中"口容止"东汉郑玄注云："不妄动也。"故此处当为不乱讲话，不搬弄是非。与上句"佞者"相对。

【译文】

文中子说："我厌恶谄佞之人，如果要选择的话，我会选择愚钝之人！因为愚钝之人不会乱讲话；我厌恶豪奢之人，如果要选择的话，我会选择吝啬之人！因为吝啬之人不会乱花钱。"

3.20 子曰："达人哉[①]！山涛也[②]。多可而少怪。"或曰："王戎贤乎[③]？"子曰："戎而贤，天下无不贤矣。"

【注释】

①达:阮逸注云:“宏达。”即宽宏明达。

②山涛:见2.5条注。

③王戎(234—305):字濬冲,琅邪临沂(今山东临沂)人。三国西晋时期名士,“竹林七贤”之一。初袭父爵为贞陵亭侯,晋灭吴后进封安丰县侯。历任吏部尚书、太子太傅、中书令、尚书左仆射等职。元康七年(296),升任司徒,认为天下将乱,遂不理世事,以纵情山水为乐。《晋书》卷四十三有传。阮逸注云:“戎典选,未尝进寒素,近虚名,天下目为膏肓之疾,及愍、怀之废,又无一言以谏,但苟且简静容身而已,实非贤。”

【译文】

文中子说:“山涛真是宽宏明达之人!对人颇多认可而很少责怪。”有人问:“王戎贤明吗?”文中子说:“王戎要是贤明,那么天下就没有不贤明的人了。”

3.21 子曰:“陈思王可谓达理者也[①],以天下让,时人莫之知也[②]。”

【注释】

①陈思王:曹植(192—232),字子建,沛国谯县(今安徽亳州)人。曹操第三子。生前曾为陈王,去世后谥号“思”,故称“陈思王”。

②以天下让,时人莫之知也:阮逸注云:“魏祖欲立为太子,植不自雕砺,饮酒晦迹。兄文帝矫情自饰,以为求嗣,人不知子建让兄耳。”

【译文】

文中子说:“曹植可谓明达事理之人,把天下让给兄长,世人却不知道。”

3.22 子曰:“君子哉!思王也[①]。其文深以典。”

【注释】

①君子哉！思王也：实模仿《论语·卫灵公》："君子哉！蘧伯玉。"思王，指陈思王曹植。

【译文】

文中子说："曹植真是君子啊！他的文章深刻而典雅。"

3.23 房玄龄问史。子曰："古之史也辩道，今之史也耀文[①]。"问文。子曰："古之文也约以达，今之文也繁以塞[②]。"

【注释】

①古之史也辩道，今之史也耀文：实模仿《论语·阳货》："古之狂也肆，今之狂也荡；古之矜也廉，今之矜也忿戾；古之愚也直，今之愚也诈而已矣。"

②塞：阮逸注云："不通理曰'塞'。"

【译文】

房玄龄问史书。文中子说："古时的史书辨明王道，现今的史书夸耀文采。"又问文章。文中子说："古时的文章言辞简约而事理明达，现今的文章言辞冗繁而事理不通。"

3.24 薛收问《续诗》。子曰："有四名焉，有五志焉[①]。何谓四名？一曰化，天子所以风天下也[②]；二曰政，蕃臣所以移其俗也[③]；三曰颂，以成功告于神明也；四曰叹，以陈诲立诫于家也[④]。凡此四者，或美焉，或勉焉，或伤焉，或恶焉，或诫焉，是谓五志。"

【注释】

①志：志意与内涵。

②风天下:《毛诗序》:"《关雎》,后妃之德也,《风》之始也,所以风天下而正夫妇也。故用之乡人焉,用之邦国焉。风,风也,教也,风以动之,教以化之。"即教化天下。

③蕃臣:阮逸注云:"蕃臣比古诸侯。"即地方官员。移其俗:即移风俗。《毛诗序》:"先王以是经夫妇,成孝敬,厚人伦,美教化,移风俗。"唐孔颖达疏云:"有风俗伤败者,王者为政,当易之使善。"

④诲:教诲,教导。

【译文】

薛收问《续诗》。文中子说:"有四种名称,有五种志意。四种名称是什么?第一是化,天子用来教化天下;第二是政,地方官员用来移风易俗;第三是颂,用来把成就的功业禀告神明;第四是叹,用来教导并约束家人。共此四种,或赞美,或勉励,或批判,或厌恶,或告诫,这就是五种志意。"

3.25 子谓叔恬曰:"汝为《春秋》《元经》乎?《春秋》《元经》于王道,是轻重之权衡①,曲直之绳墨也②,失则无所取衷矣③。"

【注释】

①权:秤砣。衡:秤杆。

②绳墨:木工画直线的墨线和墨盒。

③衷:阮逸注云:"中也。"此指准则。

【译文】

文中子对叔恬说:"你研习《春秋》《元经》了吗?《春秋》《元经》之于王道,就好比称量轻重的秤砣和秤杆,测定曲直的墨线和墨盒,没有它们就失去了掌握王道的准则。"

3.26 子谓："《续诗》之有化，其犹先王之有《雅》乎？《续诗》之有政，其犹列国之有《风》乎？"

【译文】

文中子说："《续诗》中的'化'，应该就相当于《诗经》中的《雅》吧？《续诗》中的'政'，应该就相当于《诗经》中的《风》吧？"

3.27 子曰："郡县之政①，其异列国之风乎②！列国之风深以固，其人笃，曰：'我君不卒求我也③。'其上下相安乎！及其变也，劳而散，其人盖伤君恩之薄也，而不敢怨④。郡县之政悦以幸⑤，其人慕⑥，曰：'我君不卒抚我也。'其臣主屡迁乎！及其变也，苛而迫，其人盖怨吏心之酷也，而无所伤焉。虽有善政，未及行也。"魏徵曰："敢问列国之风变，伤而不怨；郡县之政变，怨而不伤；何谓也？"子曰："伤而不怨，则不曰犹吾君也，吾得逃乎？何敢怨？怨而不伤，则不曰彼下矣，吾将贼之，又何伤？故曰三代之末，尚有仁义存焉；六代之季⑦，仁义尽矣。何则？导人者非其路也。"

【注释】

①郡县之政：此指郡县制度。

②列国之风：此指分封制度。

③卒：最终，终究。此指从根本而言、就本质而言。

④不敢：此指不会。

⑤悦以幸：阮逸注云："苟悦其民，幸于成功。"悦，取悦。幸，侥幸。

⑥慕：阮逸注云："故民亦择善而慕之。"意谓贪慕利益。

⑦六代：指晋、宋、北魏、北齐、北周、隋。

【译文】

文中子说："郡县之制与分封之制是完全不同的！分封之制历史悠久制度稳固，百姓笃厚朴实，会说：'天子本就对我们毫无所求。'因此国家上下也就相安无事了！等到衰亡之时，百姓劳苦而人心离散，人们都会感伤天子恩德的减少，而不会心怀怨恨。郡县之制只知取悦于民侥幸成功，百姓贪慕利益，会说：'天子本就对我们没有丝毫抚恤。'因此地方官员也就屡屡变动了！等到变乱之时，政令苛刻而官吏催迫，人们都会怨恨官吏心地的冷酷，而不会有所感伤。即便有好的政令，也来不及施行。"魏徵说："请问分封之制衰亡了，百姓感伤而不怨恨；郡县之制变乱了，百姓怨恨而不感伤；为何这样说？"文中子说："百姓感伤而不怨恨，会说这毕竟还是我的国君啊，我怎么能逃走呢？怎么会怨恨呢？百姓怨恨而不感伤，会说此人败亡了，我要收拾他，又怎么会感伤呢？所以说三代之后，尚有仁义留存于世；六代以下，仁义不复存在。为何会这样呢？是因为引导人们的人走的不是正道。"

3.28 子曰："变风、变雅作而王泽竭矣①，变化、变政作而帝制衰矣。"

【注释】

①变风、变雅：《毛诗序》："至于王道衰，礼义废，政教失，国异政，家殊俗，而变风、变雅作矣。"即《风》《雅》中反应周朝衰败的作品，与"正风""正雅"相对。"正""变"实为划分时代治乱的标准。王泽：阮逸注云："周先王之泽。"此处"王泽"实与下文"帝制"相对，故当作"王道"。竭：《左传·宣公十二年》："律否臧，且律竭也。"西晋杜预注云："竭，败也。"

【译文】

文中子说："变风、变雅的兴起意味着王道的衰败，变化、变正的兴起意味着帝制的衰亡。"

3.29 子曰："言取而行违，温彦博恶之[①]；面誉而背毁[②]，魏徵恶之。"

【注释】

①温彦博（574—637）：字大临，太原祁（今山西祁县）人。北齐文林馆学士温君悠次子，礼部尚书温大雅之弟。初仕隋朝，任文林郎、通直谒者、幽州司马，后归唐，历任幽州大都督长史、中书舍人、中书侍郎、雍州治中、御史大夫等职。殚精竭虑，一心为公，后封西河郡公，进封虞国公。《旧唐书》卷六十一、《新唐书》卷九十一有传。

②面誉而背毁：实模仿《庄子·盗跖》："吾闻之：好面誉人者，亦好背而毁之。"意指当面赞誉而背后诋毁。

【译文】

文中子说："言语赞同而行动却相违背，温彦博厌恶这样的人；当面赞誉而背后诋毁，魏徵厌恶这样的人。"

3.30 子曰："爱生而败仁者，其下愚之行欤[①]？杀身而成仁者，其中人之行欤[②]？游仲尼之门，未有不迨中者也[③]。"

【注释】

①下愚：最愚笨的人。《论语·阳货》："唯上知与下愚不移。"

②中人：常人，普通人。《论语·雍也》："子曰：'中人以上，可以语上也；中人以下，不可以语上也。'"

③迨（dài）：达到。

【译文】

文中子说："爱惜生命而败坏仁义，应该是蠢人的做法吧？牺牲自己来成全仁义，应该是常人的做法吧？学习孔子之道，没有不达到常人的。"

3.31 陈叔达为绛郡守①，下捕贼之令，曰："无急也，请自新者原之②，以观其后。"子闻之曰："陈守可与言政矣。上失其道，民散久矣。苟非君子，焉能固穷③？导之以德，悬之以信④，且观其后，不亦善乎？"

【注释】

①陈叔达：见2.3条注。

②原：宽恕，原谅。

③苟非君子，焉能固穷：阮逸注云："小民穷则盗。"即小民皆非君子，故饥寒困穷至则为盗。固穷，安守穷困。《论语·卫灵公》："子曰：'君子固穷，小人穷斯滥矣。'"

④导之以德，悬之以信：实模仿《论语·为政》："子曰：'道之以政，齐之以刑，民免而无耻；道之以德，齐之以礼，有耻且格。'"

【译文】

陈叔达担任绛郡太守，下达捕贼命令，说："不要急着抓捕，那些改过自新的人就宽恕他们，看他们以后的表现。"文中子听到后说："可以和陈郡太守谈论为政之道了。君主无道，民心离散已久。若不是君子，怎能安守穷困？用仁德教导百姓，标榜诚信，而后再看他们的表现，不是很好吗？"

3.32 薛收问："恩不害义，俭不伤礼，何如？"子曰："此文、景尚病其难行也①。夫废肉刑害于义②，损之可也；衣弋绨伤乎礼③，中焉可也。虽然，以文、景之心为之可也，不可格于后④。"

【注释】

①病：担心，忧虑。《论语·卫灵公》："子曰：'君子病无能焉，不病

人之不己知也。'"

②肉刑:指损伤肌肤、残害人体的残酷刑罚。具体有黥(qíng,刺面)、劓(yì,割鼻)、刖(yuè,斩足)、宫(割势)等刑罚。《汉书·刑法志》:"禹承尧、舜之后,自以德衰而制肉刑,汤、武顺而行之者,以俗薄于唐、虞故也。"废肉刑,即汉文帝废除肉刑之事,见《史记·孝文本纪》。

③弋绨(tì):黑色粗厚的丝织品。《汉书·文帝纪》:"孝文皇帝即位二十三年,宫室苑囿车骑服御无所增益。……身衣弋绨。"唐颜师古注云:"弋,黑色也。绨,厚缯。"

④格:见2.34条及注。

【译文】

薛收说:"施恩而不妨害义,节俭而不妨害礼,怎么样?"文中子说:"汉文帝、汉景帝尚且担心难以做到。废除肉刑妨害了义,减轻肉刑即可;身穿弋绨损害了礼,穿着适当即可。虽然是这样,以文帝、景帝之心为政则可,但却不能作为后世的准则。"

3.33 子曰:"古之事君也以道,不可则止①;今之事君也以佞,无所不至。"

【注释】

①古之事君也以道,不可则止:实模仿《论语·先进》:"子曰:'吾以子为异之问,曾由与求之问。所谓大臣者:以道事君,不可则止。今由与求也,可谓具臣矣。'"

【译文】

文中子说:"古时以正道奉侍君主,不行就辞官归隐;现今以谄佞奉侍君主,没有什么是做不出来的。"

3.34 子曰："吾于《赞易》也[1]，述而不敢论[2]；吾于《礼》《乐》也，论而不敢辩[3]；吾于《诗》《书》也，辩而不敢议[4]。"或问其故。子曰："有可有不可。"曰："夫子有可有不可乎？"子曰："可不可，天下之所存也，我则存之者也[5]。"

【注释】

①《赞易》：即孔子传承《周易》时所做的编订与阐释等工作。此指《周易》。《尚书序》："先君孔子，生于周末，睹史籍之烦文，惧览之者不一，遂乃定《礼》《乐》、明旧章，删《诗》为三百篇，约史记而修《春秋》，赞《易》道以黜八索，述《职方》以除九丘。"

②述而不敢论：实承袭孔子"述而不作"的思想。《论语·述而》："子曰：'述而不作，信而好古，窃比于我老彭。'"南朝梁皇侃《论语义疏》卷四云："述者，传于旧章也；作者，新制作礼乐也。"即编修传承而不另立新论。

③论而不敢辩：阮逸注云："论沿革而已，不敢辩兴衰之极。"辩，辩明，讨论。极，准则，标准。此指道理。

④辩而不敢议：阮逸注云："辩治乱之事，不敢议其得失之由。"辩，辩明。此指辩明天下治乱。议，讨论。此指讨论为政得失的原因。

⑤存：存续，保存并延续。

【译文】

文中子说："我对于《周易》，只敢编修传承而不敢另立新论；我对于《礼》《乐》，只敢论述沿革而不敢讨论兴衰之道；我对于《诗》《书》，只敢明辩治乱而不敢讨论为政得失。"有人问为什么。文中子说："有些事可以做，有些事不可以做。"问："先生您也要面对可与不可的选择吗？"文中子说："可与不可，是天地间永存的道理，我就是存续这个道理的人。"

3.35 子闲居俨然[1]，其动也徐，若有所虑；其行也方[2]，若有所畏。其接长者，恭恭然如不足[③]；接幼者，温温然如有就[④]。

【注释】

①俨（yǎn）然：庄重严肃。《论语·子张》："子夏曰：'君子有三变：望之俨然，即之也温，听其言也厉。'"又《论语·尧曰》："君子正其衣冠，尊其瞻视，俨然人望而畏之，斯不亦威而不猛乎？"

②方：即"方步"，走路缓慢而小心之貌。

③恭恭然如不足：似当为"恭恭然其言如不足"约略之言，"其言如不足"实模仿《论语·乡党》："其言似不足者。"北宋邢昺疏云："其言似不足者，下气怡声，如似不足者也。"声音和缓，好像气息不足，即说话态度恭敬，语气谦卑。

④温温：柔和、和蔼貌。就：迁就。

【译文】

文中子闲居时庄重严肃，他行动舒缓，仿佛有所思考；他走路缓慢，仿佛有所畏惧。他对待长者，态度恭敬，语气谦卑，好像气息不足；对待幼者，态度和蔼，语气温柔，好像有所迁就。

3.36 子之服俭以洁，无长物焉[①]，绮罗锦绣不入于室[②]。曰："君子非黄白不御[③]，妇人则有青碧[④]。"

【注释】

①长物：多余之物。此指衣服上的配饰。长，阮逸注云："剩也。"

②绮罗锦绣不入于室：华丽精美的衣服不会进入屋室，即屋中没有华丽精美的衣服，意在说明文中子从不穿华美的衣服。绮罗，丝绸制成的华美衣服。锦绣，纹绣精美的衣服。

③黄白：阮逸注云："取自然丝色。"即织物的自然本色。

④青碧：青碧色。阮逸注云："染之易者。"

【译文】

文中子的衣服简朴而整洁，没有配饰，从不穿华丽精美的衣服。说："君子非黄、白本色衣物不穿，妇女则穿青碧色即可。"

3.37　子宴宾无贰馔[①]，食必去生[②]，味必适[③]。果菜非其时不食[④]，曰："非天道也。"非其土不食，曰："非地道也。"

【注释】

①无贰馔（zhuàn）：阮逸注云："不重（chóng）味。"即没有两道菜。馔，菜肴，食物。

②食必去生：《论语·乡党》："失饪，不食。"西汉孔安国注云："失饪，失生熟之节也。"去生，把食物烧熟。

③适：适中。

④果菜非其时不食：《论语·乡党》："不时，不食。""不时"存两解：东汉郑玄注云："不时，非朝夕日中时。"南朝梁皇侃《论语义疏》卷五云："江熙云：'不时，谓生非其时，若冬梅李实也。'"此外，《盐铁论·散不足》："古者，谷物菜果，不时不食；鸟兽鱼鳖，不中杀不食。"时，时令，季节。

【译文】

文中子招待宾客只有一道菜，吃饭一定要把食物烧熟，味道适中。不是当季的果蔬不吃，说："不合天道。"不是当地所产的食物不吃，说："不合地道。"

3.38　乡人有穷而索者[①]。曰："尔于我乎取，无扰尔邻里乡党为也[②]，我则不厌。"乡人有丧，子必先往，反必后[③]。子之言应而不唱[④]，唱必有大端[⑤]。子之乡无争者。或问人善，子知其善则称之，不善，则曰："未尝与久也。"

【注释】

①索：索求，索要。

②乡党：乡里，乡亲。

③反必后：一定是最后返回。反，同“返”。

④应：回应，回答。唱：同“倡”，倡议，建议。

⑤端：原委，原因。

【译文】

乡里有人来要东西。文中子说：“你来我这儿拿吧，不要打扰邻里乡亲，我不怕麻烦。”乡人有丧事，先生一定最先赶到，最后离开。先生说话只是简单作答而不会有所建议，如果有所建议势必有重要的原因。先生所居之乡没有争斗。有人问人好坏，先生知道这个人好就称赞他，如果不好，就说：“我与他交往时间不长。”

3.39 子济大川，有风则止。不登高，不履危①，不乘悍②，不奔驭③。乡人有水土之役④，则具畚锸以往⑤，曰：“吾非从大夫也。”

【注释】

①履（lǚ）：去，到。

②悍：阮逸注云：“悍马。”性子烈的马。

③驭：驾车。

④水土之役：疏浚河道、加固堤坝的劳役。水土，此指“平水土”。

⑤畚（běn）：畚斗，箕畚，竹编的盛土工具。《列子·汤问》：“叩石垦壤，箕畚运于渤海之尾。”锸（chā）：似铁锹，掘土的工具。《汉书·王莽传》：“父子兄弟负笼荷锸。”

【译文】

文中子渡大河，遇大风就停止。不登临高处，不涉足险地，不骑乘悍马，不驾车飞奔。邻里乡亲如果有浚河固堤的劳役，就备好工具前往，说："我可不是什么当官的。"

3.40 铜川府君之丧[①]，勺饮不入口者三日[②]。营葬具，曰："必俭也，吾家有制焉。棺椁无饰，衣衾而举[③]，帷车而载[④]，涂车刍灵[⑤]，则不从五世矣。"既葬之，曰："自仲尼已来，未尝无志也。"于是立坟，高四尺，不树焉。

【注释】

①铜川府君：文中子之父。见1.1条注。

②勺饮：即一勺之水，指水量极少。《左传·定公四年》："依于庭墙而哭，日夜不绝声，勺饮不入口七日。秦哀公为之赋《无衣》，九顿首而坐，秦师乃出。"

③衣衾（qīn）：死人入棺时所用的衣服与被子。举：把尸体装殓入棺。《孝经·丧亲》："为之棺椁衣衾举之，陈其簠簋而哀戚之。"唐玄宗注云："衣，谓敛衣；衾，被也；举，谓举尸内于棺也。"

④帷车：有帷幔的车子。

⑤涂车刍灵：《礼记·檀弓下》："涂车刍灵自古有之，明器之道也。"东汉郑玄注云："刍灵，束茅为人、马，谓之灵者。"《释名·释丧制》："涂车，以泥涂为车也。"即泥巴制成的土车和茅草扎成的草人、草马，皆为古代陪葬之物。

【译文】

文中子父亲的丧礼，先生三日滴水未进。准备丧葬器具，说："一定要节俭，我家是有规矩的。棺椁不加装饰，用平时的衣服被子装殓入棺，用挂有帷幔的车子装载，陪葬的土车和草人等，五代以前就不用了。"下葬之后，说："自孔子以来，下葬没有不立标志的。"于是垒起封土，高四尺，不栽种树木。

3.41 子之他乡，舍人之家，出入必告，既而曰："奚适而无禀[①]？"万春乡社[②]，子必与执事，翼如也[③]。

【注释】

①奚：为何，怎么。适：去，往。此指出入行动。

②万春乡：阮逸注云："所居乡名。"社：阮逸注云："社祀句龙。"即进行大型祭祀典礼。《左传·昭公二十九年》："共工氏有子曰句龙，为后土。"西晋杜预注云："其子句龙，能平水土，故死而见祀。"

③翼如：《论语·乡党》："君召使摈，色勃如也，足躩如也。揖所与立，左右手。衣前后，襜如也。趋进，翼如也。"北宋陈祥道《论语全解》卷五："非夫动容周旋盛德中礼之至者，谁能至此？"即动静仪容皆合礼数。

【译文】

文中子前往他乡，住在别人家里，出入定会告知主人，不久之后说："怎么能有行动而不禀告呢？"万春乡举行社祭，先生一定参与帮忙，动静仪容皆合礼数。

3.42 芮城府君起家为御史[①]，将行，谓文中子曰："何以赠我？"子曰："清而无介[②]，直而无执。"曰："何以加乎？"子曰："太和为之表[③]，至心为之内[④]。行之以恭，守之以道。"退而谓董常曰："大厦将颠，非一木所支也[⑤]。"

【注释】

①芮城府君：文中子之兄。见2.53条注。起家：古代出任官职。

②介：孤介，品行清正不随波逐流。

③太和：此指人的精神、内心处于平和的状态。

④至心：即至诚之心。

⑤大厦将颠，非一木所支也：阮逸注云："言隋将颠，非御史可救。"

【译文】

文中子之兄出任御史，临行前，对文中子说："有什么要对我说的吗？"文中子说："清廉而不孤介，正直而不偏执。"问："还有别的吗？"文中子说："表情平和，内心诚恳。行事恭敬，谨守正道。"回来对董常说："大厦将要倾覆，不是一根柱子所能支撑得起的。"

3.43　子曰："婚娶而论财，夷虏之道也，君子不入其乡[①]。古者男女之族，各择德焉[②]，不以财为礼。"子之族，婚嫁必具六礼[③]，曰："斯道也，今亡矣。三纲之首不可废[④]，吾从古。"

【注释】

①不入其乡：南宋朱熹《小学集注·嘉言》："不入其乡，不与之共处也。"此指不与其交往、来往。

②各：皆，全都。《尚书·盘庚下》："各非敢违卜，用宏兹贲。"

③六礼：古代在确定婚姻过程中的六种礼仪，即纳采、问名、纳吉、纳征、请期、亲迎。

④三纲之首：即夫妇之道。《周易·序卦》："有天地然后有万物，有万物然后有男女，有男女然后有夫妇，有夫妇然后有父子，有父子然后有君臣，有君臣然后有上下，有上下然后礼义有所错。"

【译文】

文中子说："婚姻嫁娶而讨论钱财，这是野蛮人的行径，君子不会与之来往。古时男女家族，皆选择有德之人，不把钱财当作标准。"文中子的家族，婚姻嫁娶必备六礼，说："这种方式，如今已经没有了。但是夫妇之道不可废，我遵从古礼。"

3.44 子曰："恶衣薄食[①]，少思寡欲，今人以为诈，我则好诈焉。不为夸炫[②]，若愚似鄙，今人以为耻，我则不耻也。"

【注释】

①恶衣薄食：又作"恶衣恶食"，指衣食粗劣生活简朴。《论语·里仁》："子曰：'士志于道，而耻恶衣恶食者，未足与议也。'"

②夸炫（xuàn）：炫耀，夸耀。

【译文】

文中子说："衣食粗劣生活简朴，减少思虑去除欲望，如今人们都认为是假装的，而我却喜欢这种假装。不去夸耀，好像很愚钝鄙陋，如今人们都视为耻辱，而我却不以这样为耻辱。"

3.45 子曰："古之仕也，以行其道；今之仕也，以逞其欲[①]。难矣乎[②]！"

【注释】

①逞其欲：阮逸注云："厚己所欲。"即满足自己的欲望。逞，满足，实现。

②难矣乎：阮逸注云："难致太平。"即难以实现天下太平。

【译文】

文中子说："古人为官，是为了推行王道；今人为官，是为了满足私欲。难以实现天下太平啊！"

3.46 子曰："吏而登仕[①]，劳而进官[②]，非古也，其秦之余酷乎？古者士登乎仕，吏执乎役，禄以报劳[③]，官以授德。"

【注释】

①吏：又称“胥吏”“吏员”，指地方政府中从事日常事务的办公人员。登仕：跻身仕宦，成为官员。

②劳：劳绩，小功。《战国策·赵策四》：“奉厚而无劳。”

③禄：此指赏赐。

【译文】

文中子说：“小吏可以跻身仕宦，小功就能提拔做官，这不是古制，应该是秦朝留下的酷政吧？古时士人方可跻身仕宦，小吏执行差役，赏赐用来酬报功劳，官职授予有德之人。”

3.47　子曰：“美哉！公旦之为周也。外不屑天下之谤而私其迹[①]，曰：‘必使我子孙相承，而宗祀不绝也。’内实达天下之道而公其心，曰：‘必使我君臣相安，而祸乱不作。’深乎！深乎！安家者，所以宁天下也；存我者，所以厚苍生也。故迁都之义曰：洛邑之地，四达而平[②]，使有德易以兴，无德易以衰。”

【注释】

①外不屑天下之谤而私其迹：《史记·鲁周公世家》：“初，成王少时病，周公乃自揃其蚤沉之河，以祝于神曰：‘王少，未有识，奸神命者乃旦也。’亦藏其策于府。成王病有瘳。及成王用事，人或谮周公，周公奔楚。成王发府，见周公祷书，乃泣，反周公。”私，隐藏。迹，此指善行，即周公向神灵祈祷，愿替成王受过而使成王康复之事。

②四达：通达四方，四通八达。

【译文】

文中子说：“周公旦治理周朝是多么完美啊！对外不在意天下人的毁谤而隐藏自己的善行，说：‘一定要让我周室子孙相传，宗庙祭祀不绝。'对内切实推行天下正道且秉持公正之心,说:'一定要让我周室君臣相安,不要发生祸乱。'深刻啊!深刻啊!家庭安定,才能天下安宁;天地养育我,是让我关照苍生。因此迁都的意义在于:洛阳四通八达,地势平坦,有德易于兴盛,无德易于衰亡。"

3.48 无功作《五斗先生传》①。子曰:"汝忘天下乎?纵心败矩②,吾不与也③。"

【注释】

①无功:阮逸注云:"王绩,字无功,子之弟也,不遇时则纵酒,一饮五斗,自作《五斗先生传》以见志。"《旧唐书》卷一百九十二、《新唐书》卷一百九十六有传。

②纵心:随心所欲。败矩:败坏伦常。

③与:赞同。

【译文】

王绩作《五斗先生传》。文中子说:"你忘记天下了吗?随心所欲败坏伦常,我不赞成你的做法。"

卷四

周公篇

【题解】

《周公篇》以周公之道为发端，阐明圣人之道乃与天地合德，潜藏于万物之中。《周公篇》通过品评门生、名士、权臣及历史人物，进而论述其德行之高下，政略之优劣，以此证明立德修身、遵循圣道的重要性。《周公篇》中有关于圣人为政之道的专题论述。王通认为，致太平之法在于遵圣教而行圣道，圣教著于经典，当潜心修习研读；圣道本乎持中，当悉心揣摩参悟。因此在批判晋隋暴政的同时，亦对北朝振作之主给予充分肯定。进而结合其《续六经》，扩充发明了传统儒家的褒贬之法，为其中国、帝制之说奠定基础。南北朝时期，疆土南北分治，王朝鼎革不断，士人各为其主，史官各执一词。王通秉承儒家圣道，申大义而明中国，阐明中国之道在于存续典章礼乐，因而能存续典章礼乐者方为中国。以仁德论王道，以礼乐辩中国，实为高屋建瓴之论。在王通看来，典章礼乐著于篇籍，得其时，则王朝推之以兴邦；失其时，则圣人述之以行教。《六经》篇籍承载典章礼乐，存礼乐方能明圣教，明圣教方能观世道，观世道方能正厥失，正厥失方能成王道，成王道方能致太平。因此将天命所在系于礼乐所存，此论与其《续六经》互为表里，对汉末以来的儒家正统王朝观、中国观进行了立场鲜明的扩充和发明，以中道对儒家思想进行了补充和完善。此外，《周公篇》还载录王通对其所见所闻隋末君臣无道之事，结合其《续六经》世风时变之论，指出隋朝崩颓当在不远，这亦与其退居不仕、修礼行教互为印证。

4.1 子谓周公之道："曲而当，私而恕①，其穷理尽性以至于命乎②？"

【注释】

①曲而当，私而恕：阮逸注云："摄政诛管、蔡，曲而当也；代武王笞伯禽，私而恕也。"曲而当，《史记·周本纪》："成王少，周初定天下，周公恐诸侯畔周，公乃摄行政当国。管叔、蔡叔群弟疑周公，与武庚作乱，畔周。周公奉成王命，伐诛武庚、管叔，放蔡叔。以微子开代殷后，国于宋。"即王朝兴立之初，周公为稳定国家，巩固分封制度所做的一系列积极应对措施。曲，周全，尽心竭力。私而恕，《礼记·文王世子》："成王有过，则挞伯禽，所以示成王世子之道也。"东汉郑玄注云："以成王之过击伯禽，则足以感喻焉。"

②其穷理尽性以至于命乎：阮逸注云："曲而当，于理穷矣；私而恕，于性尽矣。理则性，性则天，天则命，此所以为圣也。"穷理尽性，《周易·说卦》："穷理尽性以至于命。"

【译文】

文中子说周公为政之道："治国为政处事周全而公正允当，教导帝王虽出己意亦合乎人情，应该是洞悉事理、穷尽本性达到知天命的境界了吧？"

4.2 子曰："圣人之道，其昌也潜①，其弊也寖②，亹亹焉若寒暑进退③，物莫不从之，而不知其由也④。"

【注释】

①潜：此指潜藏。

②寝：此指暗藏。与“潜藏”相对。

③亹亹（wěi）：阮逸注云：“循环不绝貌。”

④物莫不从之，而不知其由也：《周易·系辞上》：“百姓日用而不知，故君子之道鲜矣。”

【译文】

文中子说：“圣人之道，世道昌明时潜藏其中，世道衰败时暗藏其内，循环不绝就像寒来暑往，万物没有不遵循它的，却又不知其中的道理。”

4.3 温彦博问①：“嵇康、阮籍何人也②？”子曰：“古之名理者③，而不能穷也。”曰：“何谓也？”子曰：“道不足而器有余。”曰：“敢问道器。”子曰：“通变之谓道④，执方之谓器⑤。”曰：“刘灵何人也⑥？”子曰：“古之闭关人也⑦。”曰：“可乎？”曰：“兼忘天下⑧，不亦可乎？”曰：“道足乎？”曰：“足则吾不知也。”

【注释】

①温彦博：见3.29条注。

②嵇康（223—262）：字叔夜，谯国铚（今安徽濉溪）人。“竹林七贤”之一。幼聪颖，博览群书，好老庄，与阮籍共倡玄学新风，主张“越名教而任自然”“审贵贱而通物情”。娶魏武帝曹操曾孙女长乐亭主为妻，拜郎中，调中散大夫，世称“嵇中散”。后隐居不仕，因得罪司隶校尉钟会，遭其构陷，被掌权的大将军司马昭处死。《晋书》卷四十九有传。阮籍：见1.34条注。

③名理：此指魏晋及其后清谈家辨析事物名与理是非同异的讨论。

④通变：通权达变，即能够根据变化发展而随机应变。

⑤执方：固执一端，即固守一家之说、一隅之见而不知改变。

⑥刘灵：即刘伶，字伯伦，沛国沛县（今江苏沛县）人。魏晋名士，“竹林七贤”之一。嗜酒不羁，世称“醉侯”，好老庄，追求自由逍遥、无为而治。曾在建威将军王戎幕府任参军，因无所作为而罢官。《晋书》卷四十九有传。

⑦闭关：阮逸注云：“喻藏身也。此世人所不能窥其阃阈。”此指闭守内心，不受外界打扰。

⑧兼忘天下：此指忘却天下功名，即魏晋名士崇尚自然、醉心山水、超然物外之风度。《庄子·天运》：“兼忘天下易，使天下兼忘我难。”唐成玄英疏云：“夫兼忘天下者，弃万乘如脱屣也。使天下兼忘我者，谓百姓日用而不知也。”

【译文】

温彦博问：“嵇康、阮籍是怎样的人？”文中子说：“是古代谈名说理之人，然而未能穷尽其妙。”问：“为何这样说？”文中子说：“他们道不足而器有余。”问：“请问道、器是什么？”文中子说：“能够通权达变是‘道’，只能固守一端是‘器’。”问：“刘伶是怎样的人？”文中子说：“他是古时闭守内心不问世事之人。”问：“这种做法可取吗？”文中子说：“连天下功名都忘却了，难道不可取吗？”问：“是否达到了道的境界？”文中子说：“这我就不知道了。”

4.4 陈守谓薛生曰[①]：“吾行令于郡县而盗不止，夫子居于乡里而争者息，何也？”薛生曰：“此以言化，彼以心化。”陈守曰：“吾过矣。”退而静居[②]，三月盗贼出境。子闻之曰：“收善言，叔达善德。”

【注释】

①陈守：阮逸注云：“叔达也。”陈叔达，见2.3条注。《旧唐书·陈叔达传》：“大业中，拜内史舍人，出为绛郡通守。”薛生：即薛收。

②退而静居：阮逸注云："思行其道。"即回来之后静思化民之道。

【译文】

绛郡太守陈叔达对薛收说："我管理郡县而盗贼屡禁不绝，先生居住乡里百姓却没有纷争，这是为什么呢？"薛收说："你用言语去教化，先生用真心去感化。"陈叔达说："我错了。"回来后闭门静思，三个月后盗贼离开绛郡。文中子听闻此事说："薛收善于进言，陈叔达善于修德。"

4.5　房玄龄问："田畴何人也？"子曰："古之义人也。"[①]

【注释】

①此条实模仿《论语·述而》："入曰：'伯夷、叔齐何人也？'曰：'古之贤人也。'"田畴（169—214），字子泰，右北平无终（今天津蓟州区）人。东汉末年隐士。少好读书，初为幽州牧刘虞从事，"虞已为公孙瓒所害。畴至，谒祭虞墓，陈发章表，哭泣而去"。建安十二年（207），曹操北征乌桓，入曹操麾下，任司空户曹掾，为向导。后因平定乌丸有功，封亭侯，不受。又随曹操征荆州有功，以前爵封之，仍不受，于是拜为议郎。建安十九年（214）离世。《三国志》卷十一有传。

【译文】

房玄龄问："田畴是个怎样的人？"文中子说："他是古时义士。"

4.6　子谓："《武德》之舞劳而决[①]，其发谋动虑经天下乎[②]？"谓："《昭德》之舞闲而泰[③]，其和神定气绥天下乎[④]？"太原府君曰[⑤]："何如？"子曰："或决而成之，或泰而守之。吾不知其变也。噫！《武德》则功存焉，不如《昭德》之善也。且《武》之未尽善久矣[⑥]。其时乎！其时乎！"

【注释】

①《武德》之舞:《汉书·礼乐志》曰:"高祖庙奏《武德》《文始》《五行》之舞,孝文庙奏《昭德》《文始》《四时》《五行》之舞,孝武庙奏《盛德》《文始》《四时》《五行》之舞。《武德》舞者,高祖四年作,以象天下乐以行,武已除乱也。"即祭祀汉高祖的乐舞。

②发谋:定谋略,出主意。动:作。虑:深思熟虑。

③《昭德》之舞:《汉书·礼乐志》曰:"孝景采《武德》舞以为《昭德》,以尊太宗庙。"汉文帝,庙号"太宗",故《昭德》之舞为祭祀汉文帝的乐舞。

④绥(suí):抚绥,安抚。《诗经·大雅·民劳》:"惠此中国,以绥四方。"

⑤太原府君:即王凝。见1.10条"叔恬"注。

⑥《武》之未尽善久矣:《论语·八佾》:"子谓《韶》:'尽美矣,又尽善也。'谓《武》:'尽美矣,未尽善也。'"西汉孔安国注云:"《武》,武王乐也,以征伐取天下,故曰:'未尽善也!'"《武》,即歌颂周武王伐纣建立周朝的乐舞。

【译文】

文中子说:"《武德》之舞辛劳而果决,应该是表达高祖深谋远略经营天下吧?"说:"《昭德》之舞闲适而安定,应该是表达文帝宽和稳重安抚天下吧?"太原府君王凝问:"怎么样?"文中子说:"一个是果决创业,一个是稳重守业,然而这其中的文武相济与权变之道,我却不甚知晓。啊!《武德》颂扬武功,不如《昭德》尽善尽美。并且周代《武》并非尽善尽美已是很久的事了。这是时代的原因啊!这是时代的原因啊!"

4.7 子谓史谈善述九流①,"知其不可废,而知其各有弊也,安得长者之言哉②?"

【注释】

①史谈：阮逸注云："司马谈为太史，故曰'史谈'。"司马谈（？—前110），左冯翊夏阳（今陕西韩城）人。司马迁之父。西汉建元、元封年间任太史令。学识广博，作文论六家之要旨。九流：即战国诸子中影响最大的九家。此处泛指诸子之学。考司马谈《论六家要旨》仅就阴阳、儒、墨、名、法、道德六家而言，而班固《汉书·艺文志·诸子略》载："诸子十家，其可观者九家而已。"

②长者之言：《汉书·龚遂传》载，王生曰："天子即问君何以治渤海，君不可有所陈对，宜曰：'皆圣主之德，非小臣之力也。'"遂受其言，既至前，上果问以治状，遂对如王生言。天子说其有让，笑曰："君安得长者之言而称之？"遂因前曰："臣非知此，乃臣议曹教戒臣也。"

【译文】

文中子说司马谈善于传承诸子之学，"知道此学不可荒废，又知道其中各有不足，是怎么会有这些睿智老成的言辞呢？"

4.8 子曰："通其变①，天下无弊法；执其方②，天下无善教。故曰：存乎其人③。"

【注释】

①通其变：《周易·系辞下》："神农氏没，黄帝、尧、舜氏作，通其变使民不倦。"唐孔颖达疏云："事久不变则民倦而穷，今黄帝、尧、舜之等以其事久或穷，故开通其变，量时制器使民用之，日新不有懈倦也。"即开通变革。

②执其方：阮逸注云："偏执一隅，有时作泥。"即固守一端，不思改变。4.3条作"执方"。

③存乎其人：《周易·系辞上》："化而裁之，存乎变；推而行之，存乎通；神而明之，存乎其人。"即关键在于人。见2.44条注。

【译文】

文中子说："能够开通变革，天下就没有不好的制度；如果固守不变，天下就没有好的政教。因此说：关键在于人。"

4.9 子曰："安得圆机之士①，与之共言九流哉？安得皇极之主②，与之共叙九畴哉③？"

【注释】

①圆机：《庄子·盗跖》："若枉若直，相而天极；面观四方，与时消息。若是若非，执而圆机；独成而意，与道徘徊。"唐成玄英疏云："圆机，犹环中也。执环中之道以应是非，用于独化之心以成其意，故能冥其虚通之理，转变无穷者也。"此指天地自然万物之道。

②皇极：皇权得以建立的制度与规范。此指盛德大业。见1.8条注。

③九畴（chóu）：此指治理天下的方略。《尚书·洪范》："天乃锡禹洪范《九畴》，彝伦攸叙：初一曰五行，次二曰敬用五事，次三曰农用八政，次四曰协用五纪，次五曰建用皇极，次六曰乂用三德，次七曰明用稽疑，次八曰念用庶征，次九曰向用五福，威用六极。"指传说中天帝赐给大禹治理天下的九种方法。畴，类，种。

【译文】

文中子说："哪有懂得天地大道之士，和他一起讨论诸子百家之学？哪有建立盛德大业之君，和他一起谈论治理天下的大政方略？"

4.10 杜淹问①："崔浩何人也②？"子曰："迫人也③。执小道④，乱大经。"

【注释】

①杜淹：见2.3条注。

②崔浩(381—450):字伯渊,小字桃简,清河东武(今河北清河)人。北魏司空崔宏长子。擅长天象星历及长生之术。历仕北魏道武帝、明元帝、太武帝三朝,为太武帝重要谋臣,辅佐太武帝灭亡胡夏、平定北凉、击破柔然,打通西域商道。历任太常卿、司徒等职,封东郡公。太平真君十一年(450),坐"国史之狱",夷灭九族。《魏书》卷三十五有传。

③迫:此指狭隘浅陋。

④执小道:阮逸注云:"好星历及真君长生之术。"

【译文】

杜淹问:"崔浩是怎样的人?"文中子说:"是狭隘浅陋之人。执着于小道而违背了正道。"

4.11 程元曰[①]:"敢问《豳风》何也[②]?"子曰:"变风也[③]。"元曰:"周公之际亦有变风乎?"子曰:"君臣相诮[④],其能正乎?成王终疑[⑤],则风遂变矣。非周公至诚[⑥],孰能卒正之哉[⑦]?"元曰:"《豳》居变风之末[⑧],何也?"子曰:"夷王已下[⑨],变风不复正矣。夫子盖伤之者也,故终之以《豳风》。言变之可正也,唯周公能之,故系之以正,歌《豳》曰周之本也。呜呼!非周公孰知其艰哉?变而克正,危而克扶,始终不失于本,其惟周公乎?系之《豳》,远矣哉!"

【注释】

①程元:见2.29条注。

②《豳(bīn)风》:《诗经》十五国风之末,包含《七月》《鸱鸮》《东山》《破斧》《伐柯》《九罭》《狼跋》七篇。

③变风:即《风》中反应周朝衰败的作品。见3.28条注。

④君臣相诮:《尚书·金縢》:“武王既丧,管叔及其群弟乃流言于国,曰:‘公将不利于孺子。’周公乃告二公曰:‘我之弗辟,我无以告我先王。’周公居东二年,则罪人斯得。于后,公乃为诗以贻王,名之曰《鸱鸮》。王亦未敢诮公。”诮,责备,责难。

⑤成王终疑:《尚书·金縢》:“于后,公乃为诗以贻王,名之曰《鸱鸮》。王亦未敢诮公。”唐孔颖达疏云:“成王信流言而疑周公。”

⑥周公至诚:《尚书·金縢》:“王与大夫尽弁,以启金縢之书,乃得周公所自以为功代武王之说。二公及王乃问诸史与百执事。对曰:‘信。噫!公命,我勿敢言。’王执书以泣,曰:‘其勿穆卜!昔公勤劳王家,惟予冲人弗及知。今天动威以彰周公之德,惟朕小子其新逆,我国家礼亦宜之。’”

⑦卒正:阮逸注云:“止乎礼义,是卒正之也。”即最终归于正风。

⑧《豳》居变风之末:《诗经·邶风·柏舟》唐陆德明云:“从此讫《豳·七月》,十三国并变风也。”

⑨夷王:周夷王,姬姓,名燮,西周第九代国王。在位期间,王室衰落,诸侯不贡,互相攻伐。听信谗言,烹杀齐哀公。不顾天子诸侯之别,下堂亲迎诸侯,使封建礼法遭到进一步破坏。

【译文】

程元问:“请问《豳风》有什么含义?”文中子说:“是变风。”程元问:“周公之时也有变风吗?”文中子说:“君臣之间互相责备,哪里能算正风呢?成王自始至终心存怀疑,于是正风就成了变风。若不是周公的赤诚之心,又有谁能让它最终成为正风呢?”程元问:“《豳风》列于变风之末,这是为什么?”文中子说:“周夷王以后,就不再是正风了。孔子感伤于此,因此把《豳风》列于最后。意在说明变可以为正,只有周公能做到,因此将其编为正风,歌唱《豳风》就等于颂扬周朝的根本。啊!若非周公,又有谁知道创业的艰辛?能够使变风归正,匡扶危局,自始至终不失根本,应该只有周公了吧?周公编纂《豳风》之诗真是寓意深远!”

4.12 子曰："齐桓尊王室而诸侯服[①]，惟管仲知之；苻秦举大号而中原静[②]，惟王猛知之[③]。"或曰苻秦逆。子曰："晋制命者之罪也[④]，苻秦何逆？昔周制至公之命，故齐桓、管仲不得而背也；晋制至私之命，故苻秦、王猛不得而事也。其应天顺命、安国济民乎？是以武王不敢逆天命、背人而事纣，齐桓不敢逆天命、背人而黜周。故曰：晋之罪也，苻秦何逆？三十余年，中国士民，东西南北，自远而至，猛之力也。"

【注释】

①齐桓：齐桓公（？—前643），姜姓，名小白，春秋时齐国第十五位国君。任用管仲为相，推行改革，实行军政合一、兵民合一等制度，使齐国逐渐强盛。齐桓公提出"尊王攘夷"，九合诸侯，北击山戎，南伐楚国，成为中原第一个霸主。晚年昏庸，在管仲去世后，死于易牙、竖刁等小人之手。《史记·齐太公世家》有载录。

②苻秦：前秦宣昭帝苻坚（338—385），字永固，小字文玉，略阳临渭（今甘肃天水）人。十六国时期前秦第三位国君。励精图治，重用王猛，休养生息，促进生产，使国力强盛，消灭北方诸国，成功统一北方，攻占东晋的蜀地，形成南北对峙局面。建元十九年（383），挥师南伐，发动淝水之战，大败。建元二十一年（385），为后秦武昭帝姚苌所害。《晋书》卷一百十四有《苻坚载记》。大号：帝王的号令。此指王道。

③王猛：见2.26条注。

④制命：此指统治。

【译文】

文中子说："齐桓公尊奉王室而使诸侯臣服，只有管仲知道他的理想；苻坚推行王道而中原安宁，只有王猛知道他的理想。"有人说苻坚是逆贼。文中子说："这是晋朝统治者的罪过，苻坚怎么是逆贼呢？从前周朝统治公正无私，因此齐桓公、管仲无法违背；晋朝统治自私自利，因此苻坚、王猛无法臣服。难道不应该顺应天命、安定国家而救助百姓吗？因此周武王不敢违背天命、背弃人心而奉侍商纣王，齐桓公不敢违背天命、背弃人心而废黜周天子。所以说：这是晋朝的罪过，苻坚怎么是逆贼呢？三十多年，中原士民，无论东西南北，从远方前来归附，这是王猛的功劳。"

4.13 子曰："苻秦之有臣，其王猛之所为乎？元魏之有主[①]，其孝文之所为乎？中国之道不坠，孝文之力也。"

【注释】

①元魏：即北魏，孝文帝拓跋宏迁都洛阳，改本姓"拓跋"为"元"，故称"元魏"。孝文帝，见2.52条注。

【译文】

文中子说："前秦有能臣，是因为王猛的成就吧？北魏有明主，是因为孝文帝的成就吧？中原王道不失，这是孝文帝的功劳。"

4.14 太原府君曰："温子昇何人也[①]？"子曰："险人也。智小谋大。永安之事[②]，同州府君常切齿焉[③]，则有由也。"

【注释】

①温子昇（495—547）：字鹏举，济阴冤句（今山东曹县）人。温峤之后。北魏、东魏时期大臣，与邢劭齐名，并称"温邢"。永熙年间，任太子侍读兼舍人、镇南将军、金紫光禄大夫，迁散骑常侍、中军大将军。武定五年（547），元僅作乱，为高澄所怀疑，遂饿死晋阳狱中。其为人外恬静，与物无争，而内深险，世故之极，好参与密

谋要事，所以致祸败。《魏书》卷八十五有传。

②永安之事：北魏永安三年（530），北魏孝庄帝诛杀大臣尔朱荣，遂激起尔朱氏起兵叛乱，以造成京城遭袭、庄帝出逃的混乱局面。考《魏书·温子昇传》："及帝杀尔朱荣也，子昇预谋，当时赦诏，子昇词也。荣入内，遇子昇，把诏书问是何文书，子昇颜色不变，曰'敕'。"知温子昇实参与其中，并为帝预谋。

③同州府君：见1.1条注。

【译文】

太原府君王凝问："温子昇是个怎样的人？"文中子说："是个阴险的人。智谋很少却谋划大事。同州府君提起永安之乱，常常咬牙切齿愤怒无比，这其中是有原因的。"

4.15　子读三祖上事[①]，曰："勤哉而不补也！无谓魏、周无人，吾家适不用尔[②]。"

【注释】

①三祖上事：三代以上先人事迹。三祖上，三世祖以上，即三世祖同州府君王彦、四世祖晋阳穆公王虬、五世祖江州府君王焕、六世祖王玄则。

②适：刚好，恰巧。

【译文】

文中子读家中三代以上先人事迹，说："多么勤勉啊，然而于事无补！不要说魏、周二朝没有人才，我家先人恰巧没被重用罢了。"

4.16　子之家庙，座必东南向，自穆公始也[①]，曰："未忘先人之国[②]。"

【注释】

①穆公：晋阳穆公。见1.1条。

②先人之国：阮逸注云："穆公虬自宋奔魏，自是庙座向东南。"考《文中子世家》可知"九代祖寓，遭愍、怀之难，遂东迁焉"，"玄则，字彦法，即文中子六代祖也。仕宋，历太仆、国子博士"，"虬始北事魏，太和中为并州刺史，家河汾"。

【译文】

文中子的家庙，从晋阳穆公开始，就一定要面向东南方，说："没有忘记祖先的国家。"

4.17 辽东之役[①]，子闻之曰："祸自此始矣。天子不见伯益赞禹之词[②]，公卿不用魏相讽宣帝之事[③]。"

【注释】

①辽东之役：即隋炀帝征伐辽东。阮逸注云："炀帝大业八年征辽，二百万众并陷；九年又征之，山东始乱；十年又征，天下遂丧。"事见《隋书·炀帝纪》。

②伯益赞禹之词：阮逸注云："益赞于禹曰：'惟德动天，无远弗届。'禹乃班师振旅，七旬苗格。"《尚书·大禹谟》："三旬，苗民逆命。益赞于禹曰：'惟德动天，无远弗届。满招损，谦受益，时乃天道。帝初于历山，往于田，日号泣于旻天，于父母，负罪引慝。祗载见瞽瞍，夔夔斋栗，瞽亦允若。至诚感神，矧兹有苗。'禹拜昌言曰：'俞！'班师振旅。帝乃诞敷文德，舞干羽于两阶，七旬，有苗格。"即当年伯益辅佐大禹时的良言。赞，辅佐，佐助。

③魏相讽宣帝之事：阮逸注云："汉宣帝使赵充国击匈奴，魏相谏曰：'臣闻恃大威者为骄兵，兵骄者灭，非但人事，乃天道也。'"《汉书·魏相传》："元康中，匈奴遣兵击汉屯田车师者，不能下。上与

后将军赵充国等议，欲因匈奴衰弱，出兵击其右地，使不敢复扰西域。”于是，魏相以师出无名、物资匮乏、边民困苦为重点，力谏罢兵，最终“上从相言而止”。即当年魏相对汉宣帝进谏忠言之事。魏相（？—前59），字弱翁，济阴定陶（今山东菏泽定陶区）人。西汉名臣。历任茂陵令、扬州刺史、谏大夫、河南太守等职。汉宣帝即位后，为大司农，后任御史大夫，官至丞相，封高平侯。为人严毅，刚正不阿，勤于政务，抚恤百姓。整顿吏治，抑制豪强，选贤任能，平昭冤狱。督责各地官吏省费用、宽赋税，奖励农桑，使国家太平，百姓丰足。《汉书》卷七十四有传。讽，进谏，谏言。

【译文】

隋炀帝征伐辽东。文中子听闻后说：“天下祸败自此而始。天子得不到当年伯益辅佐大禹时的良言，公卿们也不会像魏相劝谏汉宣帝那样进谏忠言。”

4.18　王孝逸谓子曰[①]：“天下皆争利弃义，吾独若之何？”子曰：“舍其所争，取其所弃，不亦君子乎？”

【注释】

①王孝逸：见1.27条注。

【译文】

王孝逸对文中子说：“天下人都争夺利益背弃仁义，我一个人又能怎样呢？”文中子说：“舍弃他们争夺的利益，选择他们背弃的仁义，这难道不是君子吗？”

4.19　子谓贾琼、王孝逸、凌敬曰[①]：“诸生何乐？”贾琼曰：“乐闲居。”子曰：“静以思道，可矣。”王孝逸曰：“乐闻过[②]。”子曰：“过而屡闻，益矣。”凌敬曰：“乐逢善人。”子曰：“多贤[③]，不亦乐乎？”

【注释】

①贾琼：见1.13条注。凌敬：见1.35条注。

②乐闻过：《孟子·公孙丑上》：“孟子曰：‘子路，人告之以有过则喜，禹闻善言则拜。’”

③多：此指喜好。

【译文】

文中子对贾琼、王孝逸、凌敬说：“各位以何为乐？”贾琼说：“以闲居为乐。”文中子说：“平静内心以思考大道，很好。”王孝逸说：“以听取批评为乐。”文中子说：“有了过错能够多多听取批评，大有好处。”凌敬说：“以遇到善人为乐。”文中子说：“喜好贤者，这难道不令人快乐吗？”

4.20 薛收游于馆陶[①]，适与魏徵。归告子曰：“徵，颜、冉之器也[②]。”徵宿子之家，言《六经》，逾月不出。及去，谓薛收曰：“明王不出而夫子生，是三才、九畴属布衣也[③]。”

【注释】

①馆陶：阮逸注云：“魏有馆陶县。”在今山东宁阳。

②颜、冉：颜回和冉有。皆为孔子弟子。

③三才：见1.1条注。九畴：见4.9条注。布衣：指平民百姓。

【译文】

薛收游历于馆陶，碰巧遇到魏徵。回来告诉文中子说：“魏徵是颜回、冉有一般的人才。”魏徵住在文中子家，谈论《六经》之学，一个多月足不出户。等到离开时，对薛收说：“明王圣主没有出现而先生却出现了，天地之道和治国之法尽归于先生这样一个平民百姓了。”

4.21 刘炫见子[①],谈《六经》,唱其端,终日不竭。子曰:"何其多也!"炫曰:"先儒异同,不可不述也。"子曰:"一以贯之可矣。尔以尼父为多学而识之耶?"炫退,子谓门人曰:"荣华其言,小成其道,难矣哉[②]!"

【注释】

①刘炫(xuàn,约546—613):字光伯,河间景城(今河北沧州)人。开皇中,奉敕修史及天文律历。后与诸儒修定"五礼",授旅骑尉,旋任太学博士。岁余去任,归于河间,隋末动乱,冻馁而死,门人谥为"宣德先生"。学通南北经学,精博今文、古文经典,对先儒章句,多有非议。自言《周礼》《礼记》《毛诗》《尚书》《公羊传》《左传》《论语》孔、郑、王、何、服、杜等注,凡十三家,皆能讲授,子史文集,皆诵于心。《隋书》卷七十五有传。

②难矣哉:阮逸注云:"难入尼父之门矣。"即难以获得孔子之学的要义。

【译文】

刘炫拜见文中子,谈论《六经》,言其端绪,说了一整天也没说完。文中子说:"怎么这么多啊!"刘炫说:"先儒的异同,不能不说。"文中子说:"把握中心、贯穿前后就可以了。你以为孔子学识广博记忆超群吗?"刘炫离去,文中子对门人说:"言辞华丽,境界不高,难以获得孔子之学的要义!"

4.22 凌敬问礼乐之本。子曰:"无邪[①]。"凌敬退,子曰:"贤哉!儒也。以礼乐为问。"

【注释】

①无邪:阮逸注云:"礼乐本乎情,情无邪则貌恭而气和。"《论语·为政》:"《诗》三百,一言以蔽之,曰'思无邪'。"

【译文】

凌敬问礼乐的根本。文中子说："无邪。"凌敬告退，文中子说："贤能啊，这个儒生！能够问及礼乐。"

4.23 子曰："《大风》安不忘危[1]，其霸心之存乎[2]？《秋风》乐极哀来[3]，其悔志之萌乎？"

【注释】

①《大风》：即汉高祖刘邦所作之《大风歌》。《史记·高祖本纪》："高祖还归，过沛，留。置酒沛宫，悉召故人父老子弟纵酒，发沛中儿得百二十人，教之歌。酒酣，高祖击筑，自为歌诗曰：'大风起兮云飞扬，威加海内兮归故乡，安得猛士兮守四方！'令儿皆和习之。高祖乃起舞，慷慨伤怀，泣数行下。"安不忘危：阮逸注云："'安得猛士兮守四方！'此不忘武备而心在杂霸也。"

②霸心：即成就王业之心。

③《秋风》：即汉武帝刘彻所作之《秋风辞》。《文选》卷四十五《秋风辞》："秋风起兮白云飞，草木黄落兮雁南归。兰有秀兮菊有芳，怀佳人兮不能忘。泛楼船兮济汾河，横中流兮扬素波。箫鼓鸣兮发棹歌，欢乐极兮哀情多。少壮几时兮奈老何！"

【译文】

文中子说："《大风歌》安不忘危，应该是高祖心存王业吧？《秋风辞》兴尽悲来，应该是武帝萌生悔意了吧？"

4.24 子曰："《诗》《书》盛而秦世灭[1]，非仲尼之罪也；虚玄长而晋室乱[2]，非老、庄之罪也；斋戒修而梁国亡，非释迦之罪也[3]。《易》不云乎：'苟非其人，道不虚行[4]。'"

【注释】

①《诗》《书》盛而秦世灭：阮逸注云："秦不用《诗》《书》故。"即秦不用《诗》《书》礼乐，违背圣王之道终自取灭亡。

②虚玄长而晋室乱：阮逸注云："老、庄存太古之教，非适时之典，晋贤荡焉，故乱。"

③斋戒修而梁国亡，非释迦之罪：史载南朝梁武帝萧衍笃信佛法，尤长释典，常于重云殿及同泰寺讲说，大造佛寺，并多次舍身同泰寺。阮逸注云："释氏本空寂之法，非化俗之原，梁主惑焉，故亡。"释伽，指佛教创立者释迦牟尼。

④苟非其人，道不虚行：若非至圣至贤之人，大道是不会化行于世的。见2.44条及注。

【译文】

文中子说："《诗》《书》盛行于世而秦朝却灭亡了，这不是孔子的罪过；玄学流行于时而晋朝离乱，这不是老、庄的罪过；修行佛教而梁国灭亡，这不是释迦牟尼的罪过。《周易》不是说：'苟非其人，道不虚行。'"

4.25　或问佛。子曰："圣人也。"曰："其教何如？"曰："西方之教也，中国则泥[①]。轩车不可以适越[②]，冠冕不可以之胡[③]，古之道也。"

【注释】

①泥（nì）：阻塞不通。

②轩车不可以适越：《国语·越语下》："员闻之：'陆人居陆，水人居水。'夫上党之国，我攻而胜之，吾不能居其地，不能乘其车；夫越国，吾攻而胜之，吾能居其地，吾能乘其舟。"轩车，古时大夫以上乘坐的有帷幕的马车。《庄子·让王》："子贡乘大马，中绀而表素，轩车不容巷，往见原宪。"

③冠冕不可以之胡:《列子·汤问》:"北国之人鞨巾而裘,中国之人冠冕而裳。"

【译文】

有人问佛陀。文中子说:"是圣人。"问:"他的教义如何?"文中子说:"是西方的宗教,在中国则行不通。轩车不可以通行于越国,冠冕不可以传播于胡地,这是古之常理。"

4.26 或问宇文俭[1]。子曰:"君子儒也[2]。疏通知远,其《书》之所深乎[3]?铜川府君重之[4],岂徒然哉?"

【注释】

①宇文俭(550—578):字侯幼突,代郡武川(今内蒙古武川)人。北周宗室大臣,文皇帝宇文泰之子。武成初年,封谯国公,拜柱国大将军。建德三年(574),进为谯王。五年(576),从北周武帝攻打北齐,拔取永固城,拜为大冢宰。宣政元年(578)离世,谥号"忠孝"。《北史》卷五十八《周室诸王传》有载录。

②君子儒:《论语·雍也》:"子谓子夏曰:'女为君子儒,无为小人儒。'"北宋邢昺疏云:"戒子夏为君子也,言人博学先王之道以润其身者皆谓之儒,但君子则将以明道,小人则矜其才名,言女当明道无得矜名也。"

③其《书》之所深乎:《礼记·经解》:"其为人也温柔敦厚,《诗》教也;疏通知远,《书》教也;广博易良,《乐》教也;絜静精微,《易》教也;恭俭庄敬,《礼》教也;属辞比事,《春秋》教也。"

④铜川府君:见1.1条注。

【译文】

有人问宇文俭。文中子说:"他是君子儒。为人通达目光高远,应该是深得《尚书》之教吧?铜川府君尊重他,怎么会没有根据呢?"

4.27 子游太乐[①]，闻《龙舟五更》之曲[②]，瞿然而归[③]，曰："靡靡乐也[④]，作之邦国焉，不可以游矣。"

【注释】

①太乐：阮逸注云："乐署。"《通典·职官·太常卿》："太乐署，周官有大司乐，掌成均之法，亦谓之'乐尹'，以乐舞教国子。"

②《龙舟五更》：阮逸注云："炀帝将游江都宫，作此曲。"

③瞿（jù）然：因惊恐而瞪大眼睛，即惊恐之貌。

④靡靡乐也：《韩非子·十过》："此师延之所作，与纣为靡靡之乐也。……先闻此声者，其国必削。"

【译文】

文中子游览太乐署，听到《龙舟五更》曲，惊恐地回来，说："靡靡之乐，演奏于国家之中，不可以游览了。"

4.28 子谓姚义[①]："盍官乎？"义曰："舍道干禄[②]，义则未暇。"子曰："诚哉！"

【注释】

①姚义：见 2.3 条注。

②舍道干禄：《孟子·尽心下》："经德不回，非以干禄也。"干，求取。

【译文】

文中子对姚义说："怎么不去做官呢？"姚义说："如果舍弃大道去求取官职，这样就无暇顾及仁义了。"文中子说："确实如此！"

4.29 或问荀彧、荀攸[①]。子曰："皆贤者也。"曰："生死何如？"子曰："生以救时，死以明道，荀氏有二仁焉[②]。"

【注释】

①荀彧(yù,163—212):字文若,颍川颍阴(今河南许昌)人。曹操统一北方的重要谋臣,人称有"王佐之才"。初举孝廉,任守宫令。后弃官归乡,又率宗族避难冀州,被袁绍待为上宾。其后投奔曹操。官至侍中、尚书令,封万岁亭侯。因其任尚书令,居中持重十余年,处理军国政务,人称"荀令君"。后因反对曹操称魏公遭忌,于寿春忧郁而终(一说服毒自尽),谥号"敬"。《三国志》卷十有传。荀攸(157—214):字公达,颍川颍阴(今河南许昌)人。荀彧之侄。曾因密谋刺杀董卓入狱,后弃官归乡。曹操迎天子入许都后,荀攸辅佐曹操,屡出奇谋,建功无数。行事周密谨慎,深得曹操称赞。建安十九年(214),在曹操伐吴途中去世,追谥"敬侯"。《三国志》卷十有传。

②荀氏有二仁焉:实模仿《论语·微子》:"微子去之,箕子为之奴,比干谏而死。孔子曰:'殷有三仁焉。'"

【译文】

有人问荀彧、荀攸。文中子说:"他们都是贤人。"问:"他们生死的意义是什么?"文中子说:"他们活着是为了拯救时世,死去是为了彰明正道,荀氏家族出了两位仁者。"

4.30 子曰:"言而信,未若不言而信①;行而谨,未若不行而谨②。"贾琼曰:"如何?"子曰:"推之以诚,则不言而信;镇之以静,则不行而谨。惟有道者能之。"

【注释】

①不言而信:阮逸注云:"心至诚,虽未言,人已知其必信矣。"《周易·系辞上》:"默而成之,不言而信,存乎德行。"

②不行而谨:阮逸注云:"性复静,虽未行,人知必谨。"

【译文】

文中子说："说话而得到信任，不如不说话而得到信任；行事时小心谨慎，不如未行事时就小心谨慎。"贾琼问："怎样能做到呢？"文中子说："诚心待人，即便不说话也会得到信任；内心镇静，即便不行事也会小心谨慎。只有有道之人才能做到。"

4.31 杨素谓子曰①："甚矣！古之为衣冠裳履，何朴而非便也。"子曰："先王法服②，不其深乎③？为冠所以庄其首也，为履所以重其足也。衣裳襜如④，剑佩锵如⑤，皆所以防其躁也。故曰'俨然人望而畏之'⑥。以此防民，犹有疾驱于道者⑦。今舍之曰'不便'，是投鱼于渊，置猿于木也。天下庸得不驰骋而狂乎？引之者非其道也⑧。"

【注释】

①杨素：见 1.11 条注。

②法服：符合礼法规定的正装服饰。《孝经·卿大夫章》："非先王之法服不敢服，非先王之法言不敢道。"

③不其深乎：阮逸注云："有深旨。"

④襜（chān）如：《论语·乡党》："衣前后，襜如也。"南宋朱熹《四书章句集注》卷第五云："襜，整貌。"

⑤剑佩：佩剑和佩玉。阮逸注云："带剑示威，垂佩合节。"锵如：阮逸注云："响声。"

⑥俨然人望而畏之：《论语·尧曰》："君子正其衣冠，尊其瞻视，俨然人望而畏之，斯不亦威而不猛乎？"俨然，庄重严肃。见 3.35 条注。

⑦疾驱于道：在道路上飞奔。此指离经叛道不遵礼法。

⑧引：引导，教化。

【译文】

杨素对文中子说："古时的衣冠裳履真是太过简朴又不方便啦！"文中子说："先王的正装服饰，寓意难道不深刻吗？制冠是用来使头部庄重，作履是用来使脚步沉稳。衣裳整整齐齐，佩剑佩玉锵锵有声，都是为了防止躁动。所以说'庄重的神情令人望见就生出敬畏之心'。以此约束百姓，尚有离经叛道之人。现在因'不便'而舍弃，就好比把鱼扔进水里，把猿放到树上，天下怎么能不混乱呢？是引导百姓之人不走正道。"

4.32 董常歌《邶·柏舟》[①]。子闻之曰："天实为之，谓之何哉[②]？"

【注释】

①《邶（bèi）·柏舟》：即《诗经·邶风·柏舟》。阮逸注云："言仁不遇也。卫顷公之时，仁人不遇，小人在侧。"

②天实为之，谓之何哉：为《诗经·邶风·北门》诗句。阮逸注云："此《北门》篇也，刺仕不得志。炀帝任群小，仁人忧之，言董常不遇者天也。"

【译文】

董常歌《邶风·柏舟》之诗。文中子听到说："天意如此，能说什么呢？"

4.33 邳公好古物[①]，钟鼎什物、珪玺钱具必具。子闻之，曰："古之好古者聚道[②]，今之好古者聚财[③]。"

【注释】

①邳（pī）公：指苏威。阮逸注云："苏威封邳国公。"故称。苏威（542—623），字无畏，京兆武功（今陕西武功）人。西魏度支尚书苏绰之子。起为京兆郡功曹，袭封美阳县公。隋立国后，拜太子少保、

纳言、度支尚书。颇有才能,历任要职,力主减赋,修订法典。开皇九年(589),拜为尚书右仆射,成为“四贵”之一。开皇十二年(592),结党营私,免除官爵。大业元年(605),拜尚书左仆射。大业三年(607),迁太常卿、纳言,参与朝政,加授开府仪同三司,封邳国公,颇受尊重,坐罪罢免。唐朝武德六年(623),病逝于长安。《北史》卷六十三、《隋书》卷四十一有传。

②聚道:阮逸注云:“聚淳朴之性。”

③聚财:阮逸注云:“聚珍异之器。”

【译文】

邳国公苏威喜好古物,钟鼎、玉珪、玺印、钱币等物一应俱全。文中子听闻后,说:“古时雅好古风之人凝集淳朴本性,现今雅好古风之人聚敛珍器重宝。”

4.34 子谓仲长子光曰[①]:“山林可居乎?”曰:“会逢其适也[②],焉知其可?”子曰:“达人哉!隐居放言也[③]。”子光退谓董、薛曰:“子之师,其至人乎?死生一矣,不得与之变[④]。”

【注释】

①仲长子光:见 2.14 条注。

②会逢其适:又作“适逢其会”,恰好碰上时机。

③隐居放言:《论语·微子》:“虞仲、夷逸,隐居放言。身中清,废中权。”北宋邢昺疏云:“隐遁退居,放置言语,不复言其世务。”即不言世事,超然物外。

④死生一矣,不得与之变:阮逸注云:“极乎道为至人,死生不变其道者,一贯天下者也。”

【译文】

文中子对仲长子光说:“可以隐居山林吗?”仲长子光说:“要看是否

遇到合适的时机，如果遇不到哪会知道可以还是不可以呢？”文中子说：“真是通达之人！顺时隐居、不问世事。”仲长子光离开后，对董常、薛收说：“你们的老师，应该就是至圣之人吧？不会因生死而改变他的大道。”

4.35 薛收问隐。子曰：“至人天隐，其次地隐，其次名隐①。”

【注释】

①“至人天隐”三句：实模仿《论语·宪问》：“子曰：‘贤者辟世，其次辟地，其次辟色，其次辟言。’”天隐，阮逸注云：“藏其天真，高莫窥测。”地隐，阮逸注云：“避地山林，洁身全节。”名隐，阮逸注云：“名混朝市，心在世外。”

【译文】

薛收问隐居。文中子说：“至圣之人高深莫测，无论何时何地皆包藏天真本性；其次唯有避居山林，方能洁身自好；再次虽然混迹俗世之中，而心却置之世事之外。”

4.36 子谓姚义能交①。或曰“简”②。子曰：“所以为能也。”或曰“广”。子曰：“广而不滥③，又所以为能也。”

【注释】

①能交：此处兼有值得结交与善于结交两重含义。

②简：阮逸注云：“简静。”

③滥：不加选择。

【译文】

文中子说姚义善于交友。有人说他“简约沉静”。文中子说：“所以说他值得结交。”有人说他“交友广泛”。文中子说：“交友广泛而不会不加选择，这又说明他善于交友。”

4.37 子谓晁错“率井田之序，有心乎复古矣”[①]。

【注释】

①晁错（前200—前154）：颍川（治今河南禹州）人。汉文帝时，任太常掌故，后历任太子舍人、博士、太子家令。景帝即位后，任内史，后迁御史大夫。提出“重农贵粟”“移民实边”等主张，促进农业生产，建议募民充实边塞，积极备御匈奴；政治上进言削藩，剥夺诸侯王的政治特权以巩固中央集权，严重损害了诸侯利益，以吴王刘濞为首的七国诸侯以“请诛晁错，以清君侧”为名，举兵反叛。景帝听从袁盎之计，腰斩晁错于东市。其政论“疏直激切，尽所欲言”，以《言兵事疏》《守边劝农疏》《论贵粟疏》《贤良对策》等为代表。《汉书》卷四十九有传。率井田之序：阮逸注云：“晁错说文帝曰：‘五口之家，服作者不过二人，能耕者不过百亩。’古者一夫一妇受田百亩，此井田之制也。文帝不能行，故汉致治不及三代。文中子惜其有复古之心焉。”率，遵循。序，法度，制度。

【译文】

文中子说晁错“遵循井田之法，有意恢复古制”。

4.38 贾琼问《续书》之义[①]。子曰：“天子之义列乎范者有四[②]：曰制，曰诏，曰志，曰策。大臣之义载于业者有七[③]：曰命，曰训，曰对，曰赞，曰议，曰诫，曰谏。”

【注释】

①义：即义例，指著书的主旨和体例。

②范：典范，规范。

③业：定式。

【译文】

贾琼问《续书》的义例。文中子说："天子文书的体例能够列为典范的有四种：制、诏、志、策。大臣文书的体例能够成为定式的有七种：命、训、对、赞、议、诫、谏。"

4.39 文中子曰："帝者之制，恢恢乎其无所不容[①]。其有大制，制天下而不割乎[②]！其上湛然，其下恬然[③]。天下之危，与天下安之；天下之失，与天下正之。千变万化，吾常守中焉。其卓然不可动乎！其感而无不通乎[④]！此之谓帝制矣。"

【注释】

①恢恢乎：广大貌。《老子》第七十三章："天网恢恢，疏而不失。"

②制天下而不割：阮逸注云："割，分判也者。"《老子》第二十八章："朴散则为器，圣人用之则为官长，故大制不割。"

③其上湛然，其下恬然：阮逸注云："湛、恬，皆静。"

④感而无不通乎：实化用《周易·系辞上》："《易》无思也，无为也，寂然不动，感而遂通天下之故。"唐孔颖达疏云："既无思无为，故寂然不动。有感必应，万事皆通，是感而遂通天下之故也。"

【译文】

文中子说："帝王规划天下，宽广宏大无所不容。若有大的规划，那应该是规划天下而不会分割天下！君主百姓，上下相安无事。天下有危难，就与天下人共同平定；天下有弊政，就与天下人共同改正。无论世事千变万化，帝王都应永守中道。他的伟大是不可撼动的！他的内心与天下万民相通！这就是帝王之制。"

4.40　文中子曰："《易》之忧患[①]，业业焉[②]，孜孜焉[③]，其畏天悯人[④]，思及时而动乎？"繁师玄曰："远矣！吾视《易》之道。何其难乎？"子笑曰："有是夫？终日乾乾可也[⑤]。视之不臧，我思不远[⑥]。"

【注释】

①《易》之忧患：《周易·系辞下》："作《易》者，其有忧患乎？"

②业业：《尚书·皋陶谟》："无教逸欲有邦，兢兢业业，一日二日万几。"西汉孔安国注云："业业，危惧。"

③孜孜：《尚书·益稷》："禹拜曰：'都！帝，予何言，予思日孜孜。'"即勤勉，不懈怠。

④畏天：《诗经·鲁颂·我将》："我其夙夜，畏天之威，于时保之。"东汉郑玄注云："早夜敬天，于是得安文王之道。"

⑤终日乾乾：《周易·乾卦》："君子终日乾乾，夕惕若厉，无咎。"唐孔颖达疏云："言每恒终竟此日，健健自强，勉力不有止息。"此指努力钻研《周易》。

⑥视之不臧，我思不远：实化用《诗经·鄘风·载驰》："视尔不臧，我思不远。"阮逸注云："此《载驰》篇云也，言汝不思善道则已，在我思之不为远。"

【译文】

文中子说："《周易》中的忧患思想，心存戒惧，勤勉不怠，应该是教人敬畏上天、怜悯百姓，考虑等待时机而有所作为吧？"繁师玄说："我看《周易》的思想太过深远！为何这样难以琢磨呢？"文中子笑着说："是这样吗？每天努力钻研即可。在你看来很难，在我看来却很简单。"

4.41　越公聘子[①]。子谓其使者曰："存而行之可也[②]。"歌《干旄》而遣之[③]。既而曰："玉帛云乎哉[④]？"

【注释】

①越公：指杨素。见1.11、1.15条注。聘：聘请，聘召，即以币帛或重金聘请人才。《孟子·万章上》："伊尹耕于有莘之野，而乐尧、舜之道焉，……汤使人以币聘之。"

②存而行之可也：阮逸注云："姑存此聘礼即可，非得聘贤之实也。"即文中子对保存并执行这种征聘贤才的礼仪制度表示认可，但同时更表达出了文中子对只存其形式而未存其内涵的批判。

③《干旄（máo）》：即《诗经·鄘风·干旄》。唐孔颖达疏云："作《干旄》诗者，美好善也。卫文公臣子多好善，故处士贤者乐告之以善道也。"意在借《干旄》诗中卫文公臣子多好善贤士，暗讽隋重臣杨素只存"好贤之礼"而无有"好贤之实"。

④玉帛云乎哉：《论语·阳货》："子曰：'礼云礼云，玉帛云乎哉？乐云乐云，钟鼓云乎哉？'"北宋邢昺疏云："言非但崇此玉帛而已，所贵者在于安上治民。"意在借用孔子之语，强调礼仪制度最重要的不是玉帛，而是要心存忠君爱民之心。

【译文】

越公杨素聘请文中子。文中子对使者说："能够保存并执行这礼聘之制，还是不错的。"文中子唱着《干旄》之诗送走了使者。不久又说："玉帛就是礼仪吗？"

4.42 子谓房玄龄曰："好成者，败之本也；愿广者，狭之道也[①]。"玄龄问："立功、立言何如[②]？"子曰："必也量力乎！"

【注释】

①狭：狭隘，鄙陋短浅。

②立功、立言：建功立业、著书立说。《左传·襄公二十四年》："太

上有立德，其次有立功，其次有立言，虽久不废，此之谓‘不朽’。”

【译文】

文中子对房玄龄说：“急于求成，往往是造成失败的根本原因；好高骛远，往往是变得鄙陋短浅的问题所在。”房玄龄问：“想要建功立业、著书立说该怎样做呢？”文中子说：“一定要量力而行！”

4.43 子谓：“姚义可与友，久要不忘[①]；贾琼可与行事，临难不变[②]；薛收可与事君，仁而不佞；董常可与出处[③]，介如也。”

【注释】

①久要不忘：《论语·宪问》：“见利思义，见危授命，久要不忘平生之言，亦可以为成人矣。”北宋邢昺疏云：“久要，旧约也。……虽年长贵达不忘其言。”即不忘记从前的约定。

②临难不变：阮逸注云：“临事贵断。”即危难之时，处事果断。

③出处：出仕和归隐。见2.27条注。此指相伴。

【译文】

文中子说：“姚义可以和他交友，因为他不会忘记从前的约定；贾琼可以和他处理政事，因为他在危难之时办事果断；薛收可以和他奉侍君主，因为他心地仁厚而不谄佞献媚；董常可以和他长久相伴，因为他耿介正直。”

4.44 子曰：“贱物贵我[①]，君子不为也。好奇尚怪[②]，荡而不止[③]，必有不肖之心应之[④]。”

【注释】

①贱物贵我：阮逸注云：“贾谊曰：‘小智自私，贱彼贵我。’”

②好奇尚怪：又作“好奇尚异”，喜好并推崇奇怪的事物。

③荡：此指不守正道。《论语·阳货》：“好知不好学，其蔽也荡。”西汉孔安国注云：“荡，无所适守也。”

④必有不肖之心应之：阮逸注云：“理使之然。”即外有“荡而不止”之行，内必有“不肖之心”与之相应。《庄子·人间世》：“克覈太至，则必有不肖之心应之，而不知其然也。”不肖，不贤，不良。《礼记·中庸》：“贤者过之，不肖者不及也。”

【译文】

文中子说：“轻贱他人、看重自己，君子不会这样做。喜好并推崇奇怪的事物，终日不守正道，与此对应的是此人必定心地不良。”

4.45 薛宏请见《六经》[①]，子不出。门人惑，子笑曰：“有好古博雅君子，则所不隐[②]。”

【注释】

①薛宏：其人不详。《六经》：指《续六经》。

②有好古博雅君子，则所不隐：实模仿《尚书序》：“若好古博雅君子，与我同志，亦所不隐也。”

【译文】

薛宏请求观看《续六经》，文中子不肯出示。门生迷惑不解，文中子笑着说：“若是雅好古风、学识渊博、品行方正的君子，我就不会藏而不出了。”

4.46 子有内弟之丧[①]，不饮酒食肉。郡人非之[②]。子曰：“吾不忍也。”赋《载驰》卒章而去[③]。

【注释】

①内弟：妻子的弟弟。

②非之：阮逸注云："非其过礼。"即认为其礼过重。

③《载驰》卒章：即《诗经·鄘风·载驰》的末章："大夫君子，无我有尤。百尔所思，不如我所之。"东汉郑玄注云："君子，国中贤者。无我有尤，无过我也。"毛传云："不如我所思之笃厚也。"即借用《载驰》末章之诗，表达自己哀伤之情的深切。

【译文】

文中子服内弟之丧，不饮酒吃肉。同郡之人都认为其礼过重。文中子说："我是因为心怀不忍。"吟诵《载驰》末章而离去。

4.47 郑和谮子于越公曰[①]："彼实慢公，公何重焉？"越公使问子，子曰："公可慢，则仆得矣；不可慢，则仆失矣。得失在仆，公何预焉[②]？"越公待之如旧。

【注释】

①郑和：其人不详。谮（zèn）：谗毁，诬陷。

②预：此指关系、干系。

【译文】

郑和向越公杨素说文中子的坏话："他实在是轻慢于您，您为何要厚待他呢？"越公派人问文中子，文中子说："您如果可以轻慢，那么我就做对了；如果不可以轻慢，那么我就做错了。对错都在于我，与您有什么关系呢？"于是越公对待文中子一如从前。

4.48 子曰："我未见勇者。"或曰贺若弼。子曰："弼也戾，焉得勇？"[①]

【注释】

①此条实模仿《论语·公冶长》："子曰：'吾未见刚者。'或对曰：'申

枨。’子曰：‘枨也欲，焉得刚？’”贺若弼，见3.15条注。

【译文】

文中子说：“我没见过大勇之人。”有人说贺若弼是。文中子说：“贺若弼凶狠暴戾，哪里称得上勇呢？”

4.49 李密问英雄。子曰：“自知者英，自胜者雄。”问勇。子曰：“必也义乎！”

【译文】

李密问何为英雄。文中子说：“有自知之明是‘英’，能够战胜自己是‘雄’。”问何为勇。文中子说：“行事一定要符合道义！”

4.50 贾琼曰：“甚矣！天下之不知子也。”子曰：“尔愿知乎哉？姑修焉，天将知之，况人乎？”

【译文】

贾琼说：“天下人都不知道先生您啊！”文中子说：“你想让天下人知道吗？姑且先修习大道吧，等到上天都知道你了，更何况众人呢？”

4.51 贾琼请《六经》之本，曰：“吾恐夫子之道或坠也。”子曰：“尔将为名乎？有美玉姑待价焉①。”

【注释】

①有美玉姑待价焉：实模仿《论语·子罕》：“子贡曰：‘有美玉于斯，韫匮而藏诸？求善贾而沽诸？’子曰：‘沽之哉！沽之哉！我待贾者也。’”即将自己的学说比喻成美玉，将明主比喻为前来求取美

玉之人。姑，姑且，暂且。

【译文】

贾琼请教《续六经》的要义，说："我担心先生的学说失传于世。"文中子说："你是为了博取虚名吗？我的学说犹如美玉，尚需等待明主来求取。"

4.52 杨玄感问孝[①]。子曰："始于事亲，终于立身。"问忠。子曰："孝立，则忠遂矣。"

【注释】

①杨玄感：见2.17条注。

【译文】

杨玄感问何为孝。文中子说："从奉侍父母开始，到修德立身结束。"问何为忠。文中子说："孝道得以确立，忠道便随之形成。"

卷五

问易篇

【题解】

《问易篇》与《周公篇》存在较为明显的逻辑关联。如果说《周公篇》侧重阐发周公圣道之用,那么《问易篇》则侧重探寻周公圣道之源。圣人之所以能够德合天地、成就大道,皆仰赖于精研《周易》的深邃与精微。《周易》是连接天地大德与人世正道的重要枢机与纽带。《问易篇》较诸《周公篇》,更为侧重于《周易》之道对立德修身的启发,对治国安邦的助益。先圣参悟《周易》之旨,经则有《春秋》,典则有《尚书》。王通敬承《周易》之旨,依《春秋》之例而成《元经》,遵《尚书》之体而成《续书》,意欲浚儒家思想之源泉,立是非正道之公义,备圣王贤臣之哲思,成帝制王道之大用。因此,王通意在通过正本清源之法,重振儒家正道。《问易篇》中有较多内容是围绕其《续书》《元经》的体例与内容展开的。与其说王通是在阐述《续书》《元经》的体例与内容,不如说他更是在约世人以文、成世人以礼,明之以王道经制,晓之以善恶褒贬,使长久饱受离乱而乖离日久的人心重归正道。盛赞两汉之制、标举太和之政,更哀伤惠怀之乱、感叹隋炀之败。面对社会儒、释、道三教并行的局面,并未简单予以否定,抑或流于空疏的说教,而是回归人道,以人为本,可谓睿智而深沉。此外,《问易篇》中也载录了王通从《周易》中体悟到的出处之道,动静之宜,因此进退交接,皆能圆融周洽而不违中道。

5.1 刘炫问《易》[①]。子曰："圣人于《易》，没身而已[②]，况吾侪乎[③]？"炫曰："吾谈之于朝，无我敌者。"子不答。退谓门人曰："默而成之，不言而信，存乎德行[④]。"

【注释】

①刘炫（xuàn）：见4.21条注。

②没（mò）身：终身。

③吾侪（chái）：我辈，我们。《左传·宣公十一年》："吾侪小人，所谓取诸其怀而与之也。"

④"默而成之"三句：《周易·系辞上》："默而成之，不言而信，存乎德行。"唐孔颖达疏云："若能顺理足于内，默然而成就之，暗与理会，不须言而自信也。存乎德行者，若有德行则得默而成就之，不言而信也；若无德行则不能然。此言德行据贤人之德行也。前《经》'神而明之，存乎其人'谓圣人也。"

【译文】

刘炫问《周易》。文中子说："圣人修习《周易》，都要终身钻研，更何况我们呢？"刘炫说："我在朝堂上谈论《周易》，没有人能比得上我。"文中子没有回答。回来对门生说："默然明理达道，不用言语自能令人深信不疑，做到这些的关键是有德行。"

5.2 魏徵曰："圣人有忧乎？"子曰："天下皆忧，吾独得不忧乎？"问疑。子曰："天下皆疑，吾独得不疑乎？"徵退，子谓董常曰："乐天知命，吾何忧[①]？穷理尽性[②]，吾何疑？"常曰："非告徵也，子亦二言乎[③]？"子曰："徵所问者迹也[④]，吾告汝者心也[⑤]。心、迹之判久矣[⑥]，吾独得不二言乎？"常曰："心、迹固殊乎？"子曰："自汝观之则殊也，而适造者不知其殊也[⑦]，各云当而已矣。则夫二未违一也[⑧]。”李播闻而叹曰[⑨]：“大哉乎！一也。天下皆归焉，而不觉也。”

【注释】

①乐天知命，吾何忧：实模仿《周易·系辞上》：“乐天知命，故不忧。”唐孔颖达疏云：“顺天施化，是欢乐于天；识物始终，是自知性命。顺天道之常数，知性命之始终，任自然之理，故不忧也。”

②穷理尽性：《周易·说卦》：“和顺于道德而理于义，穷理尽性以至于命。”东晋韩康伯注云：“命者，生之极，穷理则尽其极也。”

③二言：阮逸注云：“前云有忧疑，后云无忧疑，是二言。”即两种说法。

④迹：阮逸注云：“举天下物情之动而圣人应之曰‘迹’。”即外在表象。

⑤心：阮逸注云：“以一性之本合乎天命曰‘心’。”即内在本质。

⑥心、迹之判久矣：阮逸注云：“自周公已来心、迹分。”判，分离，分开。

⑦适造者不知其殊也：阮逸注云：“适造，谓我适至于道，乘时而用，则安知心与迹果殊哉！”即至道之人不知心、迹之殊。

⑧二未违一：阮逸注云：“言则二，道则一也。”一，即天下大道。

⑨李播：阮逸注云：“亦门人，未见传。”《旧唐书·隐逸传》载：“（王绩）少与李播、吕才为莫逆之交。”

【译文】

魏徵问：“圣人会忧虑吗？”文中子说：“天下人都会忧虑，我又怎么会不忧虑呢？”又问疑惑。文中子说：“天下人都会疑惑，我又怎么会不疑惑呢？”魏徵告退，文中子对董常说：“我乐天知命，有什么忧虑的呢？我穷理尽性，有什么疑惑的呢？”董常说：“这不是您告诉魏徵的话，您难道有两种说法吗？”文中子说：“魏徵问的是外在表象，我告诉你的是内在本质。本质与表象分离已经很久了，我又怎么会没有两种说法呢？”董常问：“本质与表象原本就是不同的吗？”文中子说：“在你看来是不同的，而在至道之人看来则是相同的，两种说法皆各有其理。并且这两种说法并未违背天地间的大道。”李播听闻后感叹道:“大道真是伟大啊!天下万物皆归结于此,而人们却没有察觉。”

5.3 程元问叔恬曰[①]:“《续书》之有志有诏,何谓也?”叔恬以告文中子。子曰:“志以成道,言以宣志。诏其见王者之志乎?其恤人也周,其致用也悉[②]。一言而天下应,一令而不可易。非仁智博达,则天明命[③],其孰能诏天下乎?”叔恬曰:“敢问策何谓也?”子曰:“其言也典,其致也博,悯而不私,劳而不倦,其惟策乎?”

【注释】

①程元:见2.29条注。

②致用:《周易·系辞上》:“备物致用,立成器以为天下利,莫大乎圣人。”唐孔颖达疏云:“谓备天下之物,招致天下所用,建立成就天下之器以为天下之利。”即供人取用。此指满足百姓需求。

③则天:取法上天。《论语·泰伯》:“大哉!尧之为君也。巍巍乎唯天为大,唯尧则之。”西汉孔安国注云:“则,法也。”

【译文】

程元问叔恬:“《续书》中的‘志’和‘诏’有何内涵?”叔恬转告文中子。文中子说:“‘志’用来成就王道,‘言’用来宣扬志。‘诏’体现的应该是王者之志吧?抚恤百姓周到全面,充分满足百姓需求。只要说话就会天下响应,只要下令必定不可更改。若不是仁德睿智、广博通达,取法上天、明达天命,又有谁能诏令天下呢?”叔恬说:“请问‘策’有何内涵?”文中子说:“言辞典雅,用途广泛,怜悯百姓而没有私心,劳于政事而不知疲倦,这就是‘策’吧?”

5.4 子曰:“《续书》之有命[①],邃矣[②]!其有君臣经略当其地乎！其有成败于其间，天下悬之，不得已而临之乎[③]！进退消息[④]，不失其几乎[⑤]！道甚大，物不废[⑥]，高逝独往[⑦]，中权契化[⑧]，自作天命乎！”

【注释】

①命：阮逸注云：“天爵、人爵皆为命也。”

②邃（suì）：深远。

③临：此指治理、管理。《诗经·鲁颂·閟宫》：“上帝临女，无贰尔心。”

④进退消息：此指治理规划。与上文“经略”“临之”相对。

⑤几：微，端倪。《周易·系辞下》：“君子见几而作，不俟终日。”唐孔颖达疏云：“言君子既见事之几微，则须动作而应之，不得待终其日。”

⑥道甚大，物不废：《周易·系辞下》：“危者使平，易者使倾。其道甚大，百物不废。惧以终始，其要无咎，此之谓易之道也。”唐孔颖达疏云：“言《易》道功用甚大，百种之物赖之，不有休废也。”

⑦高逝：高隐，隐居。独往：独来独往，超脱万物。

⑧中（zhòng）权：合宜。《论语·微子》：“虞仲、夷逸，隐居放言。身中清，废中权。”契化：契合万物。化，指万物。

【译文】

文中子说：“《续书》中的‘命’寓意深远！有君臣经营谋划治理他们自己国土的！有天下安危悬于成败之间，于是不得已而治理天下的！他们的治理规划，不错失任何细微之处！其功用甚大，万物皆仰赖此道，圣人高隐超脱，处事合乎时宜契合万物，这是自己创造天命啊！”

5.5 文中子曰：“事者[①]，其取诸仁义而有谋乎？虽天子必有师，然亦何常师之有[②]？唯道所存。以天下之身[③]，受天下之训，得天下之道，成天下之务，民不知其由也，其惟明主乎？”

【注释】

①事：阮逸注云：“《续书》有事。”即《续书》载录之事。

②何常师之有：《论语·子张》：“夫子焉不学？而亦何常师之有？”西汉孔安国注云：“无所不从学，故无常师也。”意在说明没有固定的学习对象，即无所不学。常师，固定的老师。

③天下之身：担当天下大任之身，指天子。

【译文】

文中子说：“《续书》载录之事，应该都是取之于仁义而又兼有谋略吧？纵然是天子也必定有老师，然而又哪有固定的老师呢？只要是有道之人就行。以担当天下大任之身，接受天下之人的教诲，得到治理天下的方法，成就天下大治的功业，小民百姓不知其中原委，只有明主才能做到吧？”

5.6　文中子曰：“广仁益智，莫善于问①；乘事演道②，莫善于对③。非明君孰能广问！非达臣孰能专对乎④！其因宜取类，无不经乎⑤！洋洋乎⑥！晁、董、公孙之对⑦。”

【注释】

①问：阮逸注云：“《续书》有问。”

②乘：依托。演：阐述。

③对：阮逸注云：“《续书》有对。”

④专对：独立应对问答。《论语·子路》：“使于四方，不能专对；虽多，亦奚以为？”

⑤经：阮逸注云：“经营。”即谋划。

⑥洋洋:《尚书·伊训》:"圣谟洋洋,嘉言孔彰。"西汉孔安国注云:"洋洋,美善。言甚明可法。"

⑦晁:晁错。见4.37条注。董:董仲舒(前179—前104),广川(今河北枣强)人。汉景帝时任博士,讲授《春秋公羊传》。元光元年(前134),武帝下诏征求治国方略,董仲舒上《举贤良对策》,其"罢黜百家,独尊儒术"的主张为汉武帝采纳,使儒学成为中国社会正统思想。元朔四年(前125),任胶西王刘端国相,四年后辞官归家。朝廷每有大事,仍会派遣使者听取其建议。《汉书》卷五十六有传。公孙:公孙弘(前200—前121),名弘,字季,齐地菑川薛(今山东滕州)人。汉武帝时征为博士,十余年之中,从待诏金马门擢升为三公之首,封平津侯。历任左内史、御史大夫、丞相等职。汉武帝元狩二年(前121)离世,谥号"献侯"。《汉书》卷五十八有传。

【译文】

文中子说:"宣扬仁德、增进智慧,没有什么比'问'更好的了;依托世事、阐述大道,没有什么比'对'更好的了。如果不是明君,谁能广泛征求意见!如果不是贤臣,谁能独立应对问答!按照具体情况选取事类,无不谋划周全!晁错、董仲舒、公孙弘的对问,真是美善嘉言!"

5.7 文中子曰:"有美不扬,天下何观?君子之于君,赞其美而匡其失也[①]。所以进善不暇,天下有不安哉?"

【注释】

①赞:阮逸注云:"《续书》有赞。"

【译文】

文中子说:"有美善之举而不颂扬,天下百姓以什么为榜样呢?君子对于君主,应当赞扬他的美善之举,匡正他的过失之处。因此君子忙于进呈善言而没有空闲,这天下哪有不安定太平的?"

5.8 文中子曰："议[①]，其尽天下之心乎？昔黄帝有合宫之听，尧有衢室之问，舜有总章之访[②]，皆议之谓也。大哉乎！并天下之谋，兼天下之智，而理得矣，我何为哉[③]？恭己南面而已[④]。"

【注释】

①议：阮逸注云："《续书》有议。"《周易·系辞上》："拟之而后言，议之而后动。"唐孔颖达疏云："谓欲动之时，必议论之而后动也。"

②合宫、衢室、总章：合宫，相传为黄帝的明堂。衢室，相传尧征询民意之地。总章，为明堂别称。皆为听取意见之处。《管子·桓公问》："黄帝立明台之议者，上观于贤也；尧有衢室之问者，下听于人也；舜有告善之旌，而主不蔽也；禹立谏鼓于朝，而备讯也。"

③我：此指君主。

④恭己南面而已：《论语·卫灵公》："夫何为哉？恭己正南面而已矣。"

【译文】

文中子说："议，应该是访尽天下百姓的心声吧？从前黄帝在合宫听取意见，尧在衢室询问下情，舜在总章访求民意，这都是'议'。真是伟大啊！能够集合天下的谋略与智慧，掌握天下至理，君主又需要做什么呢？垂拱而治就可以了。"

5.9 子曰："'人心惟危，道心惟微[①]'，言道之难进也[②]。故君子思过而预防之，所以有诫也[③]。切而不指[④]，勤而不怨，曲而不谄，直而有礼，其惟诫乎？"

【注释】

①人心惟危，道心惟微：《尚书·大禹谟》："人心惟危，道心惟微，惟

精惟一，允执厥中。”唐孔颖达疏云：“民心惟甚危险，道心惟甚幽微。危则难安，微则难明。汝当精心，惟当一意，信执其中正之道，乃得人安而道明耳。”

②进：此指进取、求取。

③诫：阮逸注云：“《续书》有诫。”

④切：阮逸注云：“至。”即切至、恳切周全。指：阮逸注云：“讦。”即批评指责。

【译文】

文中子说：“‘民心惟甚危险，道心惟甚幽微’，说的是大道求取之难。因此君子反思过错而努力预防，所以《续书》有‘诫’。恳切周到而不批评指责，精勤奋勉而不心怀劳怨，言辞婉转而不阿谀谄媚，方正刚直而能彬彬有礼，这应该就是‘诫’吧？”

5.10 子曰：“改过不吝无咎者[①]，善补过也[②]。古之明王，讵能无过[③]？从谏而已矣[④]。故忠臣之事君也，尽忠补过[⑤]。君失于上，则臣补于下；臣谏于下，则君从于上。此王道所以不跌也[⑥]。取泰于否[⑦]，易昏以明，非谏孰能臻乎[⑧]？”

【注释】

①改过不吝：《尚书·仲虺之诰》：“用人惟己，改过不吝。”唐孔颖达疏云：“用人之言，惟如己之所出；改悔过失，无所吝惜。”

②善补过也：《周易·系辞上》：“无咎者，善补过也。”

③讵（jù）：岂，难道。

④谏：阮逸注云：“《续书》有谏。”

⑤尽忠补过：见2.27条“进思尽忠，退思补过”注。

⑥跌：此谓衰落。

⑦泰：此指有利。否（pǐ）：此指不利。

⑧臻(zhēn):达到,实现。

【译文】

文中子说:"改正过失无所吝惜的人不会有大的失误,这是因为他们善于弥补过失。古时明君,岂能没有过错?能够听从谏言而已。因此忠臣奉侍君主,应当尽忠职守、弥补过失。君主有过于上,臣子弥补于下;臣子谏言于下,君主听从于上。这就是王道不衰的原因。从不利中寻求有利,把混乱的局面变得清明,如果不靠'谏',还有什么能达到这一点?"

5.11 文中子曰:"晋而下,何其纷纷多主也[①]!吾视惠、怀伤之[②],舍三国,将安取志乎[③]?三国何其孜孜多虞乎[④]!吾视桓、灵伤之[⑤],舍两汉,将安取制乎[⑥]?"

【注释】

①纷纷多主:指江山易主,王朝更迭频繁。

②惠:指晋惠帝。见1.8条注。怀:晋怀帝(284—313),司马炽,字丰度。晋武帝司马炎第二十五子,西晋王朝第四位皇帝。永嘉元年(307)即位,太傅东海王司马越辅政。时五胡之乱萌动,皇室斗争日炽。永嘉五年(311),司马越卒,又太尉王衍为石勒败于宁平城,汉昭武帝刘聪趁势攻破洛阳,造成永嘉之乱,晋怀帝被俘。建兴元年(313),为刘聪毒杀。《晋书》卷五有《孝怀帝纪》。

③舍三国,将安取志乎:阮逸注云:"三国各有平天下之志。此又明《续书》有志。"

④孜孜:勤勉,不懈怠。见4.40条注。虞:权谋,谋略。

⑤桓:汉桓帝刘志(132—168),蠡吾侯刘翼之子。本初元年(146)为梁冀拥立即位,梁太后临朝听政,外戚梁冀掌握大权。延熹二年(159),依靠宦官单超等诛梁冀,朝政转入宦官之手,由于宦官肆虐,党同伐异,直接导致世家大族与太学生激烈反抗,造成"党

锢之祸”。在位期间，贪腐盛行，卖官鬻爵，荒淫无度，宫女多达五六千人。《后汉书》卷七有《孝桓帝纪》。灵：汉灵帝刘宏（156—189），建宁元年（168）为外戚拥立即位。耽于安乐，重用宦官，搜刮钱财，卖官鬻爵。在位晚期，爆发黄巾起义。《后汉书》卷八有《孝灵帝纪》。

⑥舍两汉，将安取制乎：阮逸注云：“七制之主，可以垂法。此又明《续书》有制也。”七制之主，见1.32条注。

【译文】

文中子说：“晋朝以后，王朝更迭何其频繁！我看到晋惠帝、晋怀帝之事就无比伤心，除了三国，又有谁抱有平定天下的大‘志’呢？然而三国是多么忙于权谋欺诈啊！我看到汉桓帝、汉灵帝之事就无比伤心，除了两汉明主，又有谁能胸怀澄清天下的宏‘制’呢？”

5.12 子谓：“太和之政近雅矣①，一明中国之有法②。惜也，不得行穆公之道③。”

【注释】

①太和之政：见2.52条“魏孝文”注。雅：此指传统中原王朝的王道正统。

②一明中国之有法：阮逸注云：“中国久无定主，孝文立二十余年，造明堂，祀圜丘，置职制，定律令，举兵百万伐江南，其后宣武、孝明皆能修太和之政，是中国之法也。”

③穆公：晋阳穆公。见1.1条注。

【译文】

文中子说：“孝文帝的太和之政已经接近王道正统，全面彰明中原传统的古制礼法。可惜的是，没有施行晋阳穆公的主张。”

5.13　程元曰："三教何如[①]？"子曰："政恶多门久矣[②]。"曰："废之何如？"子曰："非尔所及也[③]。真君、建德之事[④]，适足推波助澜、纵风止燎尔。"

【注释】

①三教：阮逸注云："儒、老、释。"即儒、道、释。结合下文"政恶多门"，此处三教，似当为三教并行。

②多门：阮逸注云："教不一则政多门。"

③非尔所及也：《论语·公冶长》："子曰：'赐也，非尔所及也。'"

④真君：阮逸注云："后魏太武年号也，时崇道教，毁佛法。"建德：阮逸注云："后周武帝年号也，毁释、老二教，隋公辅政，特更兴之，是暂废而愈盛，若波澜风燎尔。"

【译文】

程元问："儒、道、释三教并行如何？"文中子说："三教并行扰乱为政已经很久了。"程元问："直接废除如何？"文中子说："这不是你所能办到的。真君、建德年间之事，反而推波助澜、鼓风灭火适得其反。"

5.14　子读《洪范谠议》[①]，曰："三教于是乎可一矣[②]。"程元、魏徵进曰："何谓也？"子曰："使民不倦[③]。"

【注释】

①《洪范谠议》：阮逸注云："安康献公撰《皇极谠议》"。见1.1条注。

②三教于是乎可一矣：阮逸注云："《洪范》五'皇极'者，义贵中道尔。致中和，天地位焉，万物育焉。人者，天地万物中和之物也。教虽三而人则一矣。"

③使民不倦：《周易·系辞下》："神农氏没，黄帝、尧、舜氏作，通其

变,使民不倦。”唐孔颖达疏云:“事久不变则民倦而穷,今黄帝、尧、舜之等,以其事久或穷,故开通其变,量时制器,使民用之日新,不有懈倦也。”即开通变革,为民造福,使百姓不劳苦倦怠。上文《洪范谠议》主中和之道,人为中和之物,教虽三而人则一,是故人道实为三教之共旨。“使民不倦”当系昌明人道,为民谋福。

【译文】

文中子读《洪范谠议》,说:“儒、道、释三教这样就可以统一了。”程元、魏徵上前问:“为何这样说?”文中子说:“开通变革,为民谋福,使百姓不劳苦倦怠。”

5.15 贾琼习《书》①,至《郅恽之事》②,问于子曰:“敢问事、命、志、制之别③。”子曰:“制、命,吾著其道焉;志、事,吾著其节焉。”贾琼以告叔恬,叔恬曰:“《书》其无遗乎?《书》曰:‘惟精惟一,允执厥中④。’其道之谓乎?《诗》曰:‘采葑采菲,无以下体。’其节之谓乎?”⑤子闻之曰:“凝其知《书》矣。”

【注释】

①《书》:《续书》。

②《郅恽(zhì yùn)之事》:《续书》之篇名。郅恽,阮逸注云:“郅恽,王莽时上书曰:‘汉祚久长,神器有命,不可虚受。上天垂戒,欲误陛下,宜即臣位。’莽怒,胁恽,令称病。恽骂曰:‘所言皆天命也,非狂人造焉。’莽终不敢害。”

③事:阮逸注云:“事者,谓行事之迹也。”命:阮逸注云:“命者,谓事应天命者也。”志:阮逸注云:“志者,谓志蕴于心也。”制:阮逸注云:“制者,谓志行于礼义者也。”

④惟精惟一，允执厥中：见5.9条“人心惟危，道心惟微”注。

⑤“《诗》曰”四句：实模仿《论语·学而》：“《诗》云：‘如切如磋，如琢如磨。’其斯之谓与？”《左传·僖公三十三年》：“《诗》曰：‘采葑采菲，无以下体。’君取节焉可也。”西晋杜预注云：“言可取其善节。”采葑（fēng）采菲，无以下体，《诗经·邶风·谷风》首章诗句。

【译文】

贾琼修习《续书》，读到《郅恽之事》，向文中子请教说：“请问事、命、志、制的区别。”文中子说：“制、命，我用来记录人的思想；志、事，我用来记录人的品节。”贾琼把这些告诉了叔恬，叔恬说：“《续书》应该没有遗漏什么吧？《尚书》说：‘惟精惟一，允执厥中。’这说的应该就是道吧？《诗经》说：‘采葑采菲，无以下体。’这说的应该就是节吧？”文中子听闻后说：“王凝应该是懂得《续书》的要义了。”

5.16 子曰：“事之于命也[①]，犹志之有制乎[②]！非仁义发中[③]，不能济也。”

【注释】

①事、命：皆为《续书》中之“事”“命”。

②志、制：皆为《续书》中之“志”“制”。

③发中：阮逸注云：“事与志，发乎中；命与制，形于外。”即发自内心。

【译文】

文中子说：“《续书》中的‘事’与‘命’，就好比‘志’与‘制’的关系！如果不是仁义发自内心，是达不到这种境界的。”

5.17 子曰：“达制、命之道，其知王公之所为乎[①]？其得变化之心乎[②]？达志、事之道，其知君臣之所难乎？其得仁义之几乎？”

【注释】

①达制、命之道，其知王公之所为乎：阮逸注云："已形于外，则心可知矣。"

②变化：《周易·乾卦》彖传："乾道变化，各正性命。"唐孔颖达疏云："言乾之为道，使物渐变者，使物卒化者，各能正定物之性命。"即遵循天道，教化万物。

【译文】

文中子说："明达《续书》中'制''命'的思想，应该就懂得了天子和公卿的要务了吧？应该就掌握了教化的本质了吧？明达《续书》中'志''事'的思想，应该就懂得了君主和臣子的难处了吧？应该就掌握了仁义的要义了吧？"

5.18 子曰："处贫贱而不慑[①]，可以富贵矣；僮仆称其恩，可以从政矣[②]；交游称其信[③]，可以立功矣。"

【注释】

①慑：阮逸注云："无陨获，必不骄矜。"陨获，《礼记·儒行》："儒有不陨获于贫贱，不充诎于富贵。"东汉郑玄注云："陨获，困迫失志之貌也。"即困顿而丧失志气。

②僮仆称其恩，可以从政矣：阮逸注云："恩及贱，况良民乎？"童仆，奴仆。

③交游：相互交往的朋友。

【译文】

文中子说："贫困时不丧失志气，这样的人能够变得富贵；奴仆都称颂他的恩德，这样的人能够为官从政；朋友都称赞他的信义，这样的人能够建功立业。"

5.19 子曰:“爱名尚利,小人哉!未见仁者而好名利者也。”

【译文】

文中子说:“爱慕虚名,崇尚利益,真是小人啊!没见过仁义之人喜好名利的。”

5.20 贾琼问君子之道。子曰:“反是不思,亦已焉哉[①]。”

【注释】

①反是不思,亦已焉哉:《诗经·卫风·氓》卒章诗句。阮逸注云:“言必反复思其所行之道,苟不思则已矣。”

【译文】

贾琼问君子之道。文中子说:“若不反复思考,则无法求得。”

5.21 子见缞绖而哭不辍者[①],遂吊之。问丧期,曰:“五载矣。”子泫然曰[②]:“先王之制,不可越也。”

【注释】

①缞(cuī):即斩衰(cuī),粗麻布做成的丧服,服三年之丧所穿的重孝之服。《左传·襄公十七年》:“齐晏桓子卒,晏婴粗缞斩。”古代丧服有五等,以亲疏为差,由重至轻为:斩衰、齐衰、大功、小功、缌麻。绖(dié):古代丧服上的麻制带子,系在头上为“首绖”,系在腰间为“腰绖”。

②泫(xuàn)然:流泪的样子。见1.5条注。

【译文】

文中子见到身穿重孝之服哭泣不止的人,便前去吊唁。询问服丧多久，回答说："五年了。"文中子流着眼泪说："先王礼制，不可逾越。"

5.22 楚公问用师之道。子曰："行之以仁义。"[①]曰："若之何决胜？"子曰："莫如仁义。过此，败之招也。"

【注释】

①"楚公问用师之道"三句：实模仿《论语·颜渊》："子张问政。子曰：'居之无倦，行之以忠。'"楚公，考《天地篇》可知文中子未应杨玄感之召，故此楚公似当为杨素。

【译文】

楚公杨素问用兵之法。文中子说："以仁义统兵打仗。"问："怎样才能取胜呢？"文中子说："没有比仁义更好的了。否则就会招致失败。"

5.23 子见耕者必劳之[①]，见王人必俯之[②]。乡里不骑，鸡初鸣则盥漱具服。铜川夫人有病[③]，子不交睫者三月[④]。人问者送迎之，必泣以拜。

【注释】

①劳：阮逸注云："慰劳。"

②王人：指官员。俯：阮逸注云："俯偻避之。"

③铜川夫人：见2.53条注。

④交睫：指睡觉。

【译文】

文中子见到耕种之人必定前去慰劳，见到为官之人必定俯身避于路旁。在乡里从不骑马，公鸡初次鸣叫就洗漱穿戴整齐。母亲患病，文中子三个月没有安睡。有人探问必定亲自送迎，流泪拜谢。

5.24 子曰："史传兴而经道废矣[①]，记注兴而史道诬矣[②]。是故恶夫异端者[③]。"

【注释】

①史传兴而经道废矣：阮逸注云："若《史记》先黄老后《六经》，是'废'也。"

②记注兴而史道诬矣：阮逸注云："若裴松之注《三国志》，反毁陈寿，是'诬'也。"诬，抹杀，消逝。

③恶夫异端者：《论语·为政》："子曰：'攻乎异端，斯害也已！'"

【译文】

文中子说："史传兴盛而经道就荒废了，记注兴盛而史道就消逝了。因此憎恶异端。"

5.25 薛收曰："何为命也？"子曰："稽之于天[①]，合之于人，谓其有定于此而应于彼[②]，吉凶曲折，无所逃乎！非君子，孰能知而畏之乎[③]？非圣人，孰能至之哉[④]？"薛收曰："古人作元命[⑤]，其能至乎？"子曰："至矣。"

【注释】

①稽：同。与下文"合"相对。《老子》第六十五章："故以智治国，国之贼；不以智治国，国之福。知此两者，亦稽式。"三国王弼注云："稽，同也。"

②此：阮逸注云："人事也。"彼：阮逸注云："天时也。"

③畏之：畏天命。《论语·季氏》："孔子曰：'君子有三畏：畏天命，畏大人，畏圣人之言。'"

④非圣人，孰能至之哉：《周易·说卦》："昔者圣人之作《易》也，幽

赞于神明而生蓍，参天两地而倚数，观变于阴阳而立卦，发挥于刚柔而生爻，和顺于道德而理于义，穷理尽性以至于命。"

⑤作元命：自作元命。《尚书·吕刑》："惟克天德，自作元命，配享在下。"西汉孔安国注云："凡明于刑之中，无择言在身，必是惟能天德，自为大命，配享天意，在于天下。"

【译文】

薛收问："什么是命？"文中子说："命上同天道，下合人事，'人之所为'皆与'天之所降'对应，吉凶祸福、时运顺逆，皆无法逃避！若不是君子，谁能知晓敬畏天命呢？若不是圣人，谁能洞悉天命之玄妙呢？"薛收问："古人自作元命，达到这个境界了吗？"文中子说："达到了。"

5.26 贾琼曰："《书》无制而有命[①]，何也？"子曰："天下其无主而有臣乎[②]？"曰："两汉有制、志，何也？"子曰："制，其尽美于恤人乎[③]？志，其惭德于备物乎[④]？"

【注释】

①《书》无制而有命：阮逸注云："魏而下，《续书》无制而有命。"

②天下其无主而有臣乎：阮逸注云："汉制以亡，独臣尚能禀命尔。"即汉亡以后，无明君而尚有贤臣。

③制，其尽美于恤人乎：阮逸注云："汉七主本以忧民而作制。"

④惭德：《尚书·仲虺之诰》："成汤放桀于南巢，惟有惭德。"即德行有亏。备物：即"备物致用"。此指为政。

【译文】

贾琼问："《续书》后来无'制'却有'命'，这是为何？"文中子说："应该是天下没有明君而有贤臣吧？"问："两汉有'制''志'，这是为何？"文中子说："之所以有'制'，应该是赞颂他们抚恤百姓吧？之所以有'志'，应该是批评他们为政无德吧？"

5.27　薛收曰："帝制其出王道乎[①]？"子曰："不能出也。后之帝者，非昔之帝也。其杂百王之道[②]，而取帝名乎？其心正，其迹谲[③]。其乘秦之弊，不得已而称之乎？政则苟简[④]，岂若唐、虞、三代之纯懿乎[⑤]？是以富人则可，典礼则未[⑥]。"薛收曰："纯懿遂亡乎？"子曰："人能弘道[⑦]，焉知来者之不如昔也[⑧]？"

【注释】

①帝制其出王道乎：阮逸注云："问汉制出三王之道否乎？"

②百王：指历代君王。

③谲（jué）：《论语·宪问》："子曰：'晋文公谲而不正，齐桓公正而不谲。'"东汉郑玄注云："谲者，诈也。"

④苟简：《庄子·天运》："古之至人，假道于仁，托宿于义，以游逍遥之虚，食于苟简之田，立于不贷之圃。"即苟且简略，草率简陋。

⑤纯懿（yì）：纯粹美好。

⑥典礼：《周易·系辞上》："圣人有以见天下之动，而观其会通，以行其典礼。"唐孔颖达疏云："当此会通之时，以施行其典法礼仪也。"即典章制度、礼乐教化。

⑦人能弘道：《论语·卫灵公》："子曰：'人能弘道，非道弘人。'"

⑧焉知来者之不如昔也：实模仿《论语·子罕》："子曰：'后生可畏，焉知来者之不如今也？'"

【译文】

薛收问："帝王之制能产生圣王之道吗？"文中子说："不能产生。因为后世的帝王，已经不同于从前的帝王了。他们应该是杂取历代君王之道而用帝王之名吧？虽然他们用心纯正，但是他们的所作所为充满了尔虞我诈。应该是承袭秦朝的弊政，不得已才称为帝吧？政教苟且简略，岂能比肩尧、舜、夏、商、周的纯美？因此这种政教可以使人富足，但却不可以推行礼乐教化。”薛收问：“纯美之政就此消亡了吗？”文中子说：“只要人能弘扬大道，怎知将来不如从前呢？”

5.28 子谓李靖智胜仁①，程元仁胜智。子谓董常几于道②，可使变理③。

【注释】

①李靖：见2.3条注。

②几于道：《老子》第八章：“上善若水，水善利万物而不争，处众人之所恶，故几于道。”西汉河上公注云：“水性几与道同。”此指几近于道。

③变理：阮逸注云：“通变之谓道，故曰‘变理’。”通变之谓道，见4.3条及注。

【译文】

文中子说李靖睿智胜过仁德，程元仁德胜过睿智。文中子说董常几近于道，可以通达权变，因事制宜。

5.29 贾琼问：“何以息谤？”子曰：“无辩。”曰：“何以止怨？”曰：“无争①。”

【注释】

①无争：《老子》第八章：“夫唯不争，故无尤。”

【译文】

贾琼问：“如何止息诽谤？”文中子说：“不去辩解。”问：“如何消除怨恨？”文中子说：“与世无争。”

5.30 子谓诸葛、王猛“功近而德远矣”[①]。

【注释】

①王猛：见2.26条注。功近而德远：阮逸注云：“一时霸其国，为功虽近，然谋及身后，为德盖远。”近，当下，现在。远，后世，未来。

【译文】

文中子说诸葛亮、王猛“功在当下，德泽后世”。

5.31 子在蒲[①]，闻辽东之败[②]，谓薛收曰：“城复于隍矣[③]。”赋《兔爰》之卒章[④]。归而善《六经》之本[⑤]，曰：“以俟能者[⑥]。”

【注释】

①蒲：阮逸注云：“古中都之地，隋为河中郡。”

②辽东之败：阮逸注云：“大业八年，九军并陷。”即隋炀帝征辽东大败。见4.17条注。

③城复于隍矣：《周易·泰卦》：“上六：城复于隍，勿用师，自邑告命，贞吝。《象》曰：城复于隍。其命乱也。”即借《泰卦》之辞，暗示隋朝即将土崩瓦解。城，城墙。复，通“覆”，倾覆。隍，护城河。

④《兔爰》之卒章：即《诗经·王风·兔爰》之末章：“有兔爰爰，雉离于罿。我生之初，尚无庸；我生之后，逢此百凶。尚寐无聪！”《毛诗序》云：“《兔爰》，闵周也。桓王失信，诸侯背叛，构怨连祸，王师伤败，君子不乐其生焉。”即借《兔爰》感叹乱世将至。

⑤善：修缮，修治。《六经》：此指《续六经》。

⑥俟（sì）：等待。

【译文】

文中子在蒲地，听闻隋炀帝征辽东大败，对薛收说：“城墙倒塌在护城河里，隋朝将亡了。"吟诵《兔爰》末章，感叹乱世将至。归家后修缮《续六经》，说："等待将来能够推行王道之人吧。"

5.32 子曰："好动者多难①。小不忍，致大灾②。"

【注释】

①好动者多难：阮逸注云："炀帝如此。"《论语·卫灵公》："动之不以礼，未善也。"

②小不忍，致大灾：实模仿《论语·卫灵公》："子曰：'巧言乱德，小不忍则乱大谋。'"阮逸注云："隋文如此。"即隋文帝晚年听信谗言而废太子之事。

【译文】

文中子说："妄动之人多危难。小事不忍耐，会招致大灾祸。"

5.33 子曰："《易》，圣人之动也①，于是乎用以乘时矣。故夫卦者，智之乡也，动之序也②。"

【注释】

①《易》，圣人之动也：《周易·系辞下》："爻也者，效天下之动者也。"唐孔颖达疏云："谓每卦六爻，皆仿效天下之物而发动也。"即圣人遵道而行。

②智之乡也，动之序也：阮逸注云："爻在卦，如人居乡。逐位而动，是其次序。"

【译文】

文中子说："《周易》蕴含圣人遵道而行之理，于是可以乘时而动。因此说卦是智慧的源泉，是行动的纲领。"

5.34 薛生曰："智可独行乎？"子曰："仁以守之，不能仁则智息矣[①]，安所行乎哉？"

【注释】

①仁以守之，不能仁则智息矣：《论语·卫灵公》："子曰：'知及之，仁不能守之，虽得之，必失之。'"

【译文】

薛收问："智慧能单独发挥作用吗？"文中子说："还须守之以仁，不然智慧便会失去，又怎能发挥作用呢？"

5.35 子曰："元亨利贞运行不匮者[①]，智之功也。"

【注释】

①元亨利贞：《周易·乾卦》："乾，元亨利贞。"唐孔颖达疏云："元亨利贞者，是乾之四德也。《子夏传》云：'元，始也；亨，通也；利，和也；贞，正也。'言此卦之德有纯阳之性，自然能以阳气始生万物，而得元始亨通，能使物性和谐，各有其利，又能使物坚固贞正得终。此卦自然令物有此四种使得其所，故谓之'四德'。"此指天地万物各得其宜。

【译文】

文中子说："天地万物各得其宜运行不息，这是智的作用。"

5.36 子曰："佞以承上，残以御下，诱之以义，不动也[①]。"

【注释】

①诱之以义，不动也：阮逸注云："凡佞人、残人，不可以义诱。"

【译文】

文中子说:“对上谄媚逢迎,对下残暴冷酷,即便用仁义教导这些人,也不会有所改变的。”

5.37 董常死,子哭之,终日不绝。门人曰:“何悲之深也?”曰:“吾悲夫天之不相道也。之子殁,吾亦将逝矣。明王虽兴,无以定礼乐矣。”①

【注释】

①此条实模仿《论语·先进》:“颜渊死,子哭之恸。从者曰:‘子恸矣。’曰:‘有恸乎?非夫人之为恸而谁为!’”吾悲夫天之不相道也,阮逸注云:“董常弱冠而死,门人亚圣者也,死后无人助行周、孔之道。”相,辅助。殁(mò),死去。

【译文】

董常离世,文中子终日痛哭不止。门生问:“为何这样悲伤?”文中子说:“我悲伤的是天不助道。这个学生死了,我也要离去了。即便有明主兴起,也无从制礼作乐了。”

5.38 子赞《易》①,至《序卦》②,曰:“大哉!时之相生也③。达者可与几矣④。”至《杂卦》⑤,曰:“旁行而不流⑥,守者可与存义矣⑦。”

【注释】

①赞:《周易·说卦》:“昔者圣人之作《易》也,幽赞于神明而生蓍。”东晋韩康伯注云:“幽,深也。赞,明也。”即阐明。

②《序卦》:即《周易·序卦》。唐孔颖达疏云:“文王既繇六十四卦,

分为上、下二篇，其先后之次，其理不见。故孔子就上、下二经，各序其相次之义。”即遵循天地万物自然规律推演说解六十四卦。

③时：应时，合乎时宜。

④可与几矣：《周易·乾卦》：“《文言》曰：‘知至至之，可与几也；知终终之，可与存义也。’”三国王弼注云：“处事之至而不犯咎，知至者也，故可与成务矣。”即可以成就功业。

⑤《杂卦》：即《周易·杂卦》。东晋韩康伯注云：“《杂卦》者，杂糅众卦，错综其义，或以同相类，或以异相明也。”即错综卦序，以相对、相应两种方法解释卦义。

⑥旁行而不流：《周易·系辞上》：“旁行而不流。”东晋韩康伯注云：“应变旁通而不流淫也。”

⑦守者可与存义矣：《周易·乾卦》：“《文言》曰：‘知至至之，可与几也；知终终之，可与存义也。’”唐孔颖达疏云：“既能知此终竟，是终尽之时，可与保存其义。义者，宜也。”

【译文】

文中子阐释《周易》之道，到《序卦》时，说：“伟大啊，天地万物皆应时相生！通达此道之人可以成就功业。”到《杂卦》时，说：“应变旁通而不失正道，恪守此理之人可以行事合宜。”

5.39 子曰：“名实相生，利用相成，是非相明，去就相安也①。”

【注释】

①“名实相生”四句：实模仿《老子》第二章：“有无相生，难易相成，长短相形，高下相倾。”名实相生，阮逸注云：“名由实生，实由名显，此谓‘相生’。”利用相成，阮逸注云：“利在有用，用则成利，此

谓‘相成’。”是非相明，阮逸注云：“是未果是，有非然后明，此谓‘相明’。”去就相安，阮逸注云：“去不安则就，就不安则去，此谓‘相安’。”

【译文】

文中子说：“名与实相互产生，利与用相互成就，是与非因相互对照而变得明了，去与留以安为标准而各得其宜。”

5.40 贾琼问：“太平可致乎？”子曰：“五常之典[①]，三王之诰[②]，两汉之制，粲然可见矣[③]。”

【注释】

①五常之典：《尚书序》：“伏牺、神农、黄帝之书，谓之《三坟》，言大道也；少昊、颛顼、高辛、唐、虞之书，谓之《五典》，言常道也。”即上古五帝之书。

②三王：大禹、商汤、周文王。

③粲（càn）然可见矣：阮逸注云：“古道备在方册，行之可致。”故典、诰、制，皆就方册文书而言。粲然，明白，显著。

【译文】

贾琼问：“太平盛世能够实现吗？”文中子说：“上古五帝之典册，夏、商、周三王之诰命，两汉七制雄主之制诏，其中致太平之道显而易见。”

5.41 文中子曰：“王泽竭而诸侯仗义矣[①]，帝制衰而天下言利矣。”

【注释】

①王泽竭而诸侯仗义矣：《论语·季氏》：“天下无道，则礼乐征伐自诸侯出。”

【译文】

文中子说："王道衰微则诸侯推行仁义，帝制没落则天下追逐利益。"

5.42 文中子曰："强国战兵[①]，霸国战智，王国战义，帝国战德[②]，皇国战无为[③]。天子而战兵，则王霸之道不抗矣[④]，又焉取帝名乎？故帝制没而名实散矣。"

【注释】

①强国战兵：阮逸注云："惟恃力尔。"

②帝国战德：阮逸注云："仁者无敌于天下，德可知矣。"

③皇国战无为：阮逸注云："神武而不杀，安见其有为？"

④抗：对等，比得上。

【译文】

文中子说："强权之国角逐于武力，称霸之国角逐于智谋，王业之国角逐于道义，帝制之国角逐于仁德，皇道之国角逐于至善无为。贵为天子而与他国刀兵相见，就连王霸之国都比不上，又哪会有帝国之名呢？因此帝制走向没落，于是帝制之名与帝制之实便不复存在了。"

5.43 子曰："多言，德之贼也[①]；多事，生之仇也[②]。"薛方士曰[③]："逢恶斥之，遇邪正之，何如？"子曰："其有不得其死乎[④]？必也言之无罪，闻之以诫[⑤]。"

【注释】

①多言，德之贼也：实模仿《论语·阳货》："子曰：'乡原，德之贼也。'"

②多事，生之仇也：阮逸注云："保生者少事。"

③薛方士：王通门生，其人不详。见2.24条注。

④不得其死乎:《论语·先进》:“若由也,不得其死然。”北宋邢昺疏云:“言子路以刚,必不得其以寿终。”

⑤言之无罪,闻之以诫:实模仿《毛诗序》:“上以风化下,下以风刺上,主文而谲谏,言之者无罪,闻之者足以戒。”

【译文】

文中子说:“多言损害德行,多事危害性命。”薛方士问:“遇到恶行就予以批评,遇到邪行就予以纠正,这样做如何?”文中子说:“这样做恐怕会不得善终吧?要谏言务必巧妙委婉使进谏之人不会获罪,听谏之人引以为戒。”

5.44 或问韦孝宽①。子曰:“干矣②。”问杨愔③。子曰:“辅矣。”

【注释】

①韦孝宽(509—580):名叔裕,字孝宽,京兆杜陵(陕西西安)人。北魏、西魏、北周名臣。戎马一生,功勋卓著,官拜大司空、上柱国,封郧国公。大统十二年(546),韦孝宽坚守玉壁,力挫东魏高欢大军。建德六年(577),北周武帝采纳韦孝宽之策,灭北齐,统一北方。《周书》卷三十一、《北史》卷六十四有传。

②干:《诗经·周南·兔罝》:“赳赳武夫,公侯干城。”东汉郑玄注云:“干也,城也,皆以御难也。”

③杨愔(yīn):见3.7条注。

【译文】

有人问韦孝宽。文中子说:“是护国良将。”又问杨愔。文中子说:“是辅国能臣。”

5.45 宇文化及问天道人事如何①。子曰:“顺阴阳仁义②,

如斯而已。”

【注释】

①宇文化及(？—619)：本姓破野头，代郡武川(今内蒙古武川)人。隋末群雄之一，北周上柱国宇文盛之孙，右卫大将军宇文述之子。性凶险，不循法度。与杨广私交甚密。隋炀帝即位后，授太仆少卿，贪婪妄为，横行不法。大业十四年(618)，于江都弑隋炀帝，拥立秦王杨俊之子杨浩为帝，自封大丞相。率军北归，为李密所败。后自立为帝，国号为许。武德二年(619)，为窦建德擒杀。《隋书》卷八十五有传。

②顺阴阳仁义：《周易·说卦》："昔者圣人之作《易》也，将以顺性命之理，是以立天之道曰阴与阳，立地之道曰柔与刚，立人之道曰仁与义。"

【译文】

宇文化及问天道人事之理。文中子说："遵循阴阳之道、仁义之理，如此而已。"

5.46 贾琼为吏以事楚公[①]，将行，子饯之。琼曰："愿闻事人之道。"子曰："远而无介[②]，就而无谄。泛乎利而讽之，无斗其捷[③]。"琼曰："终身诵之。"子曰："终身行之可也[④]。"

【注释】

①楚公：杨玄感。见2.17条注。

②远而无介：阮逸注云："恭而远之无伤介。"介，孤傲特异。

③泛乎利而讽之，无斗其捷：阮逸注云："泛泛因所利而讽之，勿辩捷自取祸。"

④终身行之可也：阮逸注云："不惟事人也，处世尽宜然。"《论语·卫

灵公》:“子贡问曰:‘有一言而可以终身行之者乎?’子曰:‘其恕乎!己所不欲,勿施于人。’”

【译文】

贾琼为官奉侍楚公,临行前,文中子为他饯行。贾琼说:“请您讲讲奉侍人主之法。”文中子说:“疏远而不孤傲,亲近而不谄媚。广泛地围绕利益去委婉进言,不可急于求成自取祸端。”贾琼说:“我会终身诵习这些教诲的。”文中子说:“这些话会终身受用。”

5.47 子曰:“《元经》其正名乎[①]?皇始之帝[②],征天以授之也。晋、宋之王,近于正体,于是乎未忘中国[③],穆公之志也。齐、梁、陈之德,斥之于四夷也,以明中国之有代,太和之力也[④]。”

【注释】

①《元经》:见1.2条注。正名:《论语·子路》:“子曰:‘必也正名乎!’”

②皇始之帝:即“皇始之事”。见1.10条注。

③“晋、宋之王”三句:阮逸注云:“晋、宋皆举兵中原,有复一之志。”

④太和:即“太和之政”。见2.52条“魏孝文”注。

【译文】

文中子说:“《元经》意在正名吧?称皇始年间北魏之君为帝,是依据天命而授予的。称晋朝、宋朝之君为王,是因为他们接近正统,没有忘记统一中原,这也是晋阳穆公的心意。齐、梁、陈三朝德行亏缺,将他们贬斥为夷,以此表明主宰中原之名已为北魏所代,这都是太和之政的功劳。”

5.48 子曰:“改元立号非古也[①]。其于彼心自作之乎[②]?”

【注释】

①改元立号非古也：阮逸注云："汉文帝始改中元、后元年号。"改元立号，帝王即位时或在位期间改变年号。

②彼：此指改元立号的君主。

【译文】

文中子说："改元立号并非古制。应该是那些君主自作主张吧？"

5.49　或问："志意修，骄富贵，道义重，轻王侯①，如何？"子曰："彼有以自守也。"

【注释】

①"志意修"四句：实模仿《荀子·修身》："志意修则骄富贵，道义重则轻王公，内省而外物轻矣。"

【译文】

有人问："修养心志而藐视富贵，重视道义而轻视王侯，这样如何？"文中子说："那便有了自守之道。"

5.50　薛生曰："和、殇之后①，帝制绝矣，《元经》何以不兴乎②？"子曰："君子之于帝制，并心一气以待也。倾耳以听，拭目而视③，故假之以岁时④。桓、灵之际，帝制遂亡矣。文、明之际，魏制其未成乎⑤？太康之始⑥，书同文，车同轨⑦，君子曰：'帝制可作矣。'而不克振。故永熙之后⑧，君子息心焉，曰：'谓之何哉？'《元经》于是不得已而作也！"

【注释】

①和：汉和帝（79—105），名肇，汉章帝刘炟之子，东汉第四位皇帝。

章和二年(88)即位,养母窦太后临朝称制。永元四年(92),联合宦官消灭窦氏势力,亲政后勤勉不息,修德爱民,使东汉王朝兴盛,人称“永元之隆”。元兴元年(105)病逝。《后汉书》卷四有《孝和帝纪》。殇:汉殇帝(105—106),名隆,汉和帝刘肇之子。东汉第五位皇帝,养于民间。即位时出生刚满百天,一岁时驾崩,即是中国历史上最小的皇帝,也是寿命最短的皇帝。《后汉书》卷四有《孝殇帝纪》。

②《元经》何以不兴乎:阮逸注云:“此时汉制已绝,何为于此不续《元经》以振王法乎?”

③倾耳以听,拭目而视:阮逸注云:“待之极也。”

④假之以岁时:阮逸注云:“自和、殇绵绵至桓、灵,假岁时而终不复兴。”

⑤文、明之际,魏制其未成乎:阮逸注云:“魏文帝、明帝未能平吴、蜀一制天下。”文,魏文帝曹丕。明,魏明帝曹叡。

⑥太康:西晋武帝司马炎年号,在位期间社会得以恢复,史称“太康之治”。

⑦书同文,车同轨:此指结束长期分裂局面,实现国家统一。

⑧永熙:西晋惠帝司马衷即位之年号,司马衷痴呆不能任事,国政遂乱。见1.8条“晋惠”注。

【译文】

薛收说:“自汉和帝、汉殇帝以后,帝制断绝,为何此时没有出现《元经》这样的书呢?”文中子说:“君子对于帝制,可谓同心同德等待其复兴。皆侧耳倾听,拭目以待,因此才等待了一段时间。汉桓帝、汉灵帝之时,帝制消亡。魏文帝、魏明帝之时,魏国应该也没有成就帝制吧?西晋太康初年,江山一统,君子说:‘帝制可以振兴了。’然而却不能实现。因此永熙年间以后,君子皆心灰意冷,说:‘谈论帝制又有何用?’于是便不得已而作《元经》!”

5.51 文中子曰："《春秋》作而典、诰绝矣，《元经》兴而帝制亡矣。"

【译文】

文中子说："《春秋》产生是因为典、诰不存，《元经》兴起是因为帝制消亡。"

5.52 文中子曰："诸侯不贡诗[1]，天子不采风[2]，乐官不达雅[3]，国史不明变[4]，呜呼！斯则久矣。《诗》可以不续乎？"

【注释】

①贡诗：即献诗。《国语·周语上》："故天子听政，使公卿至于列士献诗。"

②采风：即采诗。《汉书·艺文志》："故古有采诗之官，王者所以观风俗，知得失，自考正也。"

③乐官不达雅：阮逸注云："古为诗乐、为歌以合雅道。"

④国史不明变：阮逸注云："国史明乎得失之迹。"

【译文】

文中子说："诸侯不献诗，天子不采诗，乐官不知雅正之道，史官不明得失之理，哎！这样已经很久了。怎么能不续修《诗经》呢？"

卷六

礼乐篇

【题解】

《礼乐篇》内容相对驳杂，人物品评、立德修身、治学之法、经典要义等皆包含其中，篇中并没有对古代礼乐制度进行系统论述，而是以礼作为切入点，巧妙地将礼的“正”与“中”予以整合。“礼者，天地之序也”，体现的是礼的守正；“礼之用，和为贵”，体现的是礼的持中。王通将礼乐置于无比崇高的地位，唯有匡正厥失、恭敬传承，并且认为“礼”是实现皇极帝制的不二门径，因此对时下违礼之举、废礼之事表达了批判和惋惜。结合其《续六经》要义，阐明《元经》守《春秋》之正，明褒贬以匡衰世；《续书》守《尚书》之正，备典册以兴政教。对淆乱经典正道之人予以批判，对适时退隐持中之人予以赞扬。品评历史人物，以正为本；告诫时下权臣，以中为道。与此同时，王通还阐明了仁为本、礼为用的辩证关系，避免了固守一端的拘泥与偏执。立足门生的性情之别，肯定各自的修习所长。在教诲门生时，指出无论修身之法，抑或为政之道，都应兼具守正之方直与持中之圆融，进而申明“君子不器”之义。王通始终秉承儒家正统思想，纵然世道衰微，仍能敬承安康献公之志，始终以修礼传道为己任，申明大道，诲人不倦。当然，在王通的修身处世之道中，亦包含了些许谦退、无为的老庄思想。面对变乱之世，对待儒家正统思想以外的相术、祷疾、长生之道、非义之事等，则予以旗帜鲜明地否定。

6.1 子曰："吾于礼乐，正失而已①。如其制作，以俟明哲②，必也崇贵乎③！"

【注释】

①正失：匡正缺失，改正错误。《论语·子罕》："子曰：'吾自卫反鲁，然后乐正，《雅》《颂》各得其所。'"

②明哲：明智之人。《尚书·说命上》："知之曰明哲，明哲实作则。"西汉孔安国注云："知事则为明智，明智则能制作法则。"

③崇贵：阮逸注云："明哲君子必得公辅崇贵之位，乃助成王道也。"即尊贵之位。

【译文】

文中子说："我对于礼乐，不过是匡正缺失而已。如果要制礼作乐，那要等明哲之人，而且还必须身居尊贵之位！"

6.2 贾琼、薛收曰："道不行，如之何？"子曰："父母安之，兄弟爱之，朋友信之，施于有政①，道亦行矣，奚谓不行②？"

【注释】

①"父母安之"四句：实承袭《尚书·君陈》："王若曰：'君陈，惟尔令德孝恭，惟孝友于兄弟，克施有政。'"唐孔颖达疏云："言善事父母者，必友于兄弟。推此亲亲之心以至于疏远，每事以仁恕行之，故能施有政令也。"

②奚：怎么，为什么。

【译文】

贾琼、薛收问："王道无法推行，怎么办呢？"文中子说："使父母安享生活，兄弟和睦友爱，朋友相互信任，由此推而广之以施行政令，王道也就得以推行了，怎么说无法推行呢？”

6.3 子谓：“任、薛、王、刘、崔、卢之婚[①]，非古也[②]，何以视谱[③]？”

【注释】

①任：任姓。《元和姓纂》卷五：“黄帝廿五子，十二人各以德为姓，一为任姓，六代至奚仲，封薛。”薛：薛姓。《元和姓纂》卷十：“黄帝二十五子，一为任姓，裔孙奚仲居薛。至仲虺，为汤左相，代为侯伯，历三代，凡六十四世，周末为楚所灭，公子登仕楚，怀王赐师邑为大夫，以国为氏。”故任、薛二姓同谱。王：王姓。阮逸注云：“王姓，出舜之后，封于刘，至汉有王于齐者，号王氏。”故王、刘二姓同谱。崔：崔姓。阮逸注云：“崔姓，帝喾、姜嫄之后，居崔邑。”卢：卢姓。《元和姓纂》卷三：“姜姓，齐太公之后。至文公子高，高孙傒，食采于卢，因姓卢氏。”故崔、卢二姓同谱。

②非古也：不是古制。《左传·僖公二十三年》：“将建诸君，其礼焉，男女同姓，其生不蕃。”

③谱：宗谱。

【译文】

文中子说：“任、薛、王、刘、崔、卢家族之间结为婚姻，这不是古制，如何面对共同的宗谱呢？”

6.4 文中子曰：“帝之不帝久矣。”王孝逸曰[①]：“敢问《元经》之帝何也？”子曰：“絜名索实，此不可去[②]。其为帝，实失而名存矣。”

【注释】

①王孝逸：见 1.27 条注。

②絜（xié）名索实，此不可去：阮逸注云：“中国天子，不可去此号。”絜名索实，即循名责实。

【译文】

文中子说：“帝王的称号有名无实已经很久了。”王孝逸说：“请问《元经》中帝王的称号有何含义？”文中子说：“循名责实，帝王称号不可除去。但这些帝王，已经名存实亡了。”

6.5 或问谢安[①]。子曰：“简矣。”问王导[②]。子曰：“敬矣。”问温峤[③]。子曰：“毅人也。”问桓温[④]。子曰：“智近谋远，鲜不及矣[⑤]。”

【注释】

①谢安（320—385）：字安石，陈郡阳夏（今河南太康）人。东晋名臣。历任征西大将军司马、吴兴太守、侍中、吏部尚书、中护军等职。简文帝逝后，谢安与王坦之协力阻止桓温篡位。淝水之战中，谢安以八万人马力挫号称百万的前秦军队。后遭孝武帝猜忌，被迫前往广陵避祸。太元十年（385）病逝，谥号“文靖”。《晋书》卷七十九有传。

②王导（276—339）：字茂弘，琅邪临沂（今山东临沂）人。东晋名臣。历仕晋元帝、明帝、成帝三朝。东晋建立后，拜骠骑将军，封武冈侯，又进位侍中、司空、录尚书事，领中书监。王敦之乱时，王导拒绝王敦欲废元帝而立幼主的想法。后受元帝遗诏辅立晋明帝。其后进位太保。明帝驾崩后，王导与外戚庾亮等共同辅政，并反对庾亮征苏峻入京。苏峻之乱平定后，驳斥众人迁都之议，稳定了时局。咸康五年（339）离世，追谥“文献”。《晋书》卷六十五有传。

③温峤(qiáo,288—329):字泰真,太原祁(今山西祁县)人。东晋名将。拥戴晋元帝即位建立东晋,拜散骑常侍,迁太子中庶子,辅佐东宫,与太子(晋明帝)结为布衣之交。晋明帝即位,拜侍中,转中书令,从平王敦之乱。晋明帝病重,随王导、郗览等同受顾命,拜平南将军、江州刺史,从平苏峻之乱,拜骠骑将军,封始安郡公。咸和四年(329)病逝,谥号"忠武"。《晋书》卷六十七有传。

④桓温(312—373):字元子,谯郡龙亢(今安徽怀远)人。东晋权臣。为晋明帝之驸马,因灭亡成汉而闻名,又三次北伐,战功累累。独揽朝政十余年,操纵废立,有意夺取帝位,终因第三次北伐失利而未能如愿。晚年曾逼迫朝廷加九锡,但并未实现。《晋书》卷九十八有传。

⑤智近谋远,鲜不及矣:实模仿《周易·系辞下》:"子曰:'德薄而位尊,知小而谋大,力少而任重,鲜不及矣。'"南宋冯椅《厚斋易学》卷四十五:"鲜不及,言鲜不及于凶败也。"

【译文】

有人问谢安。文中子说:"简达之人。"问王导。文中子说:"恭敬之人。"问温峤。文中子说:"刚毅之人。"问桓温。文中子说:"智略平庸而野心勃勃,是会败亡的。"

6.6 贾琼问群居之道①。子曰:"同不害正,异不伤物②。"曰:"可终身而行乎?"子曰:"乌乎而不可也?古之有道者,内不失真③,而外不殊俗④,夫如此故全也。"

【注释】

①群居:与众人相处。

②同不害正,异不伤物:阮逸注云:"外虽同而内必正,内虽异则外无伤,此中庸者乎?"

③真：本真，本性。《庄子·秋水》："谨守而勿失，是谓反其真。"

④殊俗：异于常人，异于他人。

【译文】

贾琼问与众人相处之道。文中子说："外表相同但内心坚守正道，观念虽然不同但不要伤害他人。"问："可以终身奉行吗？"文中子说："怎么不可以呢？古时有道之人，对内不失其本真，对外不异于他人，这样才是周全之法。"

6.7 繁师玄曰[①]："敢问稽古之利[②]？"子曰："执古以御今之有乎[③]！"

【注释】

①繁师玄：见1.14条注。

②稽古：考查古事。《尚书·尧典》："曰若稽古帝尧。"西汉孔安国注云："能顺考古道而行之者，帝尧。"

③执古以御今之有乎：实模仿《老子》第十四章："执古之道，以御今之有，能知古始，是谓道纪。"御，管理，处理。

【译文】

繁师玄说："请问研究古史有何好处？"文中子说："可以用古史来处理当下的事务！"

6.8 子曰："居近识远，处今知古[①]，惟学矣乎！"

【注释】

①居近识远，处今知古：实模仿《荀子·不苟》："君子位尊而志恭，心小而道大，所听视者近，而所闻见者远。"

【译文】

文中子说："生活于此却能了解远方，身处当下却能了解古事，只有通过学习才能做到！"

6.9 子曰："恭则物服，悫则有成，平则物化[①]。"子曰："我未见平者也。"

【注释】

①"恭则物服"三句：实模仿《论语·尧曰》："宽则得众，敏则有功，公则民说。"物服，阮逸注云："俨然，人望而畏之。"即使人敬服。悫（què），诚实，诚信。《荀子·修身》："辟违而不悫，程役而不录。"唐杨倞注云："乖僻违背，不能端悫诚信。"化，化成。《老子》第五十七章："故圣人云：'我无为，而民自化。'"西汉河上公注云："圣人言：'我修道承天，无所改作，而民自化成也。'"

【译文】

文中子说："恭敬则百姓敬服，诚信则功业可立，公平则万民化成。"文中子说："我却没有见过公平的人。"

6.10 或曰："君子仁而已矣，何用礼为？"子曰："不可行也[①]。"或曰："礼岂为我辈设哉[②]？"子不答，既而谓薛收曰："斯人也，旁行而不流矣[③]，安知教意哉？有若谓先王之道[④]，斯为美也。"

【注释】

①不可行也：阮逸注云："行仁必以礼节之。"即此种说法不可行。

②礼岂为我辈设哉：《世说新语·任诞》："阮籍嫂尝还家，籍见与别，

或讥之，籍曰：'礼岂为我辈设也？'"

③旁行而不流：阮逸注云："旁行一隅，不知流通之变。"《周易·系辞上》："旁行而不流，乐天知命，故不忧。"三国王弼注云："应变旁通而不流淫也。"原为应变旁通而不失正道，此指拘于一隅而不知变通。

④有若：有氏，名若，世称"有子"。孔子弟子，"七十二贤"之一。先王之道：《论语·学而》："有子曰：'礼之用，和为贵。先王之道斯为美，小大由之。有所不行，知和而和，不以礼节之，亦不可行也。'"

【译文】

有人问："君子心存仁义就可以了，为何还要用礼呢？"文中子说："这种说法不可行。"有人问："礼岂是为我们这样的人设立的？"文中子没有回答，过了一会儿对薛收说："这个人拘于一隅而不知变通，怎么会知道礼教的意义呢？有子所说的先王之道才是最完美的。"

6.11 文中子曰："七制之主①，道斯盛矣。"薛收曰："何为其然？"子曰："呜呼！惟明王能受训②。"收曰："无制而有训③，何谓也？"子曰："其先帝之制未亡乎！大臣之命尚正乎④！无制而有训，天下其无大过矣。否则苍生不无大忧焉。"

【注释】

①七制之主：见1.32条注。

②惟明王能受训：见5.5条。训，阮逸注云："《续书》有训。"

③无制而有训：见5.26条及注。此指先代贤臣之命实可为后代君王之训。

④其先帝之制未亡乎！大臣之命尚正乎：阮逸注云："若孝武之制未

亡，霍光之命尚正，则可以训前汉诸帝也；光武之制未亡，桓荣之命尚正，则可以训后汉诸帝也。”

【译文】

文中子说：“七制之主，王道兴盛。”薛收问：“为何这样说？”文中子说：“哎！只有明主才会接受大臣之训。”薛收问：“没有帝王之制而有大臣之训，这是为何？”文中子说：“那是因为先帝之制没有失去，大臣之训尚遵正道！因此才会没有帝王之制而有大臣之训，这说明天下没有什么大的问题。否则天下苍生不免要有大祸了。”

6.12 薛收曰：“赞其非古乎[①]？”子曰：“唐、虞之际，斯为盛。大禹、皋陶[②]，所以顺天休命也[③]。”

【注释】

①赞：阮逸注云：“《续书》有赞。”

②皋陶（gāo yáo）：上古时期东夷部落首领，历经唐、虞、夏三个时代，以正直闻名，相传构建了中国最早的司法体系（五刑、五教），注重“法治”与“德政”的结合，促进社会和谐，实现天下大治。

③顺天休命：《周易·大有卦》：“《象曰》：‘君子以遏恶扬善，顺天休命。’”唐孔颖达疏云：“亦当包含遏匿其恶，褒扬其善，顺奉天德，休美物之性命。”

【译文】

薛收问：“赞应该不是古已有之的吧？”文中子说：“唐尧、虞舜之时，已颇为兴盛。因此大禹、皋陶才能顺承天德，万物休美。”

6.13 文中子曰：“议[①]，天子所以兼采而博听也，唯至公之主为能择焉[②]。”

【注释】

①议：阮逸注云："《续书》有议。"见5.8条及注。

②唯至公之主为能择焉：阮逸注云："公朝共议，择善而从。"

【译文】

文中子说："议，天子靠它多方采纳广泛听取，只有至公至正的君主才能择善而从。"

6.14　文中子曰："诫①，其至矣乎②！古之明王，敬慎所未见③，悚惧所未闻④，刻于盘盂⑤，勒于几杖⑥，居有常念，动无过事，其诫之功乎！"

【注释】

①诫：阮逸注云："《续书》有诫。"

②至：此指周全。与下文"居有常念，动无过失"对应。

③敬慎：《尚书·多士》："尔不克敬，尔不啻不有尔土，予亦致天之罚于尔躬。"西汉孔安国注云："汝不能敬慎，其罚深重，不但不得还本土而已，我亦致天罚于汝身。"即恭敬谨慎。

④悚惧：《尚书·冏命》："怵惕惟厉，中夜以兴，思免厥愆。"西汉孔安国注云："言常悚惧惟危，夜半以起，思所以免其过悔。"即惊惧不安。

⑤刻于盘盂：《礼记·大学》："汤之《盘铭》曰：'苟日新，日日新，又日新。'"南朝梁刘勰《文心雕龙·铭箴》："成汤盘盂，著日新之规；武王户席，题必戒之训。"

⑥勒于几杖：将训诫自警之文刻于几、杖之上。勒，刻。几杖，坐几和手杖。古人坐则凭几，行则据杖，将训诫自警之文刻于几、杖之上，意在于生活起立坐行之中无时无刻不提醒约束自己。

【译文】

文中子说:“诚,堪称最为周全完备!古时圣明之君,其恭敬谨慎堪称见所未见,其惊惧不安堪称闻所未闻,将‘诚’刻在盘、盂、几、杖之上,使自己起居之时常常想起,行事之时没有过错,这就是‘诚’的功用吧!”

6.15 薛收曰:“谏[1],其见忠臣之心乎!其志直,其言危[2]。”子曰:“必也直而不迫,危而不诋[3],其知命者之所为乎[4]!狡乎逆上[5],吾不与也。”

【注释】

①谏:阮逸注云:“《续书》有谏。”见5.10条及注。

②其言危:《论语·宪问》:“邦有道,危言危行;邦无道,危行言孙。”东汉包咸注云:“危,厉也。”即话语严厉。

③诋:诋毁。

④其知命者之所为乎:阮逸注云:“知命,为知其君可谏则谏,进退不违天命也。”即顺应天命,洞悉进退之道。

⑤狡乎逆上:阮逸注云:“狡,谓志不直也,言不危也,非忠顺,故曰‘逆’。”《晏子春秋·内篇问下第四》:“邪人则不然,用于上则虐民,行于下则逆上。”狡,不守正道。逆上,逢迎君主。逆,迎。

【译文】

薛收说:“谏,体现的是忠臣之心!志意刚直,话语严厉。”文中子说:“一定要刚直而不逼迫,严厉而不诋毁,这应该就是知天命之人的作为吧!不守正道逢迎君主,我是不会赞成的。”

6.16 贾琼曰:“虐哉!汉武。未尝从谏也。”子曰:“孝武,其生知之乎[1]!虽不从,未尝不悦而容之,故贤人攒于朝[2],

直言属于耳[3]。斯有志于道，故能知悔而康帝业[4]，可不谓有志之主乎？”

【注释】

①生知：即生而知之。《论语·季氏》：“孔子曰：‘生而知之者，上也；学而知之者，次也；困而学之，又其次也；困而不学，民斯为下矣。’”

②攒：聚集。

③属：集中。

④知悔而康帝业：阮逸注云：“晚年下诏，觉用兵之悔，封丞相田千秋为富民侯，是知悔而帝业康也。”

【译文】

贾琼说：“汉武帝真是暴虐啊！从来没有采纳过臣子的谏言。”文中子说：“汉武帝此人，应该是生而睿智吧！虽然不采纳谏言，但未尝不愉快地包容进谏之人，因此贤人才能汇聚于朝堂，直言才能听进他的耳朵。他有志于王道，所以能真心悔过痛改前非使天下安定成就帝业，怎能不说他是有志之主呢？”

6.17　子曰：“姚义之辩[1]，李靖之智[2]，贾琼、魏徵之正，薛收之仁，程元、王孝逸之文[3]，加之以笃固，申之以礼乐[4]，可以成人矣。”

【注释】

①姚义：见2.3条注。

②李靖：见2.3条注。

③程元：见2.29条注。王孝逸：见1.27条注。

④加之以笃固，申之以礼乐：实模仿西晋陆机《辩亡论》：“而加之以笃固，申之以节俭。”笃固，笃厚坚定。申，申明。

【译文】

文中子说："姚义的辩才，李靖的智谋，贾琼、魏徵的方正，薛收的仁义，程元、王孝逸的文才，加之以笃厚坚定，申明以礼乐教化，就可以成为人才了。"

6.18 子谓京房、郭璞"古之乱常人也"①。

【注释】

①京房（前77—前37）：本姓李，字君明，东郡顿丘（今河南清丰）人。受学于梁人焦延寿。京房氏《易》长于灾变，以风雨寒温为候，各有占验。汉元帝初元四年（前45），举孝廉为郎，后任魏郡太守。多次上疏论说灾异，得罪权宦，以"非谤政治，归恶天子"之罪弃市。《汉书》卷七十五有传。郭璞（276—324）：字景纯，河东闻喜（今山西闻喜）人。建平太守郭瑗之子。少博学，随河东郭公学卜筮。永嘉之乱时，避乱南下，被宣城太守殷祐及王导征为参军。晋元帝时拜著作佐郎，与王隐共撰《晋史》。后为大将军王敦记室参军，以卜筮不吉劝阻王敦谋反而遇害。《晋书》卷七十二有传。

【译文】

文中子说京房、郭璞是"古时扰乱伦常大道之人"。

6.19 子曰："冠礼废，天下无成人矣；昏礼废，天下无家道矣；丧礼废，天下遗其亲矣；祭礼废，天下忘其祖矣。呜呼！吾末如之何也已矣①。"

【注释】

①末如之何：无可奈何。末，莫。《论语·卫灵公》："不曰'如之何、如之何'者，吾末如之何也已矣。"

【译文】

文中子说:“冠礼废弛,天下就没有成人之道了;婚礼废弛,天下就没有成家之道了;丧礼废弛,天下人就遗弃自己的父母了;祭礼废弛,天下人就忘记自己的祖先了。哎!我也不知道该怎么办了。”

6.20 越公问政①。子曰:“恭以俭②。”邳公问政③。子曰:“清以平④。”安平公问政⑤。子曰:“无斗人以名⑥。”

【注释】

①越公:杨素。见1.11、1.15条注。

②恭以俭:阮逸注云:“杨素骄侈,故规之。”

③邳(pī)公:苏威。见4.33条注。

④清以平:阮逸注云:“威以老臣贵位,引其子夔预朝政,非清白公平也,故亦规之。”

⑤安平公:李德林。见1.11条注。

⑥无斗人以名:阮逸注云:“德林文学擅名,然多自负,见毁于时,故规之使无斗名。”

【译文】

越公问为政之道。文中子说:“恭敬节俭。”邳公问为政之道。文中子说:“清正公平。”安平公问为政之道。文中子说:“不要与人争名。”

6.21 子谓薛收、贾琼曰:“《春秋》《元经》,其衰世之意乎①?义直而微②,言曲而中。”

【注释】

①其衰世之意乎:《周易·系辞下》:“于稽其类,其衰世之意邪?”东晋韩康伯注云:“有忧患而后作《易》,世衰则失得弥彰,爻繇之辞,

所以明失得，故知衰世之意邪？”即在世道衰微之时，明辨得失，彰显正道。

②微：深邃，深奥。《礼记·学记》：“其言也，约而达，微而臧。”

【译文】

文中子对薛收、贾琼说：“《春秋》《元经》，应该是君子在世道衰微之时表达的志意吧？寓意正直而深奥，言辞委婉而中肯。”

6.22 越公初见子，遇内史薛公[①]，曰：“公见王通乎？”薛公曰：“乡人也[②]。是其家传七世矣，皆有经济之道而位不逢[③]。”越公曰：“天下岂有七世不逢乎？”薛公曰：“君子道消，十世不逢有矣[④]。”越公曰：“奚若其祖[⑤]？”公曰：“王氏有祖父焉，有子孙焉[⑥]。虽然，久于其道，钟美于是也[⑦]。是人必能叙彝伦矣[⑧]。”

【注释】

①内史薛公：见2.9条注。

②乡人：阮逸注云：“并家河东。”

③其家传七世矣，皆有经济之道而位不逢：见1.1条注。家传，阮逸注云：“家传儒业。”

④君子道消，十世不逢有矣：阮逸注云：“若孔子，自弗父何嗣厉公及正考甫佐戴武宣公，至孔父嘉立殇公，至仲尼，凡三百年不遇明时。三十年为一世。”君子道消，《周易·否卦》：“《象》曰：‘……小人道长，君子道消也。’”

⑤祖：此指儒家宗师孔子。

⑥王氏有祖父焉，有子孙焉：此句意在将王通与宗师孔子相比而言。《史记·孔子世家》：“丘生而叔梁纥死。”“伯鱼年五十，先孔子死。”

⑦钟美于是:《左传·昭公二十八年》:"子貉早死,无后,而天钟美于是,将必以是大有败也。"钟,集中,汇集。

⑧叙彝伦:《尚书·洪范》:"惟天阴骘下民,相协厥居,我不知其彝伦攸叙。"叙,次叙。此指匡正。彝伦,伦常大道。见1.27条注。

【译文】

越公初见文中子,遇到内史薛公说:"您见过王通吗?"薛公说:"是我同乡。他们家传习经典已有七代,皆有经世济国之道,只是生不逢时。"越公问:"天下哪有七代人都生不逢时的?"薛公说:"君子之道衰微,十代生不逢时的都有。"越公问:"与孔子相比如何?"薛公说:"王通上有祖、父,下有子、孙。尽管如此,他长久钻研孔子之道,集儒家学说之长,此人必能匡正伦常大道。"

6.23 子出自蒲关[①],关吏陆逢止之曰[②]:"未可以遁我生民也[③]。"子为之宿,翌日而行[④]。陆逢送子曰:"行矣,江湖鳣鲸,非沟渎所容也[⑤]。"

【注释】

①子出自蒲关:阮逸注云:"自长安出蒲州龙门关北归晋。"

②陆逢:阮逸注云:"贤人,隐于关吏。"

③遁:遁舍,舍弃。《南齐书·杜京产传》:"泰始之朝,挂冠辞世,遁舍家业,隐于太平。"

④翌(yì)日:明天,第二天。

⑤江湖鳣(zhān)鲸,非沟渎所容也:实模仿西汉贾谊《吊屈原文》:"彼寻常之污渎兮,岂容吞舟之鱼;横江湖之鳣鲸兮,固将制于蝼蚁。"三国如淳注云:"鳣、鲸,皆大鱼也。"

【译文】

文中子出蒲关,关吏陆逢阻拦他说:"不可以舍弃黎民百姓。"文中子因此而留宿一晚，第二天便离开了。陆逢送别文中子说："走吧，江湖中的鳣鲸巨鳞，不是小小沟渠所能容纳的。"

6.24 程元曰："敢问'风自火出，家人'①，何也？"子曰："明内而齐外，故家道正而天下正。"

【注释】

①风自火出，家人：《周易·家人卦》："《彖》曰：'家人，女正位乎内，男正位乎外，男女正，天地之大义也。家人有严君焉，父母之谓也。父父子子，兄兄弟弟，夫夫妇妇，而家道正，正家而天下定矣。'《象》曰：'风自火出，家人。君子以言有物而行有恒。'"

【译文】

程元说："请问'风自火出，家人'，是什么意思？"文中子说："对内治家严明，对外处事有方，因此家道端正，天下亦随之端正。"

6.25 子曰："仁义其教之本乎？先王以是继道德而兴礼乐者也。"

【译文】

文中子说："仁义应该就是教化的根本吧？古圣先王以此来继承道德，进而振兴礼乐。"

6.26 子曰："礼其皇极之门乎①？圣人所以向明而节天下也②。其得中道乎③？故能辩上下，定民志④。"

【注释】

①皇极：见1.8条注。

②向明而节天下:《周易·说卦》:“离也者,明也,万物皆相见,南方之卦也。圣人南面而听天下,向明而治,盖取诸此也。”可知“向明而治”实取诸《离卦》,考《周易·离卦》:“《象》曰:‘离,丽也。日月丽乎天,百谷草木丽乎土。重明以丽乎正,乃化成天下。’”唐孔颖达疏云:“‘重明’,谓上下俱离。‘丽乎正’也者,谓两阴在内,既有重明之德,又附于正道,所以‘化成天下’也。”即君臣上下皆明达事理、遵守正道。

③中道:《孟子·尽心下》:“孔子岂不欲中道哉?”东汉赵岐注云:“中道,中正之大道也。”

④故能辩上下,定民志:《周易·履卦》:“《象》曰:‘上天下泽,履,君子以辩上下,定民志。’”唐孔颖达疏云:“天尊在上,泽卑处下,君子法此《履卦》之象,以分辩上下尊卑,以定正民之志意,使尊卑有序也。”

【译文】

文中子说:“礼应该就是构建圣王之制的门径吧?这是圣人遵守正道治理天下的原因。它呈现的应该就是中正大道吧?因此能区别尊卑,稳定民心。”

6.27　或问君子。子曰:“知微、知章、知柔、知刚[①]。”曰:“‘君子不器’[②],何如?”子曰:“此之谓不器。”

【注释】

①知微、知章、知柔、知刚:实模仿《周易·系辞下》:“君子知微、知彰、知柔、知刚,万夫之望。”唐孔颖达疏云:“‘知微知彰’者,初见是几,是知其微;既见其几,逆知事之祸福,是知其彰著也。‘知柔知刚’者,刚柔是变化之道,既知初时之柔,则逆知在后之刚,言凡物之体,从柔以至刚,凡事之理,从微以至彰,知几之人,既知其

始，又知其末，是合于神道，故为万夫所瞻望也。”章，彰著，显著。

②君子不器：《论语·为政》：“子曰：‘君子不器。’”北宋邢昺疏云：“君子之德，则不如器物各守一用，言见几而作，无所不施也。”

【译文】

有人问君子。文中子说：“善见其微，见微知著，善察柔弱，知弱成刚。”又问：“‘君子不器’，是什么意思？”文中子说：“以上说的这些就是‘不器’。”

6.28 文中子曰：“周、齐之际，王公大臣不暇及礼矣[①]。献公曰[②]：‘天子失礼，则诸侯修于国；诸侯失礼，则大夫修于家[③]。’礼乐之作，献公之志也。”

【注释】

①周、齐之际，王公大臣不暇及礼矣：阮逸注云：“北齐高洋至高纬二十八年，后周自宇文觉至介国公二十五年，日寻干戈，虽有名臣，岂暇及礼哉！”

②献公：安康献公。见1.1条注。

③家：家邑，采邑，即大夫的封地。

【译文】

文中子说：“北周、北齐之时，王公大臣无暇顾及礼教。安康献公说：‘天子失去了礼教，则诸侯修习礼教于封国；诸侯失去了礼教，则大夫修习礼教于家邑。’振兴礼乐，是安康献公的心愿。”

6.29 程元问《六经》之致[①]。子曰：“吾续《书》以存汉、晋之实[②]，续《诗》以辩六代之俗[③]，修《元经》以断南北之疑[④]，赞《易》道以申先师之旨[⑤]，正《礼》《乐》以旌后王之失[⑥]，如斯而已矣。”程元曰：“作者之谓圣，述者之谓明[7]，夫子何处乎？”子曰：“吾于道，屡伸而已[8]，其好而能乐[9]，勤而不厌者乎[10]？圣与明吾安敢处[11]？”

【注释】

①《六经》：即《续六经》。

②吾续《书》以存汉、晋之实：见1.7条。

③续《诗》以辩六代之俗：见1.7条。

④修《元经》以断南北之疑：见1.8条。

⑤先师：此指孔子。《隋书·炀帝纪上》大业四年（608）十月丙午《立孔子后为绍圣侯诏》有云：“先师尼父，圣德在躬。”

⑥正《礼》《乐》以旌后王之失：阮逸注云：“后王有不合周公制作者，则论而正之。”旌，表明。此指确立标准。

⑦作者之谓圣，述者之谓明：《礼记·乐记》：“作者之谓圣，述者之谓明。明圣者，述作之谓也。”

⑧伸：申述，申明。

⑨好而能乐：《论语·雍也》：“子曰：‘知之者不如好之者，好之者不如乐之者。’”

⑩勤而不厌：《论语·述而》：“子曰：‘默而识之，学而不厌，诲人不倦，何有于我哉？’”

⑪圣与明吾安敢处：《论语·述而》：“子曰：‘若圣与仁，则吾岂敢？’”

【译文】

程元问《续六经》有何用。文中子说：“我续《书》以保存汉、晋史实，续《诗》以辨明六代风俗，修《元经》以决断南北褒贬赏罚，阐释《易》以申明孔子要义，正《礼》《乐》以为后世得失确立标准，如此而已。”程元问：“创制者称为‘圣’，传承者称为‘明’，先生是哪种呢？”文中子说：“我对于圣贤之道，不过是再三申明而已，应该是好学乐道，勤勉不息之人吧？圣与明，我怎敢担此大名？”

6.30 子曰：“有坐而得者，有坐而不得者；有行而至者，有不行而至者①。”

【注释】

①“有坐而得者”四句：阮逸注云：“坐之、行之，一也，而有得有不得，有至有不至。此言人性差殊，各由所习，遂相远也。”

【译文】

文中子说：“有静思而得道的人，有静思而不得道的人；有践行而达道的人，有不必践行就能达道的人。”

6.31 子曰：“见而存①，未若不见而存者也②。”

【注释】

①见而存：阮逸注云：“因所见而存诸心。”《孟子·公孙丑上》：“今人乍见孺子将入于井，皆有怵惕恻隐之心。”

②不见而存者：阮逸注云：“不待见而心常存之。”《孟子·离娄下》：“孟子曰：‘君子所以异于人者，以其存心也。君子以仁存心，以礼存心。’”

【译文】

文中子说：“因所见而心存仁义，不如未有所见而已心存仁义。”

6.32 子曰：“君子可招而不可诱①，可弃而不可慢。轻誉苟毁，好憎尚怒，小人哉！”

【注释】

①招：招之以礼。《孟子·滕文公下》："孟子曰：'昔齐景公田，招虞人以旌，不至，将杀之。'"东汉赵岐注云："虞人，守苑囿之吏也。招之当以皮冠，而以旌，故招之而不至也。"

【译文】

文中子说："君子可以礼征召，不可以利相诱；可弃之不用，不可轻慢无礼。随意赞誉诋毁，易于憎恨发怒，这是小人啊！"

6.33 子曰："以势交者，势倾则绝；以利交者，利穷则散。故君子不与也。"

【译文】

文中子说："以权势相交，势败则交往断绝；以利益相交，利尽则朋友离散。因此君子不会这样做。"

6.34 子谓："薛收善接小人①，远而不疏，近而不狎②，颓如也③。"

【注释】

①接：交往。《礼记·表记》："君子之接如水，小人之接如醴。"

②远而不疏，近而不狎：实模仿《论语·阳货》："子曰：'唯女子与小人为难养也，近之则不逊，远之则有怨。'"疏，生疏，生分。狎，因亲近而不庄重。

③颓如：《礼记·檀弓》："拜而后稽颡，颓乎其顺也。"东汉郑玄注云："颓，顺也。"即态度恭顺之貌。

【译文】

文中子说："薛收善于和小人交往，疏远而不至生分，亲近而不失庄重，恭顺自如。"

6.35 子游汾亭[①]，坐鼓琴，有舟而钓者过，曰："美哉！琴意。伤而和，怨而静，在山泽而有廊庙之志，非太公之都磻溪[②]，则仲尼之宅泗滨也[③]。"子骤而鼓《南风》[④]，钓者曰："嘻！非今日事也。道能利生民，功足济天下，其有虞氏之心乎？不如舜自鼓也，声存而操变矣[⑤]。"子遽舍琴[⑥]，谓门人曰："情之变声也，如是乎？"起将延之，钓者摇竿鼓枻而逝[⑦]。门人追之，子曰："无追也。播鼗武入于河，击磬襄入于海[⑧]，固有之也。"遂志其事，作《汾亭操》焉[⑨]。

【注释】

①汾亭：《河津县志》卷之二"古迹"："汾亭在汾河岸疏属山，文中子鼓琴于此。"

②太公之都磻（pán）溪：《水经注·渭水》："渭水之右，磻溪水注之。水出南山兹谷，乘高激流，注于溪中。溪中有泉，谓之兹泉，泉水潭积，自成渊渚。即《吕氏春秋》所谓'太公钓兹泉'也。"都，居。

③仲尼之宅泗滨：《礼记·檀弓》："曾子怒曰：'商，女何无罪也？吾与女事夫子于洙泗之间。'"南北朝郦道元《水经注·泗水》："泗水又西南流，迳鲁县，分为二流，水侧有一城，为二水之分会也。北为洙渎……南则泗水，夫子教于洙、泗之间。"泗，泗水。

④《南风》：《礼记·乐记》："昔者，舜作五弦之琴以歌《南风》，夔始制乐以赏诸侯。"唐孔颖达疏云："《南风》，诗名，是孝子之诗。南风，长养万物，而孝子歌之，言已得父母生长，如万物得南风生也。"

⑤声存而操变矣：阮逸注云："声则存矣，而所操者之情则变而不类。"

⑥遽（jù）：立刻，马上。

⑦摇竿：收起鱼竿。鼓枻（yì）：划动船桨。

⑧播鼗（táo）武入于河，击磬襄入于海：实模仿《论语·微子》："鼓

方叔入于河，播鼗武入于汉，少师阳、击磬襄，入于海。”西汉孔安国注云：“播，犹摇也。武，名也。”“鲁哀公时，礼毁乐崩，乐人皆去。阳、襄，皆名也。”鼗，鼗鼓，俗称“拨浪鼓”。

⑨《汾亭操》：唐王绩《答冯子华处士书》：“吾家三兄，生于隋末，伤世扰乱，有道无位，作《汾亭之操》，盖孔氏《龟山》之流也。”

【译文】

文中子游历汾亭，坐而鼓琴，有划舟钓鱼之人经过，说：“优美啊，这琴曲的意蕴！悲伤而不失温和，哀怨而不失沉静，虽身处山泽而胸怀庙堂之志，若不是居于磻溪畔的姜太公，就是住在泗水滨的孔圣人。”文中子突然弹奏《南风》，钓鱼之人说：“哎！这不是当下所能做的。大道能造福百姓，功业能拯救天下，这应该是舜的志向吧？却比不上舜亲自弹奏，曲调虽存但演奏者的情志却不同了。”文中子立即放下琴，对门生说：“情志能够改变曲调，真是这样吗？”文中子起身想要邀请那位钓鱼之人，然而那位钓鱼之人已收起钓竿摇起船桨走了。门生想去追赶，文中子说：“不用追了。播鼗武隐居河畔，击磬襄隐居海滨，这类情况本来就有。”于是记录了这件事，创作了《汾亭操》。

6.36 子之夏城[①]，薛收、姚义后，遇牧豕者，问涂焉[②]。牧者曰：“从谁欤？”薛收曰：“从王先生也。”牧者曰：“有鸟有鸟，则飞于天；有鱼有鱼，则潜于渊。知道者盖默默焉。”子闻之，谓薛收曰：“独善可矣。不有言者，谁明道乎？”

【注释】

①夏城：阮逸注云：“绛州有夏城县。”

②“薛收、姚义后”三句：实模仿《论语·微子》：“子路从而后，遇丈人，以杖荷蓧。”

【译文】

文中子前往夏城，薛收、姚义落在后面，遇到一个放猪的人，于是向他问路。放猪的人说："你们跟随的是谁？"薛收说："跟从王先生。"放猪的人说："有鸟儿飞翔于天，有鱼儿潜游于渊。懂得大道之人皆沉默不言。"文中子听闻后，对薛收说："独善其身是可以的。然而如果没人说话，谁来阐明大道呢？"

6.37 子不相形①，不祷疾②，不卜非义。

【注释】

①子不相形：阮逸注云："不可以貌取人。"即相术，观察人的体貌，以判断吉凶祸福。《左传·文公元年》："王使内史叔服来会葬，公孙敖闻其能相人也，见其二子焉。"

②不祷疾：《论语·述而》："子疾病，子路请祷。子曰：'有诸？'子路对曰：'有之。诔曰：祷尔于上下神祇。'子曰：'丘之祷久矣。'"即不因疾病而祈祷于鬼神。

【译文】

文中子不迷信相术，生病不祈祷于鬼神，不占卜不义之事。

6.38 子曰："君子不受虚誉，不祈妄福①，不避死义②。"

【注释】

①妄福：非分的福祉。

②死义：即为义而死。《史记·汲郑列传》："好直谏，守节死义，难惑以非。"

【译文】

文中子说："君子不接受虚空的赞誉，不祈求非分的福祉，不逃避为大义而死。"

6.39　文中子曰："记人之善而忘其过，温大雅能之[①]。处贫贱而不慑[②]，魏徵能之。闻过而有喜色，程元能之。乱世羞富贵，窦威能之[③]。慎密不出[④]，董常能之。"

【注释】

①温大雅：见2.3条注。

②慑：见5.18条注。

③窦威：见2.3条注。

④慎密不出：《周易·系辞上》："君不密则失臣，臣不密则失身，几事不密则害成，是以君子慎密而不出也。"唐孔颖达疏云："于《易》言之，是身慎密'不出户庭'，于此义言之，亦谓不妄出言语也。"

【译文】

文中子说："记住他人的优点而忘记他人的过失，温大雅能够做到。处境贫贱而不丧事志气，魏徵能够做到。听到批评而能面带笑容，程元能够做到。身处乱世以富贵为耻，窦威能够做到。行事缜密谨言慎行，董常能够做到。"

6.40　陈叔达谓子曰[①]："吾视夫子之道，何其早成也[②]？"子曰："通于道有志焉，又焉取乎早成耶！"叔达出，遇程元、窦威于涂，因言之。程元曰："夫子之成也，吾侪慕道久矣，未尝不充欲焉[③]。游夫子之门者，未有问而不知、求而不给者也。《诗》云：'实获我心[④]。'盖天启之，非积学能致也[⑤]。"子闻之曰："元，汝知乎哉？天下未有不学而成者也。"

【注释】

①陈叔达：见2.3条注。

②何其早成也：阮逸注云："子谒隋文帝时年二十一，是早成。"即取得成就甚早。

③充欲：阮逸注云："所问道，必充其欲。"即满足要求。

④实获我心：《诗经·邶风·绿衣》："我思古人，实获我心。"东汉郑玄注云："古之圣人制礼者，使夫妇有道，妻妾贵贱各有次序。"此处实借此诗句，说明夫子门生皆各得其宜，学有所得。

⑤盖天启之，非积学能致也：阮逸注云："言早成亦非志学，盖天纵生知尔。"天启，《左传·闵公元年》："以是始赏，天启之矣。"

【译文】

陈叔达对文中子说："我看先生修习大道，为何取得成就这么早呢？"文中子说："我只是有志于大道，哪里在意是否早成！"陈叔达出来后，在路上遇到程元、窦威，于是谈起此事。程元说："先生的成就，我辈已经仰慕许久，求问大道没有不满足的。求学于先生门下，请教问题没有不知道，求取知识没有不给予的。《诗经》说：'实获我心。'应该是天性使然，不是学习积累所能达到的。"文中子听闻后说："程元，你知道吗？天下没有不学习就能取得成就的人。"

6.41 或问长生神仙之道。子曰："仁义不修，孝悌不立，奚为长生？甚矣！人之无厌也。"

【译文】

有人问长生修仙之道。文中子说："不修习仁义，不确立孝悌，长生又有何用？人真是太不知满足了！"

6.42 或问严光、樊英名隐[①]。子曰："古之避言人也[②]。"问东方朔[③]。子曰："人隐者也[④]。"

【注释】

①严光（前39—41）：字子陵，会稽余姚（今浙江余姚）人。东汉著名隐士。少有高名，与东汉光武帝刘秀为好友。刘秀即位后，多次延聘严光，但他隐姓埋名，无心功名，退居富春山，终老于家。《后汉书》卷八十三有传。樊英：字季齐，南阳鲁阳（今河南鲁山）人。东汉经学大家。长期隐居于壶山，收徒讲学。朝廷屡次征召，皆称病不往。《后汉书》卷八十二有传。名隐：见4.35条及注。

②避言：阮逸注云："避毁誉之言而已。"

③东方朔：字曼倩，平原厌次（今山东惠民）人。汉武帝即位，广求四方贤士，东方朔上书自荐，诏拜为郎。后任常侍郎、太中大夫等职。性格诙谐，言词敏捷，滑稽多智，常在武帝前谈笑取乐，陈时政得失，献农战强国之计，但武帝始终把他当俳优看待，不予重用。《汉书》卷六十五有传。

④人隐：阮逸注云："诡迹混俗，不自求别于众人，故曰'人隐'。"即混迹隐藏于众人之中。

【译文】

有人问为何严光、樊英属于"名隐"。文中子说："他们都是古时躲避毁誉之言的人。"有人问东方朔。文中子说："他属于'人隐'。"

6.43　子曰："自太伯、虞仲已来①，天下鲜避地者也②。仲长子光③，天隐者也，无往而不适矣④。"

【注释】

①太伯：即吴太伯，吴国开国君主。姬姓。周部落首领古公亶父有子三人，太伯为兄长，两个弟弟为仲雍和季历。古公亶父传位于季历及其子姬昌，太伯和仲雍避让，迁居江东，建立勾吴。虞仲：即古公亶父次子、太伯之弟仲雍。《史记》卷三十一有《吴太伯世家》。

②避地：阮逸注云："言二人皆奔之远地以避贤君。"

③仲长子光：见 2.14 条注。

④天隐者也，无往而不适矣：阮逸注云："因言数人，其隐则一，而道德相远：或藏名，或混俗，或让国，皆执一有迹也；惟天隐浩然太虚，孰为名，孰为俗，孰为国，惟变所适，人不能知，是'天隐'也。"天隐，见 4.35 条及注。

【译文】

文中子说："自太伯、虞仲以来，天下少有避居让贤之人。仲长子光，堪称'天隐'之人，无论身处何时何地、无论面对何人何事，皆得其宜。"

6.44 子曰："遁世无闷[①]，其避世之谓乎[②]？非夫无可无不可[③]，不能齐也。"

【注释】

①遁世无闷：《周易·乾卦》："《文言》曰：'龙德而隐者也。不易乎世，不成乎名；遁世而无闷，不见是而无闷；乐则行之，忧则违之；确乎其不可拔，潜龙也。'"唐孔颖达疏云："谓逃遁避世，虽逢无道，心无所闷。"

②其避世之谓乎：阮逸注云："避世，即天隐也。生世间，治则彰，乱则晦，乐则行，忧则违，适时而已，又何闷哉！此与名隐、人隐、地隐异矣。"

③无可无不可：《论语·微子》："谓：'虞仲、夷逸，隐居放言。身中清，废中权。我则异于是，无可无不可。'"东汉马融注云："亦不必进，亦不必退，唯义所在。"

【译文】

文中子说："逃遁隐居而心无愁苦，应该说的就是避世吧？不是无可无不可的通达之人，是不可能达到这种境界的。"

6.45 文中子曰:“《小雅》尽废而《春秋》作矣,《小化》皆衰而天下非一帝[①]。《元经》所以续而作者[②],其衰世之意乎!”

【注释】

①《小化》:阮逸注云:“《续诗》有《大化》《小化》,亦《大》《小雅》之义也。”《小化》,见3.24条。非一帝:即世道变乱,天下无法一统。

②《元经》:见1.2、1.8、3.25、5.47、5.50、5.51、6.21、6.29条及注。

【译文】

文中子说:“《小雅》之道全都废弛而《春秋》产生,《小化》之道全都衰亡而世道变乱。之所以续作《元经》,应该是表达世道衰微之意吧!”

6.46 子在绛,出于野,遇陈守[①]。曰:“夫子何之乎?”子曰:“将之夏[②]。”陈守令劝吏息役[③]。董常闻之曰:“吾知夫子行国矣,未尝虚行也[④]。”

【注释】

①陈守:阮逸注云:“叔达时为绛郡守。”

②夏:阮逸注云:“绛州夏城县。”

③陈守令劝吏息役:阮逸注云:“虑其师见役民。”

④吾知夫子行国矣,未尝虚行也:阮逸注云:“汉置八使行国,以观天下风俗。文中子一布衣,出行而郡守息役,是不虚行也。”行国,汉代继承发展古时循行、循察之制。《礼记·月令》:“是月也,命司空曰:‘时雨将降,下水上腾,循行国邑,周视原野,修利堤防。’”《礼记·月令》:“命司徒循行积聚,无有不敛。”

【译文】

文中子在绛州,前往野外,遇到郡守陈叔达。陈叔达问:“先生去哪里？”文中子说：“将要去夏城。”郡守陈叔达下令劝课官吏减轻徭役。董常听闻后说：“我知道先生循行各地，没有虚行的。”

6.47 贾琼事楚公[①]，困谗而归，以告子。子曰：“琼，汝将闭门却扫欤[②]？不知缄口而内修也[③]，琼未达古人之意焉。”

【注释】

①贾琼事楚公：见5.46条。

②却扫：不再打扫门径迎客，谓闭门谢客。

③不知缄口而内修也：阮逸注云：“古人杜门却扫者，义在缄口净其内也。”

【译文】

贾琼奉侍楚公，因遭谗言而归，将此事禀告文中子。文中子说：“贾琼，你要闭门谢客吗？如果不领会闭口不言修炼内心的道理，你就不会明白古人闭门谢客的真正意义。”

6.48 仲长子光曰：“在险而运奇，不若宅平而无为。”文中子以为知言[①]。

【注释】

①以为知言：阮逸注云：“言得大者、远者。”《左传·襄公十四年》：“秦伯问于士鞅曰：‘晋大夫其谁先亡？’对曰：‘其栾氏乎？’……秦伯以为知言，为之请于晋而复之。”知言，即远见卓识之言。

【译文】

仲长子光说：“身处险境而能筹划奇谋，不如安居太平以无为而治。”文中子认为这是远见卓识之言。

6.49　文中子曰："其名弥消，其德弥长，其身弥退，其道弥进，此人其知之矣[1]。"

【注释】

①此人：阮逸注云："即谓仲长子光也。"

【译文】

文中子说："越是声名消隐，越是德行增长，越是地位谦退，越是修养精进，此人应该是明白这个道理了。"

6.50　子曰："知之者不如行之者，行之者不如安之者[1]。"

【注释】

①知之者不如行之者，行之者不如安之者：实模仿《论语・雍也》："子曰：'知之者不如好之者，好之者不如乐之者。'"安之者，阮逸注云："委物以能，不劳聪明，安然而事自行，此亦广上文'无为'之义。"即安循大道，顺其自然。

【译文】

文中子说："知晓大道不如躬行大道，躬行大道不如安循大道。"

6.51　仲长子光字不曜，董常字履常。子曰："称德矣。"子之叔弟绩，字无功。子曰："字，朋友之职也[1]。神人无功[2]，非尔所宜也。"常名之[3]。季弟名静，薛收字之曰"保名"。子闻之曰："薛生善字矣。静能保名，有称有诚，薛生于是乎可与友也。"

【注释】

①字，朋友之职也：阮逸注云："朋友呼而字之，非自立也。"

②神人无功：《庄子·逍遥游》："至人无己，神人无功，圣人无名。"

③常名之：阮逸注云："绩终自号'无功子'，自作传，弃官不仕。"

【译文】

仲长子光字不曜，董常字履常。文中子说："这是字与德相称。"文中子二弟王绩，字无功。文中子说："为人起字，是朋友的职责。唯有神人方能无功，这个字不适合你。"而王绩终以"无功"自名。三弟名静，薛收为他起字"保名"。文中子听闻后说："薛收真是善于起字。性情沉静方能保全名节，既有称赞又有告诫，薛收可以成为朋友。"

卷七

述史篇

【题解】

《述史篇》是以评论太熙之后史笔不一为切入点展开论述的。史官著史，各执一词，乃至互相诋毁谩骂，实因朝政南北分治，史官各为其主，王政衰微不立，大道幽暗不明。因此，《述史篇》实际上是遵循着“匡经正史，立身行教”的思维理路。王通希望通过秉承儒家正统思想整饬文辞华而不实、经义乱而不明、史传淆而不一的种种时俗弊病，以期能够使个人立身有则、使朝政行教有道。因此，王通借乱世出处之道，申明立身之本、正家之道，以及自己矢志弘道、诲人不倦的责任与操守。与此同时，更以深入发明《周易》一卦六爻之旨、重新解释《诗经》《小雅》《豳风》之义，引发人们对经史修撰体例与含义的全面思考，进而阐释《续书》之体例，于取舍间辨是非；《元经》之笔法，于褒贬间明大义。唯有道君子既能守此正道，又能达此权变。王通热情颂赞中原典章制度和礼乐政教，并指出修撰经典传承圣教是为了致世太平、匡正世风。晋谒国君献《十二策》意在致太平，退居乡里修《续六经》意在匡世风。对历史上的太和之政、七制之主等圣君、名臣颇多溢美之词，而对两汉、魏晋败亡的根本原因，亦有言简意赅的归纳。

7.1 子曰:“太熙之后,述史者几乎骂矣[①],故君子没称焉。”

【注释】

①太熙之后,述史者几乎骂矣:阮逸注云:“太熙,……已后至十六国《载记》及《南北史》有‘索虏’‘岛夷’之呼,如诟骂焉。”即太熙之后,晋室衰微,国家长期陷入南北分裂局面,修史者各为其主,以致互相诋毁攻击。太熙,西晋武帝司马炎的最后一个年号,改元当年四月武帝驾崩,惠帝即位,西晋王朝由此迅速走向衰败。《晋书·惠帝纪》:“太熙元年四月己酉,武帝崩。”

【译文】

文中子说:“西晋太熙之后,著史之人几乎都是互相诋毁谩骂,因此不为君子所称道。”

7.2 楚公作难[①],贾琼去之。子曰:“琼可谓立不易方矣[②]。”

【注释】

①楚公:指杨玄感。见2.17条及注。

②立不易方:《周易·恒卦》:“《象》曰:‘君子以立不易方。’”唐孔颖达疏云:“君子立身,得其恒久之道,故不改易其方。方,犹道也。”

【译文】

楚公杨玄感叛乱,贾琼离开了他。文中子说:“贾琼可以说是立身有恒,不改其道。”

7.3 温彦博问知[①]。子曰:“无知[②]。”问识。子曰:“无识。”彦博曰:“何谓其然?”子曰:“是究是图,亶其然乎[③]?”

彦博退告董常。常曰："深乎哉！此文王所以顺帝之则也[④]。"

【注释】

①温彦博：见3.29条注。

②无知：实模仿《论语·子罕》："子曰：'吾有知乎哉？无知也。有鄙夫来问于我，空空如也，我叩其两端而竭焉。'"

③是究是图，亶（dǎn）其然乎：《诗经·小雅·棠棣》："宜尔室家，乐尔妻帑。是究是图，亶其然乎？"东汉郑玄注云："女深谋之，信其如是。"究，探究，思考。亶，确实。

④顺帝之则：《诗经·大雅·皇矣》："帝谓文王：予怀明德，不大声以色，不长夏以革。不识不知，顺帝之则。"东汉郑玄注云："其为人，不识古，不知今，顺天之法而行之者。"即遵行天道。

【译文】

温彦博问什么是知。文中子说："知就是无知。"又问什么是识。文中子说："识就是无识。"温彦博问："为什么这样说呢？"文中子说："你认真思考一下，是不是这个道理？"温彦博回来将这些告诉了董常。董常说："意蕴深远啊！这就是周文王所遵行的天道。"

7.4　子曰："《诗》有天下之作焉[①]，有一国之作焉[②]，有神明之作焉[③]。"

【注释】

①天下之作：阮逸注云："谓《大雅》。"《毛诗序》："言天下之事，形四方之风，谓之雅。雅者，正也，言王政之所由废兴也。"

②一国之作：阮逸注云："谓《国风》。"《毛诗序》："一国之事，系一人之本，谓之风。"

③神明之作：阮逸注云："谓《颂》。"《毛诗序》："颂者，美盛德之形容，以其成功告于神明者也。"

【译文】

文中子说："《诗经》中有反映天下王政的诗作，有反映封国民情的诗作，有祭祀神明歌功颂德的诗作。"

7.5 吴季札曰[①]："《小雅》，其周之衰乎？《豳》，其乐而不淫乎[②]？"子曰："孰谓季子知乐？《小雅》乌乎衰，其周之盛乎[③]？《豳》乌乎乐，其勤而不怨乎？"

【注释】

①季札（前 576 —前 484）：姬姓，名札，吴太伯十九世孙，吴王寿梦第四子。品德高尚，三次让国，广交贤士，弘扬礼乐。《史记》卷三十一《吴太伯世家》有载录。

②《小雅》，其周之衰乎？《豳》，其乐而不淫乎：阮逸注云："《左传·襄二十九年》：吴季札聘鲁，观周乐，听《小雅》，曰'思而不贰，怨而不言，其周德之衰乎？'闻《周南》《召南》，曰'勤而不怨'；听《豳》，曰'乐而不淫'。"

③《小雅》乌乎衰，其周之盛乎：阮逸注云："《小雅》自《鹿鸣》至《菁菁者莪》，皆言先王之德也，故《天保》已上治内，《采薇》已下治外。后王能修先王之政，仲尼删《诗》，谓虽不及先王之大，然亦不失其政，故曰：'《小雅》，言政之小者也。'季子所听，云：'思而不贰，怨而不言'，则不谓变雅者也。幽、厉之世，国异政，家殊俗，斯变雅作矣，然有先王之遗民，不敢怨贰，亦由先王盛德使然。'"

【译文】

吴国季札说："《小雅》反映的是周王朝的衰败吧？《豳风》反映的是欢乐而有节制吧？"文中子说："谁说季札懂得音乐？《小雅》哪里有

衰败，反映的应该是周王朝的兴盛吧？《豳风》哪里有欢乐，反映的应该是百姓辛劳而没有怨言吧？”

7.6　子曰：“太和之主有心哉[①]！”贾琼曰：“信美矣。”子曰：“未光也。”

【注释】

①太和之主：即北魏太和年间主政的孝文帝拓跋宏。见2.52、5.12、5.47条及注。有心：怀有信念。此指有志于推行王道。

【译文】

文中子说：“北魏孝文帝有志于推行王道！”贾琼说：“实属美善。”文中子说：“可惜没有发扬光大。”

7.7　文中子曰：“《元经》作，君子不荣禄矣[①]。”

【注释】

①君子不荣禄矣：阮逸注云：“《易·否卦》：‘天地不交，否。君子以俭德避难，不可荣以禄。’言晋惠而下否矣，故《元经》作。”

【译文】

文中子说：“《元经》传世，意在告诫君子不要追慕尊荣高位。”

7.8　董常习《书》[①]，告于子曰：“吴、蜀遂忘乎[②]？”子慨然叹曰：“通也敢忘大皇、昭烈之懿识，孔明、公瑾之盛心哉[③]？”

【注释】

①《书》：阮逸注云：“《续书》。”

②吴、蜀遂忘乎：阮逸注云："《续书》有魏而无吴、蜀。"

③通也敢忘大皇、昭烈之懿（yì）识，孔明、公瑾之盛心哉：阮逸注云："吴主孙权谥'大皇帝'，蜀主刘备谥'昭烈皇帝'。……'懿识'，谓能任贤也。'盛心'，谓亮云'普天之下，莫匪汉民'、瑜云'曹公托名汉相，实汉之贼'是也。"

【译文】

董常修习《续书》，请教文中子说："是不是忘记吴、蜀了？"文中子慨叹道："我怎敢忘记大皇帝和昭烈帝的选贤任能，诸葛亮和周瑜的忠汉之心？"

7.9 董常曰："大哉！中国。五帝、三王所自立也[①]，衣冠礼义所自出也[②]，故圣贤景慕焉。中国有一，圣贤明之。中国有并[③]，圣贤除之耶？"子曰："噫！非中国不敢以训[④]。"

【注释】

①五帝、三王所自立也：阮逸注云："五帝：少昊都曲阜，颛顼都濮阳，帝喾都亳，尧都冀，舜都蒲。三王：夏都安邑，汤都亳，周都雍洛。皆中原之国也。"

②衣冠礼义：即典章制度。

③并：阮逸注云："谓吴、蜀是也。"即群雄并立。

④非中国不敢以训：阮逸注云："周、孔之志。"意在阐明非谨遵中原周、孔之正道，不敢以之为匡世之典范。训，典范。

【译文】

董常说："伟大啊，中原之地！五帝、三王皆立国于此，典章制度皆源出于此，因此圣贤皆倾心仰慕。中原王朝一统，则圣贤申明大道。中原群雄并立，难道圣贤要消除纷争吗？"文中子说："哎！一定要谨遵中原周、孔之正道。"

7.10 董常曰:"《元经》之帝元魏①,何也?"子曰:"乱离斯瘼,吾谁适归②?天地有奉,生民有庇,即吾君也。且居先王之国③,受先王之道,予先王之民矣④,谓之何哉?"董常曰:"敢问皇始之授魏而帝晋⑤,何也?"子曰:"主中国者,将非中国也。我闻有命,未敢以告人⑥,则犹伤之者也。伤之者,怀之也⑦。"董常曰:"敢问卒帝之何也⑧?"子曰:"贵其时,大其事,于是乎用义矣⑨。"

【注释】

①《元经》之帝元魏:阮逸注云:"至齐、梁则中国有元魏,故帝魏矣。"见5.47条。

②乱离斯瘼(mò),吾谁适归:实模仿《诗经·小雅·四月》:"乱离瘼矣,爰其适归。"毛传云:"离,忧。瘼,病。"

③居先王之国:阮逸注云:"都洛。"

④予:阮逸注云:"文中子自谓,言予自晋阳穆公已来事魏,故曰'先王之民'。"

⑤皇始之授魏而帝晋:阮逸注云:"魏太祖入长安,始有中原,是岁丙申皇始元年,当东晋孝武帝尽太元二十一年也。然《元经》尚以安、恭纪年。"授,通"受",即受天命。

⑥我闻有命,未敢以告人:实模仿《诗经·唐风·扬之水》:"我闻有命,不敢以告人。"东汉郑玄注云:"不敢以告人而去者,畏昭公谓己动民心。"

⑦伤之者,怀之也:阮逸注云:"虽实去,尚追怀之。"

⑧卒帝:阮逸注云:"魏至孝文方得纪帝。"

⑨"贵其时"三句:阮逸注云:"天时、人事盛大而帝之,得其宜也。"

【译文】

董常说："《元经》称北魏为帝，这是为何？"文中子说："天下离乱，我投奔谁呢？谁能供奉天地，庇护百姓，谁就是我的君主。并且他居于先王之国土，接受先王之大道，我是先王的百姓，称他为帝有何不可？"董常说："请问皇始元年魏已受天命，为何还要称晋为帝？"文中子说："主宰中原的王朝，将无法主宰中原。我知晓魏已受天命，但却不敢告诉他人，只能为此而悲伤。之所以悲伤，是因为心怀旧邦。"董常问："请问为何最终称为帝呢？"文中子说："北魏上得天时，功业盛大，于是合宜而为。"

7.11 子曰："穆公来[①]，王肃至[②]，而元魏达矣。"

【注释】

①穆公：晋阳穆公。见1.1、4.16、5.12、5.47条及注。

②王肃（464—501）：字恭懿，琅邪临沂（今山东临沂）人。北魏名臣，东晋丞相王导之后，南齐尚书左仆射王奂之子。少而聪辩，博涉经史，有大志。初仕萧赜，历任著作郎、太子舍人等职。太和十七年（493），父兄皆为萧赜所杀，遂自建业投奔北魏，历任辅国将军、大将军长史等职，积功为豫州刺史、扬州大中正。《魏书》卷六十三、《北史》卷四十二有传。

【译文】

文中子说："晋阳穆公和王肃来归北魏后，北魏国政昌达兴盛。"

7.12 子曰："非至公，不及史也[①]。"

【注释】

①非至公，不及史也：阮逸注云："以先王为公。"即以先圣先王之大道为准则。及史，《论语·卫灵公》："子曰：'吾犹及史之阙文也。'"

北宋邢昺疏云:“史,是掌书之官也。文,字也。古之良史于书字有疑则阙之,以待能者,不敢穿凿。”此指编修史书。

【译文】

文中子说:“若非至公至正之人,则不能秉笔编史修传。”

7.13 叔恬曰:“敢问《元经》书陈亡而具五国[①],何也?”子曰:“江东,中国之旧也,衣冠礼乐之所就也[②]。永嘉之后[③],江东贵焉[④],而卒不贵[⑤],无人也。齐、梁、陈于是乎不与其为国也[⑥]。及其亡也,君子犹怀之,故书曰:‘晋、宋、齐、梁、陈亡’,具五以归其国[⑦],且言其国亡也[⑧]。呜呼!弃先王之礼乐以至是乎!”叔恬曰:“晋、宋亡国久矣,今具之,何谓也?”子曰:“衣冠文物之旧,君子不欲其先亡。宋尝有树晋之功,有复中国之志[⑨],亦不欲其先亡也,故具齐、梁、陈,以归其国也。其未亡,则君子夺其国焉[⑩],曰‘中国之礼乐安在?’其已亡,则君子与其国焉,曰‘犹我中国之遗人也’[⑪]。”叔恬曰:“敢问其志。”文中子泫然而兴曰:“铜川府君之志也[⑫],通不敢废。书五国并时而亡,盖伤先王之道尽坠。故君子大其言,极其败,于是乎扫地而求更新也[⑬]。‘期逝不至,而多为恤’[⑭],汝知之乎?此《元经》所以书也。”

【注释】

①《元经》书陈亡而具五国:阮逸注云:“书‘隋九年春,帝正月,晋、宋、齐、梁、陈亡。’”

②就:归。

③永嘉:即永嘉之乱,晋室南渡。见5.11条“惠、怀”注。

④江东贵焉：阮逸注云："中国衣冠往依焉。"

⑤贵：阮逸注云："犹兴也。"

⑥齐、梁、陈于是乎不与其为国也：阮逸注云："宋尝有树晋之功，君子犹与之也；至齐、梁、陈，无复念中国，但自相篡立，故曰：'不与其为国也。'"

⑦归其国：阮逸注云："归晋旧国。"即归宗于晋，意在说明宋、齐、梁、陈皆承袭晋的疆土及典章制度。

⑧亡：阮逸注云："《春秋》书梁亡，言自亡也。江东亦然。不任贤，不修典礼，尚淫靡之文，自取亡国，故曰'自亡'。"

⑨宋尝有树晋之功，有复中国之志：阮逸注云："宋祖刘裕平桓玄、卢循，此树晋功也；伐南燕，擒慕容超，伐后秦姚泓，平洛阳，修谒五陵，留子义真守长安，此复中国志也。"

⑩其未亡，则君子夺其国焉：阮逸注云："齐、梁、陈不修礼乐，但自谋立，故君子至公及史，以其未亡而必夺之也。"即君子在编修史书时，剥夺齐、梁、陈国之称号。

⑪"其已亡"三句：阮逸注云："已亡，谓晋、宋礼乐犹存先王之化，衣冠犹有中国之人。故君子及史，虽其已亡，而必与之也。"

⑫铜川府君：见1.1条注。

⑬扫地：清除，去除。此指清除积弊。

⑭期逝不至，而多为恤：《诗经·小雅·杕杜》："期逝不至，而多为恤。"毛传云："逝，往。恤，忧也。远行不必如期，室家之情以期望之。"阮逸注云："文中子喻己怀先王之道，亦犹此诗尔。"意在说明，圣王不至，我空怀先王之道不得施展而心中无比忧伤。

【译文】

叔恬说："请问《元经》记录陈国灭亡载录为晋、宋、齐、梁、陈灭亡，这是为何？"文中子说："江东是中原故地，典章制度尽归于此。永嘉之乱后，江东显贵云集，然而最终没有兴盛，实因没有贤才。齐、梁、陈也便难称为国了。等到他们亡国之后，贤人君子尚有所怀念，因此记录为：‘晋、宋、齐、梁、陈亡’，列此五国以归宗于晋，并且言明他们是自亡其国。哎！抛弃先王礼乐正道以致沦落于此啊！”叔恬问：“晋、宋已经灭亡很久了，现在又予提及，这是为何？”文中子说：“典章旧制，君子不愿其过早散失。宋承晋志欲建功业，有志恢复中原，亦不愿典章制度过早散失，因此列齐、梁、陈以归宗于宋。虽然齐、梁、陈没有亡国，但君子不称其为国，说‘哪里还有中原的礼乐政教呢？’虽然晋、宋已经亡国，但君子称其为国，说‘尚存有我中原礼乐之后裔’。”叔恬问：“请问您的志向？”文中子流着眼泪感叹道：“铜川府君的志向，我不敢忘记。记载五国同时灭亡，是感伤先王之道尽失。因此君子推崇先王之言，穷究败亡之因，进而清除积弊以求除旧布新。然而‘圣王不至，我心忧伤’，你了解吗？这就是我写作《元经》的原因。”

7.14 文中子曰：“汉、魏礼乐，其末不足称也。然《书》不可废，尚有近古对议存焉①。制、志、诏、册，则几乎典诰矣②。”

【注释】

①然《书》不可废，尚有近古对议存焉：阮逸注云：“《续书》有对、议。问对，若高贵乡公问诸儒经义，淳于俊、马昭等对曰‘三王以德化民，三王以礼为治’是也。议，若夏侯玄议时事曰‘铨衡台阁，上之分；孝悌闾里，下之分’是也。”

②制、志、诏、册，则几乎典诰矣：阮逸注云：“制，发于君心也；志，臣下志君之善也；告，君告于下也；册，君求于贤也，皆近于《二典》《九诰》。”阮逸所云“《二典》《九诰》”，即《尚书》中的《尧典》《舜典》，和《仲虺之诰》《汤诰》《盘庚》《大诰》《康诰》《酒诰》《召诰》《洛诰》《康王之诰》。见5.15、5.16、5.17条及注。

【译文】

文中子说："汉、魏的礼乐政教，实属末流，不足称道。然而《续书》之道不可废弛，尚有接近古道的对、议存于其中。《续书》中的制、志、诏、册，都近乎《尚书》中的典、诰了。"

7.15 薛收问仁。子曰："五常之始也①。"问性。子曰："五常之本也②。"问道。子曰："五常一也③。"

【注释】

①五常：见1.6条注。

②本：阮逸注云："谓善也。孟子曰：'人性无不善。'"

③一：阮逸注云："性善，其道一也。《礼》曰：'率性之谓道。'"即"道"与"五常"的根本皆为性善。

【译文】

薛收问何为仁。文中子说："仁是社会伦常的基础。"问何为性。文中子说："性是社会伦常的根本。"问何为道。文中子说："道与社会伦常本质相同。"

7.16 贾琼曰："子于道有不尽矣乎①？"子曰："通于三才、五常有不尽者，神明殛也②。或力不足者，斯止矣③。"

【注释】

①子于道有不尽矣乎：阮逸注云："言夫子以门人不可教而大于不尽以道教之乎？"道，此指传道授业。

②通于三才、五常有不尽者，神明殛（jí）也：阮逸注云："责贾琼不知心也。言三才、五常之道，有为之教，吾尽之矣；如要无为，则退藏于密，不能尽焉。"三才、五常，见1.1、1.6条注。殛，诛，杀。

③或力不足者，斯止矣：阮逸注云："智不及则有不尽焉，故不教尔也。此谦辞。"止，仅。

【译文】

贾琼说："先生传道是否有所保留？"文中子曰："我于天地大道社会伦常如果没有尽心竭力，就让神明共诛于我。或许有能力不足之处，仅此而已。"

7.17　裴晞问《穆公之事》[①]。子曰："舅氏不闻凤皇乎[②]？览德晖而下，何必怀彼也？"叔恬曰："《穆公之事》，盖明齐、魏[③]。"

【注释】

①裴晞（xī）：见1.18条注。《穆公之事》：阮逸注云："《续书》有此篇名，事则未详。"

②凤皇：即凤凰。阮逸注云："凤翔千仞，有德则来，无德则去。"《大戴礼记·保傅》："凤凰生而有仁义之意，虎狼生而有贪戾之心。"

③盖明齐、魏：阮逸注云："盖明南齐篡国，君子振凤翮而去之，穆公所以来魏也。"

【译文】

裴晞求教《穆公之事》。文中子说："舅父您难道没听说过凤凰吗？看到仁德的光辉才会栖止，何必心有所怀？"叔恬说："《穆公之事》，实申明齐、魏之别。"

7.18　裴晞曰："人寿几何？吾视仲尼何其劳也[①]！"子曰："有之矣，其劳也。敢违天乎[②]？焉知后之视今，不如今之视昔也[③]？"

【注释】

①吾视仲尼何其劳也：阮逸注云："应聘列国，未尝暂暇。"

②敢违天乎：阮逸注云："然天行健，君子自强不息，岂敢违天？"

③焉知后之视今，不如今之视昔也：实模仿《汉书·京房传》："臣恐后之视今，犹今之视前也。"阮逸注云："子自谓：'我勤道亦劳也，然后人视我，亦将讥人寿几何也。'"

【译文】

裴晞问："人的寿命有多长？我看孔子那么辛苦！"文中子说："是这样，确实很辛劳。但是怎敢违背天意？又怎知后人看今人，不像今人看古人呢？"

7.19 温大雅问[①]："如之何可使为政？"子曰："仁以行之，宽以居之[②]，深识礼乐之情[③]。""敢问其次[④]。"子曰："言必忠，行必恕[⑤]，鼓之以利害不动[⑥]。"又问其次。子曰："谨而固，廉而虑，龊龊焉自保[⑦]，不足以发也[⑧]。"子曰："降此，则穿窬之人尔[⑨]，何足及政？抑可使备员矣[⑩]。"

【注释】

①温大雅：见2.3条注。

②仁以行之，宽以居之：实模仿《周易·乾卦》："《文言》曰：'宽以居之，仁以行之。'"

③深识礼乐之情：《礼记·乐记》："知礼乐之情者能作，识礼乐之文者能述。作者之谓圣，述者之谓明。明圣者，述作之谓也。"唐孔颖达疏云："若能穷极其本，识其变通，是知乐之情也。"

④敢问其次：实模仿《论语·子路》："子贡问曰：'何如斯可谓之士矣？'子曰：'行己有耻，使于四方，不辱君命，可谓士矣。'曰：'敢

问其次。’曰：‘宗族称孝焉，乡党称悌焉。’”

⑤言必忠，行必恕：实模仿《论语·子路》：“言必信，行必果。”

⑥鼓之以利害不动：西汉扬雄《法言·渊骞》：“鼓之以道德，征之以仁义，舆尸血刃，皆所不为也。”鼓，鼓动。此指煽动，诱惑。

⑦龊龊（chuò）焉：小心翼翼的样子。

⑧足以发：《论语·为政》：“子曰：‘吾与回言终日，不违如愚。退而省其私，亦足以发。回也，不愚。’”北宋邢昺疏云：“言回既退还，而省察其在私室与二三子说释道义，亦足以发明大体。”

⑨穿窬（yú）之人：《论语·阳货》：“子曰：‘色厉而内荏，譬诸小人，其犹穿窬之盗也与？’”北宋邢昺疏云：“穿，穿壁。窬，窬墙也。”即打洞穿墙的行窃之人。此指卑劣之人。

⑩备员：凑数，充数。

【译文】

温大雅问：“怎样做才可以施行政教呢？”文中子说：“推行政令心存仁爱，对待百姓态度宽和，深知礼乐之情。”“请问其次呢？”文中子说：“言行皆合忠恕之道，诱之以利害而不为所动。”又问其次。文中子说：“谨慎而固守正道，廉正而思虑周详，小心翼翼以求自保，不足以阐发圣人大道。”文中子说：“此等以下，则为卑劣之人，哪配推行政教？不过是凑数罢了。”

7.20 子曰：“宗祖废而氏姓离矣，朋友废而名字乱矣[①]。”

【注释】

①宗祖废而氏姓离矣，朋友废而名字乱矣：阮逸注云：“大宗小宗，同尊其祖，所以亲族不离；朋友相字，以表其德，所以称谓不乱。”宗祖，此指宗法。氏姓，此指家族。朋友废而名字乱矣，见6.51条及注。名字，起字。名，作动词。

【译文】

文中子说:“宗法之制废弛而家族离散,朋友之道废弛而起宇混乱。”

7.21 内史薛公谓子曰[①]:“吾文章可谓淫溺矣[②]。”文中子离席而拜曰[③]:“敢贺丈人之知过也。”薛公因执子手喟然而咏曰[④]:“老夫亦何冀?之子振颓纲[⑤]。”

【注释】

①内史薛公:见2.9条注。

②吾文章可谓淫溺矣:阮逸注云:“薛道衡自谓淫文溺于所习。”淫,文辞华丽。溺,没有节制。

③离席:离开坐席,以此表示恭敬。拜:行礼,施礼。

④喟(kuì)然:感叹、叹息的样子。

⑤之子:此人。此指文中子。颓纲:阮逸注云:“谓六朝文弊。”即六朝文章辞藻华丽而内容空洞之弊。

【译文】

内史薛公对文中子说:“我的文章可以说文辞过于华丽了。”文中子离开座位施礼说:“为您能知己之过而道贺。”薛公于是抓住文中子的手喟然长叹并吟咏道:“老夫我还有什么指望呢?还要您来振作颓文之弊。”

7.22 子将之陕[①],门人从者锵锵焉被于路[②]。子止之曰:“散矣,不知我者,谓我何求[③]。”门人乃退。

【注释】

①陕:阮逸注云:“河南陕县,唐置陕州。”

②锵锵(qiāng):盛多貌。此指人数众多。

③不知我者,谓我何求:《诗经·王风·黍离》:“知我者,谓我心忧;

不知我者,谓我何求。"

【译文】

文中子前往陕县,追随的门生多得挤满了道路。文中子劝阻他们说:"大家各自散去吧,不了解我的人,还以为我有什么企图呢。"门生方才退去。

7.23 子谓贺若弼曰[①]:"'壮于趾'而已矣[②]。"

【注释】

①贺若弼:见3.15条注。

②壮于趾:阮逸注云:"言居下用刚也。"《周易·大壮卦》:"初九,壮于趾,征凶有孚。"唐孔颖达疏云:"'壮于趾,征凶有孚'者,趾,足也。初在体下,有如趾足之象,故曰'壮于趾'也。施之于人,即是在下而用壮也。在下用壮,陵犯于物,以斯而行,凶其信矣。"此处文中子实以"壮于趾",规劝贺若弼身为人臣,不应犯上无礼,刚暴任性。

【译文】

文中子对贺若弼说:"只要不刚暴犯上即可。"

7.24 子曰:"天下未有不劳而成者也。"

【译文】

文中子说:"天下没有不付出辛苦就能成功的事情。"

7.25 贾琼问正家之道。子曰:"言有物而行有恒[①]。"

【注释】

①言有物而行有恒:《周易·家人卦》:"《象》曰:'君子以言有物而行

有恒。'"唐孔颖达疏云:"言必有事,即口无择言;行必有常,即身无择行。"又《孝经·卿大夫章》:"是故非法不言,非道不行;口无择言,身无择行。"唐玄宗注云:"言行皆遵法道,所以无可择也。"

【译文】

贾琼问匡正家室之道。文中子说:"言行皆谨遵正道。"

7.26 王孝逸谓子曰①:"盍说乎②?"子曰:"呜呼!言之不见信久矣③。吾将'正大人'以取吉④,尚口则穷也⑤。且'致命遂志'⑥,其唯君子乎?"

【注释】

①王孝逸:见1.27条注。

②说(shuì):游说。此指游说权贵以求重用。

③言之不见信久矣:阮逸注云:"《困卦》爻云:'有言不信。'周公之词也,故曰'久矣'。"意在说明自周公以来,圣贤之言皆不为世人所信。

④正大人:即《周易·困卦》之"贞大人"。《周易·困卦》:"困:亨,贞,大人吉,无咎。有言不信。"唐孔颖达疏云:"处困而能自通,必是履正体大之人,能济于困,然后得吉而无咎。"又:"处困求济在于正身修德,若巧言能辞,人所不信,则其道弥穷,故诫之以'有言不信'也。"即正身修德,躬行大道。

⑤尚口则穷也:《周易·困卦》:"《象》曰:'有言不信,尚口乃穷也。'"唐孔颖达疏云:"处困求通在于修德,非用言以免困,徒尚口说更致困穷,故曰'尚口乃穷也'。"即仅仅靠言说游说反而会使处境更加困窘。

⑥致命遂志:《周易·困卦》:"《象》曰:'泽无水,困。君子以致命遂志。'"唐孔颖达疏云:"君子之人,守道而死。虽遭困厄之世,期于

致命丧身，必当遂其高志，不屈挠而移改也，故曰‘致命遂志’也。”意在说明，有道君子即便付出生命也不会改变其高远的志向。

【译文】

王孝逸对文中子说：“为何不去游说权贵呢？”文中子说：“哎！世人不信圣人之言已经很久了。我将要正身修德，躬行大道以求吉祥安泰，仅仅依靠言说游说反而会使处境更加困窘。并且即便付出生命也不会改变志向，只有有道君子才能如此吧？”

7.27　文中子曰：“《春秋》其以天道终乎？故止于获麟①。《元经》其以人事终乎，故止于陈亡②。于是乎天人备矣。”薛收曰：“何谓也？”子曰：“天人相与之际，甚可畏也③，故君子备之④。”

【注释】

①《春秋》其以天道终乎？故止于获麟：阮逸注云：“麟不遇时，天命穷矣。”获麟，《春秋·哀公十四年》：“春，西狩获麟。”西晋杜预注云：“仲尼伤周道之不兴，感嘉瑞之无应，故因《鲁春秋》而修中兴之教，绝笔于‘获麟’之一句，所感而作，固所以为终也。”

②《元经》其以人事终乎，故止于陈亡：阮逸注云：“先王之道扫地，而求更新，是人事极矣。”

③天人相与之际，甚可畏也：西汉董仲舒《元光元年举贤良对策》：“《春秋》之中，视前世已行之事，以观天人相与之际，甚可畏也。”天人相与之际，即天道、人事相互关联。

④备：此指记录、载录。

【译文】

文中子说：“《春秋》是有感于天道终结吧？所以止于西狩获麟。《元经》是有感于人事穷尽吧？所以止于陈国灭亡。如此则天道、人事皆备。”

薛收问："为何这样说？"文中子说："天道、人事相互关联，应当心怀敬畏，因此君子予以载录。"

7.28 子曰："可与共乐，未可与共忧；可与共忧，未可与共乐。吾未见可与共忧乐者也[1]。二帝、三王，可与忧矣[2]。"

【注释】

①"可与共乐"五句：阮逸注云："乐，谓守成也，治成则与民同乐；忧，谓虑始也，事初则与民同患。凡可与守成者，难与虑始，若成王初疑周公是也；可与虑始，不可与守成，若范蠡终避勾践是也。有始有卒，难全也哉！"皆就君王而言。

②二帝、三王，可与忧矣：阮逸注云："尧禅舜，舜禅禹，天下共乐矣；汤伐桀，武王伐纣，天下共忧矣。忧乐皆以天下，故文中子以天下之道共与而言之也。"可与忧矣，结合上下文意，当作"可与共忧乐矣"，即与天下人共忧乐。

【译文】

文中子说："有的君王可以和他同享乐，却不能和他共患难；有的君王可以和他共患难，却不能和他同享乐。我没见过可以与他共患难、同享乐的君王。只有二帝、三王，才能与天下人同甘共苦。"

7.29 子曰："非君子不可与语变[1]。"

【注释】

①变：阮逸注云："权也，反经合道之谓也。"即权变。

【译文】

文中子说："不是君子，则不可与其谈论权变。"

7.30　子赞《易》[①]，至于《革》[②]，叹曰："可矣。其孰能为此哉？"至初九，曰："吾当之矣，又安行乎[③]？"

【注释】

①赞《易》：见5.38条注。

②《革》：《周易·革卦》："《彖》曰：'天地革而四时成，汤、武革命，顺乎天而应乎人。'"

③"至初九"四句：《周易·革卦》："初九，巩用黄牛之革。《象》曰：'巩用黄牛，不可以有为也。'"三国王弼注云："在革之始，革道未成，固夫常中，未能应变者也。此可以守成，不可以有为也。"意在说明，当《革》之初，只能谨守正道，尚无法有所作为。

【译文】

文中子阐明《周易》之道，至《革卦》，感叹道："可以兴《革》之义了。然而谁能担此大任呢？"至《革卦》初九，说："我正处于这个阶段，又怎能有所作为？"

7.31　薛收问一卦六爻之义。子曰："卦也者，著天下之时也[①]；爻也者，效天下之动也[②]。趋时有六动焉，吉、凶、悔、吝所以不同也。"收曰："敢问六爻之义。"子曰："六者非他也，三才之道[③]，谁能过乎？"

【注释】

①卦也者，著天下之时也：三国王弼《周易略例·明卦释变通爻》："夫卦者，时也；爻者，适时之变者也。"唐邢𪻊注云："卦者，统一时之大义；爻者，适时中之通变。"

②爻也者，效天下之动也：见5.33条及注。

③三才：见1.1条注。

【译文】

薛收问一卦六爻的含义。文中子说："卦，彰明天下万物之时序；爻，仿效天地万物之变化。根据时序的发展产生六种变化，于是就形成了吉、凶、悔、吝的不同。"薛收说："请问六爻的含义。"文中子说："之所以用'六'，没有别的原因，只因'六'体现了天、地、人之道，又有谁能超出这个范围呢？"

7.32 程元、薛收见子。子曰："二生之学文奚志也？"对曰："尼父之《经》，夫子之《续》[①]，不敢殆也。"子曰："'允矣君子，展也大成[②]。'居而安，动而变[③]，可以佐王矣。"

【注释】

①《续》：即《续六经》。

②允矣君子，展也大成：《诗经·小雅·车攻》："允矣君子，展也大成。"东汉郑玄注云："允，信。展，诚也。大成，谓致太平也。"即诚信君子，以正道实现天下太平。

③居而安，动而变：阮逸注云："居而安，可与立也；动而变，可与权也。"

【译文】

程元、薛收拜见文中子。文中子说："你们二人学习典册，有何志向？"二人答道："孔子的《六经》，先生的《续六经》，不敢荒怠。"文中子说："'诚信君子，以正道开太平。'居处安泰稳重，行事灵活权变，可以辅佐君王了。"

7.33 董常之丧，子赴洛[①]，道于沔池[②]。主人不授馆[③]，子有饥色，坐荆棘间，赞《易》不辍也。谓门人曰："久矣，吾将辍也而竟未获[④]，不知今也而通大困。困而不忧，穷而不慑[⑤]，通能之，斯学之力也。”主人闻之，召舍具餐焉。

【注释】

①董常之丧，子赴洛：阮逸注云：“常死在洛。”

②沔（miǎn）池：阮逸注云：“河南有沔池县，唐置穀州。”

③主人：客店接待宾客的人。授馆：为宾客安排食宿。

④吾将辍也：阮逸注云：“辍赞《易》。”

⑤慑：见5.18条注。

【译文】

董常离世，文中子前往洛阳奔丧，经过沔池。客店接待之人不肯为文中子安排食宿，文中子面有饥色，坐在杂草丛中，阐发《周易》之道不止。他对门生说：“长久以来，我都想停止阐发《周易》之道，然而却始终没有停止，没想到今天我身陷困境。处境困窘而不忧虑，失意而不气馁，我之所以能做到，实是学习的作用。”客店接待之人听闻这些话，于是招待文中子进店并安排饭食。

7.34 贾琼请绝人事[①]。子曰：“不可。”请接人事。子曰：“不可。”琼曰：“然则奚若？”子曰：“庄以待之[②]，信以从之[③]。去者不追，来者不拒[④]，泛如也，斯可矣。”

【注释】

①人事：此指社会中的世俗往来。

②庄以待之：实模仿《论语·卫灵公》：“知及之，仁能守之，不庄以莅之。”

③信以从之：实模仿《论语·卫灵公》：“子曰：‘君子义以为质，礼以

行之，孙以出之，信以成之。君子哉！'"

④去者不追，来者不拒：实模仿《孟子·尽心下》："夫子之设科也，往者不追，来者不拒。"

【译文】

贾琼请求断绝世俗往来。文中子说："不可。"请求恢复世俗往来。文中子说："不可。"贾琼问："那该怎么办呢？"文中子说："对待他人庄重恭敬，与人相处诚实守信。逝去的不过多纠缠，即将到来的亦无所抗拒，简单面对就好。"

7.35 文中子曰："贾谊夭①，孝文崩②，则汉祚可见矣。"

【注释】

①贾谊（前200—前168）：洛阳（今属河南）人。少有才名，十八岁以善文为郡人所称。汉文帝时任博士，迁太中大夫，受大臣周勃、灌婴排挤，谪为长沙王太傅，故称"贾长沙""贾太傅"。三年后被召回长安，为梁怀王太傅。梁怀王坠马而死，贾谊深自歉疚，抑郁而亡。《史记》卷八十四、《汉书》卷四十八有传。

②孝文：汉文帝刘恒（前203—前157），汉高祖刘邦第四子，汉惠帝刘盈异母弟，母为薄姬。高祖十二年（前195），封代王。为人宽容平和，仁厚谦逊。高祖去世，吕后监国，惠帝英年早逝，外戚吕氏掌权。吕后去世，太尉周勃联合丞相陈平等人迎立代王刘恒进京即位。文帝即位之后，励精图治，鼓励农桑，厉行节俭，废除肉刑，国家强盛安乐，百姓富裕丰足，开启了"文景之治"。《史记》卷十有《孝文本纪》，《汉书》卷四有《文帝纪》。

【译文】

文中子说："贾谊早卒，文帝驾崩，于是汉朝的国祚便可以想见了。"

7.36　子曰："我未见谦而有怨，亢而无辱[①]，恶而不彰者也[②]。"

【注释】

①亢：高傲，倨傲。

②彰：即彰善瘅恶。此指遭受批判。《尚书·毕命》："彰善瘅恶，树之风声。"

【译文】

文中子说："我没见过为人谦恭而遭人怨恨的，态度倨傲而不受侮辱的，作恶多端而不受到批判的。"

7.37　董常曰："子之《十二策》奚禀也[①]？"子曰："有天道焉，有地道焉，有人道焉，此其禀也。"董常曰："噫！三极之道[②]，禀之而行，不亦焕乎[③]？"子曰："《十二策》若行于时，则《六经》不续矣。"董常曰："何谓也？"子曰："仰以观天文，俯以察地理，中以建人极[④]。吾暇矣哉[⑤]！其有不言之教行而与万物息矣[⑥]。"

【注释】

①《十二策》：《文中子世家》："仁寿三年，文中子冠矣，慨然有济苍生之心，西游长安，见隋文帝。帝坐太极殿召见，因奏《太平策》十有二策，尊王道，推霸略，稽今验古，恢恢乎运天下于指掌矣。"本书《魏相篇》："子谒见隋祖，一接而陈《十二策》，编成四卷。"禀：陈述。

②三极：即"三才"。见1.1条注。

③焕：《论语·泰伯》："子曰：'大哉！尧之为君也。巍巍乎！唯天为

大，唯尧则之。荡荡乎！民无能名焉。巍巍乎，其有成功也；焕乎，其有文章。'"北宋邢昺疏云："焕，明也。言其立文垂制又著明也。"即礼乐政教得以昌明。

④"仰以观天文"三句：意在说明《十二策》之内容博大精深，兼收天文地理自然之数，且为世间兴立致太平之道。"仰以观天文，俯以察地理"，实模仿《大戴礼记·保傅》："仰则观天文，俯则察地理，前视则睹鸾和之声，侧听则观四时之运。"人极，即"皇极"。见1.8条注。

⑤吾暇矣哉：意在说明，《十二策》若得以推行，则王道自兴，太平自致，自己亦可以不再编撰著述，四处奔波了。

⑥不言之教：《老子》第二章："圣人处无为之事，行不言之教，万物作焉而不辞。"西汉河上公注云："以身帅导之也。"见1.28条注。息：生长。

【译文】

董常问："先生您的《十二策》都讲了些什么？"文中子说："有天道、有地道、有人道，这就是《十二策》所讲的内容。"董常说："啊！这是'三才'之道，遵此而行，礼乐不就得以昌明了吗？"文中子说："《十二策》若真能得以推行，我就不会作《续六经》了。"董常问："为何这样说？"文中子说："我作《十二策》上观天文，下察地理，中立王道。如若得以推行我应该甚为安闲！不言之教应该会得以推行，世间万物亦得以自然生长。"

7.38 文中子曰："天下有道，圣人藏焉；天下无道，圣人彰焉①。"董常曰："愿闻其说。"子曰："反一无迹②，庸非藏乎？因贰以济③，能无彰乎？如有用我者，当处于太山矣④。"董常曰："将冲而用之乎⑤？《易》不云乎：易简而天地之理得矣⑥。"

【注释】

①“天下有道”四句：实反其意化用《论语·泰伯》：“天下有道则见，无道则隐。”

②反一无迹：《庄子·缮性》：“当时命而大行乎天下，则反一无迹；不当时命而大穷乎天下，则深根宁极而待。此存身之道也。”西晋郭象注云：“反任物性，而物性自一，故无迹。”即谨遵天地大道，与万物融为一体。

③因贰以济：阮逸注云：“贰，谓异端也。异端乖乎大义，我则辟之尔。如尼父因史法之贰，作《春秋》以济之；孟子因邪说之贰，举仁义以济之；文中子因乱华之贰，尊《元经》以济之。盖有为之典也。”

④太山：阮逸注云：“鲁国周公礼乐之地。文中子周之后，故慕焉。一说太山，黄帝有合宫在其下，可以立明堂之制焉。”此指王道。

⑤冲：阮逸注云：“虚也。《老子》曰：‘道冲而用之。’言子不求官达而思慕太山黄帝、周公之道，是将假冲虚为词乎？”即无为而治。

⑥易简而天地之理得矣：《周易·系辞上》：“易简而天下之理得矣。”东晋韩康伯注云：“天下之理，莫不由于易简而各得顺其分位也。”

【译文】

文中子说：“天下太平，圣贤隐藏不见；天下混乱，圣贤得以彰显。”董常说：“愿听其中原委。”文中子说：“谨遵天地大道，与万物融为一体，岂不隐而不见？拯救大道乖析，以期有补于时弊，怎能不得以彰显？如果得明君重用，我当推行王道。”董常问：“将要以无为治天下吗？《周易》不是说：天下之理因乎易简约而各得其所。”

7.39　杜淹问七制之主[①]。子曰：“有大功也。”问贾谊之道何如。子曰：“群疑亡矣[②]。”或问楚元王[③]。子曰：“惠人也[④]。”问河间献王[⑤]。子曰：“智人也[⑥]。”问东平王苍[⑦]。

子曰:“仁人也。”问东海王彊⑧。子曰:“义人也。保终荣宠,不亦宜矣⑨?”

【注释】

①杜淹:见2.3条注。七制之主:见1.32条注。

②群疑亡矣:阮逸注云:“《易·睽卦》曰:‘遇雨则吉,群疑亡也。’(贾)谊上书文帝曰:‘汉兴二十余年,当更秦之法,定官名、礼乐。’又对鬼神之事,君臣相和,如遇雨,吉矣。此其道也。”即西汉初年,功业草创,制度皆粗疏未备,贾谊通晓经典旧制,可为朝廷申明典章礼乐之事。

③楚元王:刘交(?—前179),字游,沛郡丰邑(今江苏丰县)人。刘太公第四子,汉高祖刘邦异母弟,西汉诸侯王。好读书,多才艺,少与鲁穆生、白生、申公俱受《诗经》于荀子弟子浮丘伯。刘邦封为沛公时,封文信君。刘邦即位后,封楚王。就国后,以穆生、白生、申公为中大夫。听闻浮丘伯在长安,遂派次子刘郢客与申公前往受业。汉文帝听闻申公为《诗》最精,任命五经博士,为其作传,号《鲁诗》。汉文帝元年(前179)离世,谥号“元”。《汉书》卷三十六有传。

④惠:阮逸注云:“才惠也。”

⑤河间献王:刘德(前160—前130),京兆长安(今陕西西安)人。汉景帝之子,西汉诸侯王。汉景帝前元二年(前155),受封河间王,修学好古,抄撰典籍,潜心圣道。元光五年(前130)离世,谥号“献”。《汉书》卷五十三《景十三王传》有载录。

⑥智:阮逸注云:“谓能周防也。”

⑦东平王苍:刘苍(?—83),光武帝刘秀之子,于建武十五年(39)封为东平公,十七年(41)进为东平王。好读经书,博学多才。汉明帝时为骠骑将军在朝辅政。汉章帝建初八年(83)离世。《后

汉书》卷四十二《光武十王传》有载录。

⑧东海王彊：刘彊（25—58），光武帝刘秀长子，母为废后郭圣通。建武二年（26），册立为太子。生母郭后被废，审时度势，主动辞让太子之位，封为东海王。永平元年（58）离世，谥号“恭”。《后汉书》卷四十二《光武十王传》有载录。

⑨保终荣宠，不亦宜矣：阮逸注云：“言四王皆善终，有惠智仁义。”

【译文】

杜淹问两汉七制之主。文中子说：“皆建立了盛大功业。”问贾谊的为政之道。文中子说：“能够消除众人疑虑。”有人问楚元王。文中子说：“好学聪慧之人。”问河间献王。文中子说：“思虑周全之人。”问东平王刘苍。文中子说：“心存仁善之人。”问东海王刘彊。文中子说：“躬行道义之人。他们终保尊荣，难道不是理所当然的吗？”

7.40 子曰：“妇人预事而汉道危乎[①]，大臣均权而魏命乱矣[②]，储后不顺而晋室隳矣[③]。此非天也，人谋不臧[④]，咎矣夫。”

【注释】

①预：干预。事：政事。此指朝政。

②大臣均权而魏命乱矣：阮逸注云：“司马宣王与曹爽争权相倾，终乱魏也。”均权，此指争权。均，分。此处作“争”。

③储后不顺而晋室隳（huī）矣：阮逸注云：“惠帝衷太子司马遹未加师训而立，果隳晋祚。”储后不顺，即册立储君而不加教诲。储后，储君。顺，通“训”，教诲。隳，毁坏，灭亡。

④人谋不臧：实模仿《诗经·小雅·小旻》：“谋之其臧，则具是违；谋之不臧，则具是依。”东汉郑玄注云：“谋之善者，俱背违之；其不善者，依就之。”

【译文】

文中子说："妇人干预朝政而汉朝败亡，大臣争夺权力而魏国混乱，立储不教而晋朝衰落。这些皆非天意，实因人谋不善，以致酿成大祸。"

卷八

魏相篇

【题解】

《魏相篇》内容相对驳杂，人物品评、立德修身、治学之法、经典要义、政事得失皆包含其中。如若反复玩味，深入揣摩，方能渐渐厘清此篇端绪。《魏相篇》的主要线索实为有道君子遭逢乱世的立身之法与出处之道。开篇借品评魏相、杨遵彦等历史人物而引入君子的立身之法与出处之道。在王通看来，无论立身抑或出处，皆应合乎礼义、持守中道。立德修身、遵行古礼自当精勤不息。当然，作为乱世的立身之法，不仅含有儒家传统的忠恕之道，更加入了应对复杂世道人心的谨慎与持中。王通肯定门生的德行修为，亦批判时俗的古礼尽废与人心变乱，更哀叹隋炀帝开凿运河耗尽民力、连年灾荒兵革不息，以致江都生变、天下崩乱。"邦有道，则仕；邦无道，则可卷而怀之"，秉承儒家正统思想的王通，在隋朝承平之时，曾谒文帝献《太平十二策》，然而未得重用。如今世道大坏，对待朝廷所谓的征召，王通选择了隐而不仕。但王通矢志弘道之心却不曾动摇，访求《礼》《乐》于隐逸之士，修明《六经》于乡野之间。既有"君子之于道也，死而后已"的坚定，又有"人事修，天地之理得矣"的洞见，更有"君子不贵得位"的达观。不得其时，则述《六经》以明道。王通向门生传授《六经》要义，更鉴于长久以来世道变乱、史笔不一的局面，申明《春秋》《元经》的褒贬之义与权变之法，意在阐明《春秋》之于东、西二周，义在“尊王政”;《元经》之于南、北两朝,义在“明中国”。王通欲以一己“独断之作”彰明帝制所在、天命所归。斯此,方能更为透彻深刻地理解王通征召不至,隐居乡野,却仍孜孜于传习圣道、汲汲于躬行古礼的原因所在。

8.1 子谓魏相“真汉相。识兵略,达时令,远乎哉!”[①]

【注释】

①魏相:见4.17条注。

【译文】

文中子评价魏相是“当之无愧的大汉宰相。精通兵法,明达时令,远见卓识!”

8.2 子曰:“孰谓齐文宣瞢而善杨遵彦也[①]?谓孝文明[②],吾不信也。谓尔朱荣忠[③],吾不信也。谓陈思王善让也[④],能污其迹,可谓远刑名矣[⑤]。人谓不密,吾不信也。”

【注释】

①齐文宣:见3.7条注。瞢(méng):懵懂,糊涂。杨遵彦:见3.7条注。

②孝文:见2.52条注。

③尔朱荣(493—530):字天宝,北秀容(今山西忻州)人。梁郡公尔朱新兴之子,北魏权臣。初袭爵,任第一领民酋长。镇压北方起义,对抗胡太后势力。孝昌二年(526),自领肆州刺史。武泰元年(528),得知孝明帝遇鸩后,以为帝报仇为由,率军攻克洛阳,拥立孝庄帝元子攸即位,拜侍中、都督中外诸军事,任尚书令,封太原王,弑胡太后和幼帝元钊,专擅朝政。借口丞相高阳王元雍谋反,制造“河阴之变”,杀王公百官。后率军返晋阳,身居外藩重镇,遥制朝政。镇压葛荣起义,迁侍中、大丞相、都督河北诸

军事，平定韩楼、邢杲、元颢叛乱，拜太师、天柱大将军。永安三年(530)，坐罪被杀。《北史》卷八十四有传。

④陈思王：见3.21条注。

⑤刑名：刑罚。此指灾祸。

【译文】

文中子说："谁说齐文宣帝糊涂，糊涂焉能重用杨遵彦？说北魏孝文帝英明，我不相信。说尔朱荣忠诚，我不相信。陈思王善于辞让，能够自污行迹，可以说是远刑避祸了。有人却说他虑事不周，我不相信。"

8.3 董常问："古者明而不视，聪而不闻[①]，有是夫？"子曰："又有圆而不同[②]，方而不碍[③]，直而不抵[④]，曲而不佞者矣。"常曰："浊而不秽，清而不皎，刚而和，柔而毅，可乎？"子曰："出而不声，隐而不没，用之则成，舍之则全，吾与尔有矣[⑤]。"

【注释】

①古者明而不视，聪而不闻：《淮南子·本经训》："故闭四关，止五遁，则与道沦，是故神明藏于无形，精神反于至真，则目明而不以视，耳聪而不以听，心条达而不以思虑；委而弗为，和而弗矜；冥性命之情，而智故不得杂焉。"

②圆而不同：实模仿《论语·子路》："子曰：'君子和而不同，小人同而不和。'"

③方而不碍：实模仿《老子》第五十八章："圣人方而不割。"碍，通"阂"，孤傲，特立独行。

④抵：冒犯。此指无礼。

⑤"用之则成"三句：实模仿《论语·述而》："子谓颜渊曰：'用之则行，舍之则藏，唯我与尔有是夫！'"

【译文】

董常问："古时圣贤明察而不必去看，善闻而不必去听，是这样吗？"文中子说："除此之外还有圆融而不苟同，方正而不孤傲，刚直而不无礼，委婉而不谄媚的。"董常问："身处浊世而不同流合污，持身清正而不太过皎洁，刚正不阿且能处世随和，温和柔顺且能坚毅果敢，这样可以吗？"文中子说："出仕为官不会声名大噪，归隐田园不会埋没于世，得以重用则成就功业，不得施展则保全自身，只有我和你才是这样。"

8.4 子游马颊之谷，遂至牛首之谿[①]，登降信宿[②]，从者乐。姚义、窦威进曰[③]："夫子遂得潜乎？"子曰："潜虽伏矣，亦孔之炤[④]。"威曰："闻朝廷有召子议矣。"子曰："彼求我则，如不我得。执我仇仇，亦不我力[⑤]。"姚义曰："其车既载，乃弃尔辅[⑥]。"窦威曰："终逾绝险，曾是不意[⑦]。"子喟然，遂歌《正月》终焉。既而曰："不可为矣[⑧]。"

【注释】

①子游马颊之谷，遂至牛首之谿：阮逸注云："晋州有马颊河、牛首山。"牛首之谿，考《新唐书·王勃传》："初，祖通，隋末居白牛谿，教授门人甚众。"又南宋王应麟《困学纪闻》卷十《诸子》："龚氏本云：'子游黄颊之谷，遂至白牛之谿。'注云：'王绩尝题诗黄颊山壁。'愚按，《负苓者传》：'文中子讲道于白牛之谿。'当从龚本。"

②登降：山路行进中或上或下。信宿：连宿两夜。

③窦威：见2.3条注。

④潜虽伏矣，亦孔之炤(zhāo)：《诗经·小雅·正月》："鱼在于沼，亦匪克乐。潜虽伏矣，亦孔之炤。忧心惨惨，念国之为虐！"《礼记·中庸》亦引此诗："《诗》云：'潜虽伏矣，亦孔之昭。'故君子

内省不疚，无恶于志。”东汉郑玄注云：“孔，甚也。昭，明也。言圣人虽隐居，其德亦甚明矣。”炤，同“昭”，明。

⑤“彼求我则”四句：《诗经·小雅·正月》：“彼求我则，如不我得。执我仇仇，亦不我力。”东汉郑玄注云：“彼，彼王也。王之始征求我，如恐不得我，言其礼命之繁多。”“王既得我，执留我，其礼待我謷謷然，亦不问我在位之功力，言其有贪贤之名，无用贤之实。”

⑥其车既载，乃弃尔辅：《诗经·小雅·正月》：“其车既载，乃弃尔辅。”东汉郑玄注云：“以车之载物，喻王之任国事也。弃辅，谓远贤也。”辅，夹在车轮外侧的直木，以增加车轮负重。

⑦终逾绝险，曾是不意：《诗经·小雅·正月》：“无弃尔辅，员于尔辐。屡顾尔仆，不输尔载。终逾绝险，曾是不意。”东汉郑玄注云：“女不弃车之辅，数顾女仆，终用是逾度陷绝之险。”此句意在说明，君主若能亲近贤者，重用人才，国家终能渡过难关。曾，岂，怎能。意，留意，在意。

⑧不可为矣：阮逸注云：“言隋必亡，不可救。”

【译文】

文中子游览马颊谷，而后又到了白牛豁，一路上下前行连宿两夜，随行的人都很快乐。姚义、窦威上前说：“先生就这样归隐了吗？”文中子说：“君子虽然隐居乡野，但是德行昭明于世。”窦威说：“听说朝廷正讨论要征召先生。”文中子说：“朝廷征召我，如恐求我不得。得到之后颇多仇怨，亦不加以重用。”姚义说：“治国如驭载重之车，疏远贤人犹如抛弃负重之辅。”窦威说：“只要能够重用贤才，国家终能渡过难关，君王对此怎能不多加留意。”文中子喟然长叹，于是咏唱《正月》之诗以尽其意。不久后说：“隋朝已无可救药了。”

8.5　子曰：“《书》以辩事，《诗》以正性[①]，《礼》以制行[②]，《乐》以和德[③]，《春秋》《元经》以举往[④]，《易》以知来。先王之蕴尽矣[5]。"

【注释】

①《书》以辩事,《诗》以正性:阮逸注云:"言常道在乎事,思无邪在乎性。"

②《礼》以制行:阮逸注云:"行不可纵,必礼以制之。"《礼》,即"三礼",《周礼》《仪礼》《礼记》。制,约束。

③《乐》以和德:阮逸注云:"德不可苦,必乐以和之。"

④举:此指评论。往:过去。

⑤蕴:阮逸注云:"奥赜(zé)也。"

【译文】

文中子说:"《尚书》用来明辨事理,《诗经》用来匡正心性,《礼》用来约束行为,《乐》用来和谐德政,《春秋》和《元经》用来评论过去,《周易》用来预知将来。古圣先王之道的奥妙尽在其中。"

8.6 王孝逸曰[1]:"惜哉!夫子不仕,哲人徒生矣。"贾琼曰:"夫子岂徒生哉?以万古为兆人[2],五常为四国[3],三才、九畴为公卿[4],又安用仕?"董常曰:"夫子以《续诗》《续书》为朝廷,《礼论》《乐论》为政化,《赞易》为司命[5],《元经》为赏罚,此夫子所以生也。"叔恬闻之曰:"孝悌为社稷,不言为宗庙[6],无所不知为富贵[7],无所不极为死生[8],天下宗之,夫子之道足矣。"

【注释】

①王孝逸:见1.27条注。

②万古:万世。兆人:兆民。

③五常：见1.6条注。四国：四方，即天下。

④三才：见1.1条注。九畴：见4.9、4.20条注。

⑤司命：此指朝廷诏令。

⑥不言：即“不言之化”。见1.28条及注。

⑦无所不知：《列子·黄帝》：“圣人无所不知，无所不通，故得引而使之焉。”

⑧无所不极：《礼记·大学》：“君子无所不用其极。”东汉郑玄注云：“极，犹尽也。君子日新其德，常尽心力，不有余也。”指竭尽全力躬行圣教。

【译文】

王孝逸说：“可惜啊！先生不出仕为官，圣哲之人徒生于世间。”贾琼说：“先生怎么是徒生于世间呢？先生以万世为兆民，以五常为天下，以天地之道和治国之法为公卿，又何必出仕为官呢？”董常说：“先生以《续诗》《续书》为朝廷，以《礼论》《乐论》为施政教化，以《赞易》为诏令，以《元经》为赏罚，这就是先生存世的原因。”叔恬听闻说：“先生以孝悌伦理为社稷，以不言之化为宗庙，以无所不知为富贵，以无所不极为生死，先生为天下所尊，先生之道大行于世。”

8.7 贾琼曰：“中山吴钦[①]，天下之孝者也。其处家也，父兄欣欣然；其行事也[②]，父兄焦然，若无所据。”子曰：“吾党之孝者异此[③]：其处家也，父母晏然；其行事也，父兄恬然，若无所思。”

【注释】

①吴钦：其人不详。

②行事：此指外出办事。与上文“处家”对应。

③吾党之孝者异此：实模仿《论语·子路》："叶公语孔子曰：'吾党有直躬者，其父攘羊，而子证之。'孔子曰：'吾党之直者异于是。父为子隐，子为父隐，直在其中矣。'"

【译文】

贾琼说："中山人吴钦，是天下闻名的孝子。他在家时，父母兄弟都感到快乐；他外出办事，父母兄弟都焦虑不安，好像失去了依靠。"文中子说："我们乡里的孝子与此不同：他在家时，父母安泰如常；他外出办事时，父母兄弟恬然平静，好像没什么要担心的。"

8.8 裴嘉有婚会[①]，薛方士预焉[②]。酒中而乐作，方士非之而出[③]。子闻之曰："薛方士知礼矣，然犹在君子之后乎[④]？"

【注释】

①裴嘉：其人不详。

②薛方士：见2.24条注。预：参与，参加。

③酒中而乐作，方士非之而出：阮逸注云："《士婚礼》：'三日不举乐。'"《礼记·曾子问》："嫁女之家，三夜不息烛，思相离也；取妇之家，三日不举乐，思嗣亲也。"酒，酒宴。

④然犹在君子之后乎：《左传·昭公三年》："二大夫退。子大叔告人曰：'张趯有知，其犹在君子之后乎！'"西晋杜预注云："讥其无隐讳。"意在说明薛方士虽知晓礼乐，但其行为有违中道，非君子所为，故"犹在君子之后"。

【译文】

裴嘉举办婚礼，薛方士前来参加。酒宴中奏起了音乐，薛方士予以批评后离去。文中子听闻后说："薛方士知晓礼乐，然而尚不及于君子之列。"

8.9　文中子曰："《元经》有常也，所正以道，于是乎见义[①]。《元经》有变也，所行有适[②]，于是乎见权。权义举而皇极立矣[③]。"董常曰："夫子《六经》[④]，皇极之能事毕矣。"

【注释】

①义：宜，合宜。

②适：恰当。

③皇极：见 1.8 条注。

④《六经》：即《续六经》。

【译文】

文中子说："《元经》有恒常之理，匡正天下遵以正道，因而呈现为义。《元经》有变化之道，推行政教恰到好处，因而呈现为权。权与义皆彰明于世则圣王之制便得以建立。"董常说："先生的《续六经》，详尽阐述了治理天下的准则。"

8.10　文中子曰："《春秋》，一国之书也，其以天下有国而王室不尊乎？故约诸侯以尊王政，以明天命之未改，此《春秋》之事也；《元经》天下之书也，其以无定国而帝位不明乎？征天命以正帝位，以明神器之有归[①]，此《元经》之事也。"

【注释】

①神器：国家权力，即帝位。

【译文】

文中子说："《春秋》是一方诸侯的史书，其编纂应该是出于诸侯并起、王室衰微的原因吧？因此约束诸侯以尊崇王道，以此表明天命并未改变，这是《春秋》的要义；《元经》是天下四方的史书，其编纂应该是出于世道动荡、帝道不明的原因吧？因此征引天命以匡正帝道，以此表明帝位已有归属，这是《元经》的要义。”

8.11 董常曰：“执小义妨大权，《春秋》《元经》之所罪与？”子曰：“斯谓皇之不极[①]。”

【注释】

①皇之不极：《汉书·五行志上》：“《洪范五行传》曰：‘皇之不极，厥罚常阴，时则有下人伐上。’”此处就8.9条“义”与“权”之关系为论，意在说明处事当持中道，不可偏颇，文中“皇之不极”即有违“大中之道”。见1.8条注。

【译文】

董常说：“执着于一隅之义而妨碍全局之权，这应该是《春秋》和《元经》所批判的吧？”文中子说：“这就叫作‘皇之不极’。”

8.12 御河之役[①]，子闻之曰：“人力尽矣。”

【注释】

①御河：阮逸注云：“魏郡白沟，炀帝开永济渠，名御河，运粮征辽。”即大运河。役：征发百姓。

【译文】

隋炀帝征发百姓开凿运河，文中子听闻后说：“民力耗尽了！”

8.13 子居家，不暂舍《周礼》。门人问子，子曰：“先师以王道极是也[①]，如有用我，则执此以往[②]。通也宗周之介子[③]，敢忘其礼乎？”

【注释】

①先师：见6.29条注。极：尽。

②如有用我，则执此以往：实模仿《论语·阳货》："如有用我者，吾其为东周乎？"

③宗周之介子：即传承周朝王道的晚生小辈。介子，庶子。此指晚生小辈，与上文"先师"相对，实文中子自谦之词。

【译文】

文中子居于家中，手不释《周礼》。门生问文中子为何，文中子说："先师孔子认为王道尽在于此，如果重用我，我将携《周礼》前往。我是传承周朝王道的小辈，怎敢忘记周朝的礼仪制度？"

8.14 子曰："《周礼》其敌于天命乎[①]？《春秋》抗王而尊鲁，其以周之所存乎[②]？《元经》抗帝而尊中国，其以天命之所归乎[③]？"

【注释】

①《周礼》其敌于天命乎：阮逸注云："周公典礼与天命齐其久长，故曰'敌'也。"敌，相匹，相配。

②《春秋》抗王而尊鲁，其以周之所存乎：阮逸注云："抗，举也。《春秋》举周王正朔而书于《鲁史》者，以周礼尽在鲁故也。"

③《元经》抗帝而尊中国，其以天命之所归乎：阮逸注云："《元经》举帝号，以得中国者为正朔，盖天命归中国也。"

【译文】

文中子说："《周礼》应该能够与天命相配吧？《春秋》彰明天子且以鲁国为尊，应该是鲁国保存了周王朝的典章制度吧？《元经》彰明帝号且以中原为尊，应该是依据天命所归吧？"

8.15 张玄素问礼[①]。子曰："直尔心[②]，俨尔形[③]，动思恭，静思正[④]。"问道。子曰："礼得而道存矣[⑤]。"玄素出，子曰："有心乎礼也。夫礼，有窃之而成名者，况躬亲哉[⑥]！"

【注释】

①张玄素（？—664）：蒲州虞乡（今山西永济虞乡镇）人。隋时为景城县户曹，为官清廉。隋末为窦建德所执，授治书侍御史、黄门侍郎。李世民平定窦建德后，授景城录事参军。太宗即位后，授侍御史，迁给事中等职。直言进谏，极言得失。迁太子少詹事，辅佐皇太子李承乾。贞观十四年（640），拜太子左庶子，悉心教导。太子被废后，坐罪免职。贞观十八年（644），迁潮、邓二州刺史。麟德元年（664），卒于家中。《旧唐书》卷七十五有传。

②尔：此，无实际意义。

③俨：俨然。见3.35条注。

④动思恭，静思正：实模仿《论语·季氏》："孔子曰：'君子有九思：视思明，听思聪，色思温，貌思恭，言思忠，事思敬，疑思问，忿思难，见得思义。'"

⑤礼得而道存矣：阮逸注云："上四事合礼，则道在其中。"

⑥有窃之而成名者，况躬亲哉：阮逸注云："窃，谓非己有也。假外饰而行之尚得成名，况玄素有心于克己哉！"意在说明窃礼假饰之徒尚得以成名，张玄素实有心于礼，必能躬行之，定当有所成就。

【译文】

张玄素问什么是礼。文中子说："使内心正直，使容貌庄重，行动时恭敬有礼，静处时心思方正。"问什么是道。文中子说："掌握了礼之精髓则道之要义也便蕴藏其中了。"张玄素离开后，文中子说："他有志于礼。对于礼，有窃礼假饰而成就美名的，更何况像张玄素这样躬亲践行的呢！"

8.16 魏徵问君子之辩[①]。子曰："君子奚辩？而有时乎为辩，不得已也[②]，其犹兵乎[③]？"董常闻之曰："君子有不言之辩[④]，不杀之兵，亦时乎？"子曰："诚哉！不知时，无以为君子。"

【注释】

①君子之辩：《荀子·非相》："有小人之辩者，有士君子之辩者。"

②"君子奚辩"三句：实模仿《孟子·滕文公下》："孟子曰：'予岂好辩哉？予不得已也！'"

③其犹兵乎：《老子》第三十一章："兵者，不祥之器，非君子之器，不得已而用之。"

④不言之辩：《庄子·齐物论》："孰知不言之辩，不道之道？若有能知，此之谓天府。"

【译文】

魏徵问君子论辩之道。文中子说："君子为何要论辩呢？即便有时与人论辩，实是不得已而为之，应该就像圣人用兵吧？"董常听闻说："君子有不依靠言说的论辩，有不通过杀戮的征伐，应该是懂得顺应时势吧？"文中子说："确实如此！不知时势，无法成为君子。"

8.17 文中子曰："闻谤而怒者，谗之由也；见誉而喜者，佞之媒也。绝由去媒，谗佞远矣。"

【译文】

文中子说："听闻毁谤就怒不可遏，这是谗言产生的缘由；得到赞誉便喜出望外，这是谄佞近身的媒介。去除这些缘由和媒介，则谗言和谄佞自会消失。"

8.18 子曰:“闻难思解,见利思避[①],好成人之美[②],可以立矣。”

【注释】

①见利思避:实模仿《论语·宪问》:“今之成人者何必然?见利思义,见危授命,久要不忘平生之言,亦可以为成人矣。”

②成人之美:《论语·颜渊》:“君子成人之美,不成人之恶。”

【译文】

文中子说:“听闻灾祸能思考解决,见到利益能避让不争,乐于成人之美,这样就可以成为君子了。”

8.19 子谓董常曰:“我未见勤者矣。盖有焉,我未之见也。”

【译文】

文中子对董常说:“我没有见到勤勉不息的人。这种人应该是有的,只是我没有见到。”

8.20 子曰:“年不丰,兵不息,吾已矣夫[①]?”

【注释】

①“年不丰”三句:实模仿《论语·子罕》:“子曰:‘凤鸟不至,河不出图,吾已矣夫!’”

【译文】

文中子说:“年景不好,战争不断,我没有什么希望了。”

8.21 子谓北山黄公善医[①],先寝食而后针药[②];汾阴侯生善筮[③],先人事而后说卦。

【注释】

①北山黄公:其人不详。

②寝食:睡觉吃饭,指日常生活。此指通过分析人的饮食起居而深入了解病情。针药:针灸和药物。此指治疗。

③汾阴侯生:唐王度《古镜记》:"汾阴侯生,天下奇士也,余常以师礼事之。"唐王绩《仲长先生传》:"汾阴侯生以筮著。"

【译文】

文中子说北山黄公精于医术,先分析饮食起居而后再施以针药;汾阴侯生善于卜筮,先了解所做之事而后再阐释卦象。

8.22 房玄龄问正主庇民之道[①]。子曰:"先遗其身[②]。"曰:"请究其说。"子曰:"夫能遗其身,然后能无私,无私然后能至公,至公然后以天下为心矣,道可行矣。"玄龄曰:"如主何[③]?"子曰:"通也不可究其说,萧、张其犹病诸[④]!噫!非子所及[⑤],姑守尔恭,执尔慎,庶可以事人也。"

【注释】

①庇民:《礼记·表记》:"子曰:'下之事上也,虽有庇民之大德,不敢有君民之心,仁之厚也。'"即庇护百姓。

②遗其身:《汉书·武五子传》:"比干尽仁而遗其身。"遗,舍弃。身,自己。

③如主何:阮逸注云:"再问正主之说。"

④萧、张其犹病诸:阮逸注云:"萧何知其主不可以正也,而私营物产;张良亦私自从赤松子游。皆病也。"意在说明古之贤臣如萧何、张良者,尚无法匡正其主。此指无法匡正其主而自求保全之道。犹,尚且。病,失误,不足。

⑤非子所及：实模仿《论语·公冶长》："子曰：'赐也，非尔所及也。'"

【译文】

房玄龄问匡正君主、庇护百姓之法。文中子说："首先要舍弃自己。"房玄龄说："请您深入讲解。"文中子说："只有舍弃自己，而后才能没有私心，没有私心而后才能大公无私，大公无私而后才能心系天下，这样大道方可推行。"房玄龄说："如何匡正君主呢？"文中子说："我也无法深入了解，即便萧何、张良尚有失于此！哎！这不是你所能做到的，姑且恪守恭敬，保持谨慎，应该就可以奉侍君主了。"

8.23 江都有变，子有疾[①]，谓薛收曰："道废久矣，如有王者出[②]，三十年而后礼乐可称也[③]，斯已矣[④]。"收曰："何谓也？"子曰："十年平之，十年富之，十年和之[⑤]，斯成矣。"

【注释】

①江都有变，子有疾：即本书《王道篇》："子不豫，闻江都有变。"见1.5条及注。

②如有王者出：文中子于"江都有变"时有言："天其或者将启尧、舜之运。"见1.5条。

③称：阮逸注云："举也。"

④斯已矣：阮逸注云："斯，隋不能举。"意在说明隋朝已无法振兴礼乐。斯，此指振兴礼乐。

⑤和之：即和于礼乐，指社会上下皆合乎礼乐规范。

【译文】

隋炀帝久居江都，荒废朝政，而李渊于太原举兵，文中子有病在身，对薛收说："王道废弛已久，如有明君圣主出现，三十年后礼乐可兴，隋朝已无可能。"薛收问："为何这样说？"文中子说："十年平定天下，十年富民兴邦，十年和于礼乐，振兴礼乐方可实现。"

8.24 子曰："早婚少娉[①]，教人以偷[②]；妾媵无数，教人以乱[③]。且贵贱有等[④]，一夫一妇，庶人之职也[⑤]。"

【注释】

①早婚：过早结婚。少娉（pìn）：此指婚礼草率，不合乎礼制。娉，通"聘"，聘嫁。此指婚礼所应遵循的礼仪制度。

②偷：阮逸注云："薄也。"即薄于礼义，轻浮不恭。

③妾媵（yìng）无数，教人以乱：阮逸注云："言弃古礼，是掌教者之罪也。"媵，《公羊传·庄公十九年》："媵者何？诸侯娶一国，则二国往媵之，以侄娣从。侄者何？兄之子也；娣者何？弟也。诸侯一聘九女，诸侯不再娶。"即女子出嫁时要随嫁的媵妾。无数，逾越礼制，数量多。

④贵贱有等：阮逸注云："妻、妾、媵各有等降之数。"

⑤职：此指常道。

【译文】

文中子说："过早结婚且婚礼草率，这是教人轻浮不恭；贵族嫁女陪嫁媵妾过多，这是教人败常乱俗。并且贵贱有等级，一夫一妇，这是百姓常道。"

8.25 子谒见隋祖，一接而陈《十二策》[①]，编成四卷[②]。薛收曰："辩矣乎？"董常曰："非辩也，理当然尔。"房玄龄请习《十二策》，子曰："时异事变，不足习也[③]。"

【注释】

①接：得到召见。《十二策》：见 7.37 条注。

②编成四卷：阮逸注云："门人编之。"

③时异事变，不足习也：阮逸注云："适救隋弊，非经久策。"

【译文】

文中子晋谒隋文帝，一得召见便奏陈《十二策》，而后门生将其编为四卷。薛收问："是论辩之辞吧？"董常说："并非论辩之辞，实为理所当然之语。"房玄龄请求学习《十二策》，文中子说："时代不同了，世事亦随之而变，不值得学习。"

8.26 虞世基遣使谓子曰[①]："盍仕乎？"子曰："通有疾，不能仕也。"饮使者[②]，歌《小明》以送之[③]。世基闻之曰："吾特游缯缴之下也[④]，若夫子可谓冥冥矣[⑤]。"

【注释】

①虞世基（？—618）：字懋世，会稽余姚（今浙江余姚）人。虞世南之兄。初仕南陈，累官至尚书左丞。隋朝建立后，任通直郎、内史侍郎，受炀帝器重，专典机密，参掌朝政。炀帝征高丽，屡次进谏不纳，惧祸及己，不敢忤逆。大业十四年（618），炀帝遇弑，其亦遇害。《北史》卷八十三、《隋书》卷六十七有传。

②饮（yìn）：用酒食款待。

③《小明》：即《诗经·小雅·小明》。《毛诗序》云："《小明》，大夫悔仕于乱世也。"文中子借此以明不仕之意。

④缯缴（zēng zhuó）：即矰缴，猎取飞禽的射具。缯，通"矰"，箭。缴，系在短箭上的丝线。

⑤冥冥：高远之貌。

【译文】

虞世基派遣使者对文中子说："何不出仕为官呢？"文中子说："我有病在身，无法出仕。"用酒食款待使者，并吟唱《小明》送别了使者。虞世基听闻后说："我不过是游荡于弓箭之下，先生才可称为振翅高飞。"

8.27 文中子曰:“问则对,不问则述[①],窃比我于仲舒[②]。”

【注释】

①问则对,不问则述:阮逸注云:“若策问之则对,不尔则自述,其道待时而行。”对,应对天子问询而作的专题论述。见4.38、5.6条。

②仲舒:即董仲舒。见5.6条注。阮逸注云:“董仲舒,汉武帝时《对贤良策》,后为公孙弘所抑,退免以著书为业。”

【译文】

文中子说:“君主问询则对答,不问则著书立说,不揣冒昧我将自己比作董仲舒。”

8.28 子曰:“吾不仕,故成业;不动,故无悔;不广求,故得;不杂学,故明。”

【译文】

文中子说:“我不出仕为官,因此成就功业;不轻举妄动,因此没有过失;不广求外物,因此内心满足;不杂学异端,因此明达正道。”

8.29 文中子曰:“凝滞者[①],智之蝥也[②];忿憾者,仁之螣也;纤吝者,义之蠹也。”

【注释】

①凝滞:指心志受到局限而拘泥于一隅。此指固执。《史记·屈原贾生列传》:“夫圣人者,不凝滞于物,而能与世推移。”

②蝥(máo):害虫。此指危害。下文“螣(téng)”“蠹(dù)”同。

【译文】

文中子说:“固执有害于智,怨恨有害于仁,吝啬有害于义。”

8.30 子曰："《元经》之专断，盖蕴于天命，吾安敢至哉[①]？"董常闻之曰："《元经》之与天命[②]，夫子而不至，其孰能至也？"

【注释】

①"《元经》之专断"三句：阮逸注云："天命未改于晋祚，则《元经》断之于江南；天命有归于中国，则《元经》断之于后魏。言此皆天下所蕴，非我能至也。"专断，此指独断王朝正朔、天命所归。至，准则。此指建立准则或标准。《逸周书·常训解》："民生而有习有常，以习为常，以常为慎……上贤而不穷，哀乐不淫，民知其至。"

②与：合乎。

【译文】

文中子说："《元经》独断王朝正朔，实源于天命所归，我怎敢自立准则？"董常听闻说："《元经》合乎天命，如果先生达不到这种境界，那还有谁能达到呢？"

8.31 子谓窦威曰："既冠读《冠礼》[①]，将婚读《婚礼》，居丧读《丧礼》，既葬读《祭礼》，朝廷读《宾礼》，军旅读《军礼》，故君子终身不违《礼》。"窦威曰："仲尼言'不学礼，无以立'[②]，此之谓乎？"

【注释】

①冠：即冠礼。见2.23条注。

②不学礼，无以立：《论语·季氏》："曰：'学礼乎？'对曰：'未也。''不学礼，无以立。'"

【译文】

文中子对窦威说："已行冠礼后读《冠礼》，将要结婚时读《婚礼》，服丧期间读《丧礼》，下葬之后读《祭礼》，在朝为官读《宾礼》，效命军旅读《军礼》，因此君子终身不违礼制。”窦威说：“孔子说‘不学礼，无以立身’，说的就是这个意思吧？”

8.32 子述《婚礼》。贾琼曰：“今皆亡，又焉用续[①]？”子曰：“琼，尔无轻礼，无谄俗，姑存之可也。”

【注释】

①续：阮逸注云：“补亡也。”即辑录遗文坠句。

【译文】

文中子纂述《婚礼》。贾琼问：“现今已全部亡佚，又何必去辑录呢？”文中子说：“贾琼，你不要轻视礼制，不要媚俗，姑且让其留存于世就好。”

8.33 子赞《易》至《观卦》[①]，曰：“可以尽神矣[②]。”

【注释】

①《观卦》：《周易》第二十卦。

②可以尽神矣：阮逸注云：“盥而不荐，可以尽神之奥。”《周易·观卦》：“盥而不荐，有孚颙若。《彖》曰：‘大观在上，顺而巽，中正以观天下。《观》，盥而不荐，有孚颙若，下观而化也。观天之神道而四时不忒，圣人以神道设教而天下服矣。’”神，神道。此指天地之道。

【译文】

文中子阐释《周易》至《观卦》，说：“可以穷尽神道之妙。”

8.34 子曰：“古者进贤退不肖[①]，犹患不治；今则吾乐贤者而哀不贤者[②]，如是寡怨，犹惧不免。《诗》云：‘惴惴小心，如临空谷[③]。’”

【注释】

①进贤退不肖:《大戴礼记·保傅》:"夫生进贤而退不肖,死且未止,又以尸谏,可谓忠不衰矣。"

②哀:哀恕,同情宽恕。此指宽容。《宋书·谢庄传》:"屡经披请,未蒙哀恕,良由诚浅辞讷,不足上感。"

③惴惴小心,如临空谷:《诗经·小雅·小宛》:"温温恭人,如集于木。惴惴小心,如临于谷。战战兢兢,如履薄冰。"

【译文】

文中子说:"古时重用贤才,贬退小人,仍担心天下不治;现在我喜好贤才,宽容小人,这样方能减少怨恨,仍惧怕不免于遭怨。《诗经》说:'惊恐戒惧小心谨慎,如同登临幽深空谷。'"

8.35 子读《说苑》[①],曰:"可以辅教矣[②]。"

【注释】

①《说苑》:西汉刘向编著的小说集成,原二十卷,后仅存五卷,大部分已散佚,后经宋代曾巩辑录,复为二十卷。

②可以辅教矣:阮逸注云:"其说礼乐可左右教化。"

【译文】

文中子读《说苑》,说:"可以辅助政教。"

8.36 子之韩城[①],自龙门关先济[②],贾琼、程元后。关吏仇璋止之曰[③]:"先济者为谁?吾视其颡颓如也[④],重而不亢[⑤];目灿如也,澈而不瞬[⑥];口敦如也[⑦],闳而不张[⑧];凤颈龟背,须垂至腰,参如也[⑨]。与之行,俯然而色卑;与之言,泛然而后应[⑩]。浪惊栀旋而不惧[⑪],是必有异人者也。吾闻之:天下无道，圣人藏焉。鞠躬守默[12]，斯人殆似也[13]。”程元曰：“子知人矣。是王通者也。”贾琼曰：“吾二人师之而不能去也。”仇璋曰：“夫杖一德[14]，乘五常[15]，扶三才，控六艺[16]，吾安得后而不往哉？”遂舍职，从于韩城。子谓贾琼曰：“君子哉！仇璋也。比董常则不足，方薛收则有余[17]。”

【注释】

①韩城：阮逸注云：“冯翊有韩城县。”即今陕西韩城。

②龙门关：阮逸注云：“龙门，汉皮氏县，魏改为龙门，隋属绛州，今河中有县。”属韩城县。济：过，渡过。

③仇璋：阮逸注云：“字伯成。”王通门下杰出弟子。本书《关朗篇》载王凝语：“夫子得程、仇、董、薛而《六经》益明。对问之作，四生之力也。董、仇早殁，而程、薛继殂。”

④颡（sǎng）：额头。颓如：此指额头光亮的样子。颓，秃发。

⑤重：此指额头宽大。亢：阮逸注云：“昂也。”

⑥瞬：此指目光闪烁不定。

⑦敦如：厚重貌。

⑧闳（hóng）：大。

⑨“凤颈龟背”三句：意在说明文中子相貌高贵不凡，脖颈如凤凰般修长圆润，后背如灵龟般微微隆起，长髯及腰。参如，阮逸注云：“参参然，盛貌。”意在说明胡须茂盛而浓密。

⑩泛然：广博貌。后应：此指交谈中态度恭敬，彬彬有礼。

⑪浪惊柂（duò）旋：指船在惊涛骇浪中漂荡。柂，船舵。

⑫鞠躬：此指行为恭敬。守默：此指言语得体。

⑬殆：几乎，大概。

⑭一德：即“纯一其德”。此指谨遵儒家正道。《周易·系辞下》：“恒

以一德。”唐孔颖达疏云:“恒能终始不移,是纯一其德也。”

⑮乘:升。此指振兴。

⑯控:告。此指申明。

⑰方:比,比较。

【译文】

文中子前往韩城,先过了龙门关,贾琼、程元在后面随行。守关门吏仇璋叫住他们说:“过关的那个人是谁?我看他的额头光亮,宽大而不高昂;目光明亮,清澈而不闪烁;嘴唇厚实,宽大而不张开;凤颈龟背,胡须至腰,浓密茂盛。与他同行,态度恭敬神情谦逊;与他交谈,见闻广博彬彬有礼。惊涛骇浪、船颠舵旋而不恐惧,必有异于常人之处。我听说:天下混乱无道,圣人就会隐居不出。他行为恭敬言语得体,几近于圣人了。”程元说:“你很会看人。那个人就是王通。”贾琼说:“我二人皆受教于他而不愿离开。”仇璋说:“先生能够秉持正道,振兴五常,匡扶三才,申明六艺,我怎能自甘落后而不前往求教呢?”于是舍弃官职跟从文中子到了韩城。文中子对贾琼说:“仇璋真是君子啊!虽然比不上董常,但却比薛收优秀。”

8.37 文中子曰:“吾闻礼于关生①,见负樵者几焉②;正乐于霍生③,见持竿者几焉。吾将退而求诸野矣④。”

【注释】

①关生:阮逸注云:“关子明、霍汲皆隐于渔樵。”南宋晁公武《郡斋读书志》卷三:“关朗在太和中见魏孝文,自太和丁巳至通生之年甲辰,盖一百七年矣,而书有‘问礼于关子明’。”验之《录关子明事》:“太和末,余五代祖穆公封晋阳,尚书署朗为公府记室。穆公与谈《易》,各相叹服。”可知晁氏之疑当为不虚,且《关朗篇》:“子曰:‘魏之贤人也。孝文没而宣武立,穆公死,关朗退。’”之载

录亦可证晁氏之论。然关朗为当时避乱隐居之高士，若文中子求教于其后人，或得其撰述于他处，亦属情理之中。

②几：几近。此指近乎尽得礼乐之道。

③正：通“征”，求取，求学。与上文“闻”对应。

④吾将退而求诸野矣：实模仿《汉书·艺文志》：“仲尼有言：‘礼失而求诸野。’”唐颜师古注云：“言都邑失礼，则于外野求之亦将有获。”即征求礼乐于砍柴、钓鱼的隐士。

【译文】

文中子说：“我从关先生那里知晓了礼，可见山野担柴之人几乎尽得礼制之道；从霍先生那里求取了乐，可见江渚垂钓之人几乎尽得乐教之理。我将到山野中求教于隐士。”

8.38 子曰：“多言不可与远谋①，多动不可与久处②。吾愿见伪静诈俭者③。”

【注释】

①多言不可与远谋：阮逸注云：“机易泄。”

②多动不可与久处：阮逸注云：“心易躁。”

③伪、诈：假装，装作。静：沉静。与上文“多言”对应。俭：恭谨。与上文“多动”对应。

【译文】

文中子说：“人多妄言，不可与之共谋大事；人多妄动，不可与之长久相处。我情愿看到那些假装沉静恭谨的人。”

8.39 贾琼曰：“知善而不行，见义而不劝①，虽有拱璧之迎②，吾不入其门矣。”子闻之曰：“强哉矫也③！”

【注释】

①劝：劝勉，奋勉。

②拱璧：双手合抱的大块玉璧，比喻珍贵的礼物。

③强哉矫也：实模仿《礼记·中庸》："君子和而不流，强哉矫；中立而不倚，强哉矫；国有道不变塞焉，强哉矫；国无道至死不变，强哉矫。"强，刚强。矫，正直。

【译文】

贾琼说："知晓善道而不躬行，见到义举而不奋勉，这样的人即便用拱璧来迎接我，我也不会进入他的门庭。"文中子听闻说："真是刚强正直的人啊！"

8.40 仇璋谓薛收曰："子闻'三有''七无'乎？"收曰："何谓也？"璋曰："无诺责①，无财怨②，无专利，无苟说，无伐善③，无弃人④，无畜憾⑤。"薛收曰："请闻'三有'。"璋曰："有慈，有俭，有不为天下先⑥。"收曰："子及是乎？"曰："此君子之职也⑦，璋何预焉？"子闻之曰："唯其有之，是以似之⑧。"

【注释】

①无诺责：阮逸注云："不责人以必诺。"

②无财怨：阮逸注云："不以财使人怨。"

③无伐善：《论语·公冶长》："颜渊曰：'愿无伐善，无施劳。'"

④无弃人：《老子》第二十七章："是以圣人常善救人，故无弃人。"西汉河上公注云："使贵贱各得其所。"

⑤畜憾：又作"蓄憾"，积攒仇怨。《左传·文公十四年》："秋七月乙卯夜，齐商人弑舍而让元。元曰：'尔求之久矣。我能事尔，尔不

可使多蓄憾。将免我乎？尔为之！'"

⑥"有慈"三句：实模仿《老子》第六十七章："夫我有三宝，持而保之：一曰慈，二曰俭，三曰不敢为天下先。"

⑦职：指常道。见8.24条注。

⑧唯其有之，是以似之：《诗经·小雅·裳裳者华》："维其有之，是以似之。"东汉郑玄注云："维我先人有是二德，故先王使之世禄，子孙嗣之。"意在说明当有君子之德，方能承此"三有""七无"君子之道。

【译文】

仇璋对薛收说："你听说过'三有''七无'吗？"薛收问："说的是什么？"仇璋说："不要求他人信守诺言，不追逐财富与人结怨，不独占利益贪得无厌，不言辞随意违背正道，不夸耀长处炫耀自己，不心胸狭隘抛弃他人，不与人争斗积累仇怨。"薛收说："请问'三有'。"仇璋说："慈爱，节俭，不为天下先。"薛收说："你达到这种境界了吗？"仇璋说："这是君子之道，我如何能达到呢？"文中子听闻后说："唯有君子之德，方承君子之道。"

8.41　子曰："君子先择而后交，小人先交而后择[1]。故君子寡尤[2]，小人多怨[3]，良以是夫！"

【注释】

①君子先择而后交，小人先交而后择：实模仿东晋葛洪《抱朴子外篇·交际》："曩哲先择而后交，不先交而后择也。"

②寡尤：《论语·为政》："子曰：'多闻阙疑，慎言其余，则寡尤。'"东汉包咸注云："尤，过也。"

③多怨：《论语·里仁》："子曰：'放于利而行，多怨。'"西汉孔安国注云："取怨之道也。"

【译文】

文中子说："君子先选择而后结交，小人先结交而后选择。因此君子少犯过错，小人多招怨恨，确实如此啊！"

8.42 子曰："君子不责人所不及，不强人所不能，不苦人所不好。夫如此，故免。老聃曰：'吾言甚易行，天下不能行[1]。'信哉！"

【注释】

①吾言甚易行，天下不能行：《老子》第七十章："吾言甚易知，甚易行。天下莫能知，莫能行。"意在说明知君子之道易，而行君子之道难。

【译文】

文中子说："君子不会要求他人做力所不及的事，不会强迫他人做不该去做的事，不会逼迫他人做不喜欢的事。只有这样才能免于灾祸。老子说：'我的话很容易施行，然而天下人却无法施行。'的确如此啊！"

8.43 仇璋问："君子有争乎？"子曰："见利争让，闻义争为，有不善争改。"

【译文】

仇璋问："君子会有所争吗？"文中子说："遇到利益争相谦让，听闻义举争相作为，有过之处争相改正。"

8.44 薛收问："圣人与天地如何[1]？"子曰："天生之，地长之，圣人成之[2]。故天地立而《易》行乎其中矣[3]。"薛收问《易》。子曰："天地之中非他也，人也[④]。"收退而叹曰："乃今知人事修，天地之理得矣。"

【注释】

①圣人与天地如何：此句意在就圣人与天地万物之关系发问。《周易·乾卦》："《文言》曰：'夫大人者，与天地合其德，与日月合其明，与四时合其序，与鬼神合其吉凶，先天而天弗违，后天而奉天时。天且弗违，而况于人乎？况于鬼神乎？'"

②"天生之"三句：实模仿西汉陆贾《新语·道基》："传曰：'天生万物，以地养之，圣人成之。'"长，长养，使生长。成，化成。《周易·恒卦》："《彖》曰：'圣人久于其道而天下化成。'"

③天地立而《易》行乎其中矣：实模仿《周易·系辞上》："天地设位而《易》行乎其中矣。"

④人：此指圣人之道。与上文"圣人"对应。

【译文】

薛收问："圣人与天地万物存在怎样的关系？"文中子说："天生万物，地养万物，圣人化成万物。因此天地确立准则而《周易》之道也就运行其中了。"薛收问《周易》。文中子说："天地之中别无他道，唯有圣人之道。"薛收告退后感叹道："今日方知修明人事可得天地之理。"

8.45 子谓收曰："我未见欲仁好义而不得者也[①]。如不得，斯无性者也。"

【注释】

①我未见欲仁好义而不得者也：《论语·述而》："子曰：'仁远乎哉？我欲仁，斯仁至矣。'"

【译文】

文中子对薛收说:“我没见过喜仁好义而无法得到的。如果无法得到,那就是不具备人的善心本性。”

8.46 子曰:“严子陵钓于湍石[①],尔朱荣控勒天下[②],故君子不贵得位。”

【注释】

①严子陵:即严光。见6.42条注。湍石:阮逸注云:“隐钓于七里湍。”

②尔朱荣:见8.2条注。控勒:掌控,控制。

【译文】

文中子说:“严光隐居垂钓于湍石而声名流传于世,尔朱荣掌控天下却灾祸殃及其身,因此君子不在乎是否身居高位。”

8.47 子曰:“火炎上而受制于水[①],水趋下而得志于火[②],故君子不欲多上人[③]。”

【注释】

①火炎上:《尚书·洪范》:“水曰润下,火曰炎上。”

②水趋下而得志于火:意在说明水流虽然向下流淌,却能扑灭燃烧上蹿的火苗。趋,向。得志,此指发挥作用。

③君子不欲多上人:《左传·桓公五年》:“君子不欲多上人,况敢陵天子乎?”

【译文】

文中子说:“火焰上蹿而终受制于水,水流向下却总能扑灭火焰,因此君子不愿凌驾于他人之上。”

8.48 子赞《易》至“山附于地，剥”[①]，曰：“固其所也，将安之乎？是以君子思以下人[②]。”

【注释】

①山附于地，剥：《周易·剥卦》：“《象》曰：‘山附于地，剥。上以厚下安宅。’”唐孔颖达疏云：“‘山附于地，剥’者，山本高峻，今附于地，即是剥落之象，故云‘山附于地，剥’也。‘上以厚下安宅’者，剥之为义，从下而起，故在上之人，当须丰厚于下，安物之居，以防于剥也。”此处意在借《剥卦》之《象》，暗示隋朝君主不晓《剥卦》之道，隋室基业将崩，有道君子亦无能为力。

②思以下人：实模仿《论语·颜渊》：“夫达者，质直而好义，察言而观色，虑以下人。”

【译文】

文中子阐明《周易》之道至“山附于地，剥”，说：“本来就是这个道理，我又能怎么办呢？因此有道君子常思谦恭待人。”

8.49 芮城府君读《说苑》[①]，子见之曰：“美哉！兄之志也。于以进物，不亦可乎[②]？”

【注释】

①芮城府君：见2.53条注。

②于以进物，不亦可乎：意在说明除儒家经典及文中子之《续六经》外，研读《说苑》亦能修习儒家正道。进物，《老子》第十八章：“大道废，有仁义。”三国王弼注云：“失无为之事，更以施慧立善道进物也。”即丧失先天淳朴之无为，而以后天之智慧兴立善道修明德行。此指修习儒家正道，与8.35条相印证。

【译文】

芮城府君读《说苑》，文中子看到后说："兄长的志向值得称道啊！以此来修习儒家正道，不也可以吗？"

8.50 子之居，常湛如也[①]，言必恕，动必义，与人款曲以待其会[②]，故君子乐其道，小人怀其惠[③]。

【注释】

①子之居，常湛如也：实模仿《论语·述而》："子之燕居，申申如也，夭夭如也。"湛如，《晋书·简文帝纪》："帝少有风仪，善容止，留心典籍，不以居处为意，凝尘满席，湛如也。"即恭敬沉稳之貌。

②款曲：应酬。此指待人接物。会：阮逸注云："谓理与情会和。"即待人接物无不合于情理。

③君子乐其道，小人怀其惠：实模仿《论语·里仁》："子曰：'君子怀德，小人怀土；君子怀刑，小人怀惠。'"

【译文】

文中子居家之时，始终保持恭敬沉稳，说话必定体谅他人，做事必定合乎道义，待人接物无不合乎情理，因此君子欣赏他的修身之道，小人感念他的恩泽佳惠。

8.51 叔恬曰[①]："凝于先王之道，行思坐诵[②]，常若不及[③]，临事往来，常若无悔[④]。道果艰哉！"子曰："吾亦然也[⑤]。"叔恬曰："天下恶直丑正[⑥]，凝也独安之乎？"子悄然作色曰[⑦]："'神之听之，介尔景福[⑧]。'君子之于道也，死而后已。天不为人怨咨而辍其寒暑[⑨]，君子不为人之丑恶而辍其正直。然汝不闻《洪范》之言乎？'平康，正直'[⑩]。夫如是，故全[11]。今汝屑屑焉[12]，三德无据而心未树也[13]。无挺、无讦、无固、无抵[14]，斯之谓'侧僻''民用僭忒'[15]，无乃汝乎？"叔恬再拜而出。

【注释】

①叔恬：即王凝。见1.10条注。

②行思坐诵："行思""坐诵"实为互文，即无论行、坐之时，皆思、诵先王之道。

③不及：《论语·泰伯》："子曰：'学如不及，犹恐失之。'"北宋邢昺疏云："勤学汲汲如不及，犹恐失之也。"

④常若无诲：阮逸注云："若无人教诲我。"

⑤吾亦然也：阮逸注云："言先王之道非凝能及，答云吾亦然，实勉之尔。"

⑥恶直丑正：《左传·昭公二十八年》："恶直丑正，实蕃有徒。"唐孔颖达疏云："以直为恶，以正为丑，恶直事，丑正道，如此人者，实蕃多有徒众。言时世慕善者少，从恶者多。"

⑦悄然：面露愁容。此指脸色凝重。作色：改变脸色。此指态度严肃起来。

⑧神之听之，介尔景福：《诗经·小雅·小明》："神之听之，介尔景福。"东汉郑玄注云："神明听之，则将助女以大福。"此二句实借《诗经》之言以申斥王凝。景，大。

⑨怨咨：怨恨嗟叹。《尚书·君牙》："夏暑雨，小民惟曰怨咨；冬祁寒，小民亦惟曰怨咨。"寒暑：冬夏。此指四季轮回。

⑩平康，正直：《尚书·洪范》："三德：一曰正直，二曰刚克，三曰柔克。平康，正直；强弗友，刚克；燮友，柔克。"西汉孔安国注云："世平安，用正直治之。"此二句意在借《尚书》之言，以强调正直乃实现平康必然之法。

⑪全：阮逸注云："正直必平康，故全身全道。"

⑫屑屑焉：因琐碎之事而思前想后，心思驳杂而不专一。

⑬三德：《尚书·洪范》："三德：一曰正直，二曰刚克，三曰柔克。"心未树：即心中尚未树立正道。

⑭挺：阮逸注云："挺然，立不曲貌。"讦（jié）：阮逸注云："斥言也。"抵：阮逸注云："抵触。"即格格不入。

⑮侧僻、民用僭（jiàn）忒：阮逸注云："终《洪范》之词教之也。"《尚书·洪范》："人用侧颇僻，民用僭忒。"西汉孔安国注云："在位不敦平，则下民僭差。"此二句意在批评王凝不遵正道。侧僻，邪僻，即不端的品行。僭忒，僭越礼制犯上作乱。

【译文】

叔恬说："我对于古圣先王之道，无时无刻不在思索诵习，常常唯恐不及，然而在遇事或与人交往时，却常常好像并未受教。这古圣先王之道果然艰深难学啊！"文中子说："我也是这样。"叔恬说："天下皆厌恶正直，难道我要独自安守正道吗？"文中子脸色凝重、态度严肃地说："'神明主宰一切，佑你获得洪福。'君子修大道，至死而后已。上天不会因为人们的怨恨而停止四季轮回，君子不会因为人们的厌恶而放弃坚守正道。况且你难道没听过《尚书·洪范》的话吗？'平康，正直'。只有这样，方能保全自身和大道。如今你思前想后，心中不守三德因而尚未树立正道。不要刚而无柔、不要言辞刻薄、不要固执拘泥、不要格格不入，这些就是《尚书·洪范》所说的'邪僻之行''民不守礼犯上作乱'，指的不就是你吗？"王凝再拜告退。

8.52 仇璋进曰："君子思以下人，直在其中欤？"子笑而不答。薛收曰："君子乐然后笑①，夫子何为不与其进也②？"子曰："唯狂克念，斯非乐乎③？"

【注释】

①乐然后笑:《论语·宪问》:"夫子时然后言,人不厌其言;乐然后笑,人不厌其笑;义然后取,人不厌其取。"

②与其进:《论语·述而》:"子曰:'与其进也,不与其退也,唯何甚!人洁己以进,与其洁也,不保其往也。'"

③唯狂克念,斯非乐乎:阮逸注云:"《易》道至深,非璋尽达,然嘉其狂念,故乐然笑之。"唯狂克念,《尚书·多方》:"惟圣罔念作狂,惟狂克念作圣。"西汉孔安国注云:"惟圣人无念于善则为狂人,惟狂人能念于善则为圣人。"念,此指心存善道,一心向善。

【译文】

仇璋上前问:"君子想着谦恭待人,直道就蕴含其中了吧?"文中子笑而不答。薛收问:"君子心中喜悦而后展露笑容,先生为何不称赞他的进步呢?"文中子说:"愚狂之人心存善道,这难道不令人喜悦吗?"

8.53 子谓仇璋、薛收曰:"非知之艰,行之惟艰①。"

【注释】

①非知之艰,行之惟艰:《尚书·说命中》:"非知之艰,行之惟艰。"西汉孔安国注云:"言知之易,行之难。"

【译文】

文中子对仇璋、薛收说:"懂得道理并不难,难的是亲自践行。"

卷九

立命篇

【题解】

《立命篇》的所立之命，并非人之性命，而是天命。天命乃天地自然万物规律所在，即天道所在。天命虽然高深幽远，然而皆与人事相应，故吉凶祸福，皆源于人之所作所为，且无不相应。篇中贯穿着“性自命出，命从天降”的逻辑线索，提醒有道君子当上畏天命而心怀戒惧，居家则立德修身，在朝则推行善政，言动则不逾古礼，兴作则不违古制，始终保有自己的善心本性。在王通看来，立德修身当本乎仁义、达乎善道，拜师、教子、观德皆当遵循古礼。意在使人回归“直方大”的朴厚本性，达到“几于道”的完美境界。即便有人非议《续六经》，王通亦躬行“君子服人之心，不服人之言”，不与争辩。篇中借孔子庭训之教，申明儒家《六经》要义及修习之法，以期门生弟子皆能内修心性、外行圣道，无论立德修身，还是为政行教皆能各得其宜。王通实欲推行圣人教化，以期实现正万民之性而匡乾坤之命的伟大理想。《续书》不及太熙、《元经》不及仁寿，皆因朝政大坏、世道变乱。纵然社会治乱、人生穷达、祸福吉凶皆有运数，然而“兴衰资乎人，得失在乎教”。王通以君子矢志弘道的责任与担当，与门生房玄龄、杜如晦谈论为臣、为政之道。更就贾琼“富而教之”之问，热情赞颂了人心淳朴而为政无为的三代至世。在秉承儒家正统思想的同时，亦兼收老子的道家思想，肯定上古圣君无为的至世美政。值得注意的是，《立命篇》中亦有专章阐释气、形、识的辩证关系。其中所透射出的则是“穷理”“尽性”“以至于命”的深层思考。针对气、形、识等哲学概念进行深入阐释，加之穷天地之理、尽生民之性，以求洞悉天命所在。在此基础之上，王通加以引申通过辨明天神、人鬼之别，进而阐明祭祀古制的深意所在。

9.1　文中子曰：“命之立也，其称人事乎①？故君子畏之②。无远近高深而不应也，无洪纤曲直而不当也③，故归之于天。《易》曰：‘乾道变化，各正性命④。’”魏徵曰：“《书》云：‘惠迪吉，从逆凶，惟影响⑤。’《诗》云：‘不戢不难，受福不那。彼交匪傲，万福来求⑥。’其是之谓乎？”子曰：“徵，其能自取矣⑦。”董常曰：“自取者，其称人邪？”子曰：“诚哉！惟人所召。”贾琼进曰：“敢问‘死生有命，富贵在天’何谓也⑧？”子曰：“召之在前，命之在后，斯自取也，庸非命乎⑨？噫！吾末如之何也已矣⑩。”琼拜而出，谓程元曰：“吾今而后知元命可作，多福可求矣⑪。”程元曰：“敬佩玉音，服之无斁⑫。”

【注释】

①称：相称，相应。本书《问易篇》：“子曰：‘稽之于天，合之于人，谓其有定于此而应于彼，吉凶曲折，无所逃乎！非君子，孰能知而畏之乎？非圣人，孰能至之哉？’”

②君子畏之：即畏惧天命。《论语·季氏》：“孔子曰：‘君子有三畏：畏天命，畏大人，畏圣人之言。’”

③当：相当，相称。

④乾道变化，各正性命：阮逸注云：“引《易》以明命，因性而称也。”《周易·乾卦》：“《彖》曰：‘乾道变化，各正性命。’”

⑤“惠迪吉”三句:《尚书·大禹谟》:“禹曰:‘惠迪吉,从逆凶,惟影响。’”西汉孔安国注云:“迪,道也。顺道吉,从逆凶。吉凶之报,如影之随形,响之应声。”

⑥“不戢(jí)不难”四句:《诗经·小雅·桑扈》:“之屏之翰,百辟为宪。不戢不难,受福不那。兕觥其觩,旨酒思柔。彼交匪敖,万福来求。”东汉郑玄注云:“王者位至尊,天所子也。然而不自敛以先王之法,不自难以亡国之戒,则其受福禄亦不多也。”“彼,彼贤者也。贤者居处恭,执事敬,与人交必以礼,则万福之禄就而求之,谓登用爵命,加以庆赐。”戢,聚。此指学习。难,责难,责问。此指警戒。那,多。匪,非。

⑦自取:阮逸注云:“自取福。”即自取善道而得福。

⑧死生有命,富贵在天:《论语·颜渊》:“子夏曰:‘商闻之矣:死生有命,富贵在天。君子敬而无失,与人恭而有礼。’”

⑨庸:怎么,难道。

⑩吾末如之何也已矣:此句似当为答复贾琼“死生有命”之后,对于身处乱世,面对门生“富贵在天”之问而发出的无奈感慨。见6.19条及注。

⑪知元命可作,多福可求矣:阮逸注云:“若周公乞代武王、仲尼求为东周,皆自作元命,终获多福,此知命之大者。”意在说明文中子秉承先圣大道,可以修明文教而复兴天命,为天下苍生谋求福祉。元命,见5.25条及注。多福可求,实模仿《诗经·大雅·文王》:“永言配命,自求多福。”

⑫敬佩玉音,服之无斁(yì):南北朝谢庄《月赋》:“敬佩玉音,复之无斁。”化用《月赋》之诗句,意在说明谨遵先生之教,修习大道不止。玉音,此指文中子教诲之言。斁,止。

【译文】

文中子说:“天命之确立,应该是与人事相应吧?因此君子畏惧天命。无论远近高深没有不相应的，无论大小是非没有不相当的，因此君子将其归结于上天的安排。《周易》说：‘大道运行变化，皆与性命相应。’”魏徵说：“《尚书》云：‘顺道吉，从逆凶，吉凶之报如影随形。’《诗经》云：‘学先王之法，闻亡国之戒，则获福良多；遵贤人之礼，守谦恭之道，则万福自来。’应该就是这个道理吧？”文中子说：“魏徵，你能自取善道了。”董常问：“自取善道，应该就是与人的本性相应吧？”文中子说：“确实如此！实因人之本性所致。”贾琼上前说：“请问‘死生有命，富贵在天’是什么意思？”文中子说：“人事召之在前，天命应之在后，一切都是自己的选择，这难道不是命吗？哎！对于‘富贵在天’，我也不知道该如何说解。”贾琼施礼告退，对程元说：“从今以后，我知道天命可以复兴，苍生可获福祉。”程元说：“我辈当谨遵先生之教，修习大道不止。”

9.2 文中子曰：“度德而师[①]，易子而教[②]，今亡矣。”

【注释】

①度（duó）：衡量。

②易子而教：《孟子·离娄上》：“古者易子而教之，父子之间不责善，责善则离，离则不祥莫大焉。”

【译文】

文中子说：“古人衡量德行选择老师，交换孩子互相教导，如今这些制度都消失了。”

9.3 子曰：“不以伊尹、周公之道康其国[①]，非大臣也。不以霍光、诸葛亮之心事其君者[②]，皆具臣也[③]。”

【注释】

①伊尹：名伊挚，又名阿衡。聪慧好学，助汤灭夏，建立商王朝。汤

崩，太甲即位，暴虐无道。伊尹流放太甲于桐宫，待其悔过而迎之还政。伊尹整顿吏治，体察民心，历事成汤、外丙、仲壬、太甲、沃丁五代君主，勤政不息，辅政达五十余年。《史记》卷三《殷本纪》有载录。康：安定，太平。

②霍光：见3.11条注。

③具臣：《论语·先进》："今由与求也，可谓具臣矣。"西汉孔安国注云："言备臣数而已也。"见7.19条"备员"注。

【译文】

文中子说："不以伊尹、周公之正道安定国家的，不是真正的大臣。不以霍光、诸葛亮之忠心奉侍君主的，皆是充数的臣子。"

9.4 董常叹曰："善乎！颜子之心也。三月不违仁矣[①]。"子闻之曰："仁亦不远，姑虑而行之[②]，尔无苟羡焉[③]。'惟精惟一'[④]，'诞先登于岸'[⑤]。"常出曰："虑不及精，思不及睿[⑥]，焉能无咎？焉能不违？"

【注释】

①三月不违仁矣：《论语·雍也》："子曰：'回也，其心三月不违仁，其余则日月至焉而已矣。'"

②姑虑而行之：即就董常"时有虑焉"而言。见2.39条及注。

③尔无苟羡焉：阮逸注云："颜回曰：'舜何人也，余何人也。有为者亦若是。'彼颜回不羡舜也，故常亦无羡回，但虑而行之，自及矣。"意即勉励董常之意。

④惟精惟一：见5.9条"人心惟危，道心惟微"注。

⑤诞先登于岸：《诗经·大雅·皇矣》："帝谓文王：无然畔援，无然歆羡，诞先登于岸。"东汉郑玄注云："畔援，犹拔扈也。诞，大。登，成。"岸，阮逸注云："喻仁义之地也。"即达于仁道，臻于至善。

⑥思不及睿：实模仿《尚书·洪范》："貌曰恭，言曰从，视曰明，听曰聪，思曰睿。"西汉孔安国注云："必通于微。"

【译文】

董常感叹道："颜回之心，可贵啊！能够长久不违仁道。"文中子听闻说："仁道本就不远，姑且慎思而行即可，你不必轻易羡慕他人。'只要心思精纯专一'，'就能率先达于仁道'。"董常告退后说："虑事不精纯专一，思考不细致入微，岂能不犯过错？岂能不违仁道？"

9.5　繁师玄闻董常贤[①]，问贾琼以齿[②]。琼曰："始冠矣[③]。"师玄曰："吁[④]！其幼达也[⑤]。"琼曰："夫子十五为人师焉[⑥]。陈留王孝逸[⑦]，先达之慠者也[⑧]，然白首北面[⑨]，岂以年乎？琼闻之，德不在年，道不在位。"

【注释】

①繁师玄：见1.14条注。

②齿：阮逸注云："年齿。"

③始：刚，方。冠：即成年之冠礼。见2.23条注。

④吁：表惊叹之意。

⑤达：阮逸注云："谓达道。"

⑥夫子：此指文中子。

⑦王孝逸：见1.27条注。

⑧慠：同"傲"，倨傲，桀骜不驯。

⑨北面：弟子行敬师之礼。旧时老师坐北朝南，学生北面受教，以示尊敬。

【译文】

繁师玄听闻董常贤明，便向贾琼询问董常的年龄。贾琼说："刚满二十。"繁师玄说："哎呀！年纪轻轻就明达大道。"贾琼说："先生十五岁便做了别人的老师。陈留王孝逸，也是年轻达道桀骜不驯之人，纵然白首年高仍北面受教，明达大道岂在年龄？我听说，德行敦厚不在年龄大小，明达大道不在地位高低。”

9.6 门人有问姚义：“孔庭之法[①]，曰《诗》曰《礼》，不及《四经》[②]，何也？”姚义曰：“尝闻诸夫子矣：《春秋》断物[③]，志定而后及也[④]；《乐》以和[⑤]，德全而后及也；《书》以制法[⑥]，从事而后及也；《易》以穷理[⑦]，知命而后及也。故不学《春秋》，无以主断[⑧]；不学《乐》，无以知和；不学《书》，无以议制；不学《易》，无以通理。四者非具体不能及[⑨]，故圣人后之，岂养蒙之具邪[⑩]？”或曰：“然则《诗》《礼》何为而先也？”义曰：“夫教之以《诗》，则出辞气，斯远暴慢矣；约之以《礼》，则动容貌，斯立威严矣[⑪]。度其言，察其志，考其行，辩其德。志定则发之以《春秋》，于是乎断而能变；德全则导之以乐，于是乎和而知节；可从事，则达之以《书》，于是乎可以立制；知命则申之以《易》，于是乎可与尽性。若骤而语《春秋》，则荡志轻义；骤而语《乐》，则喧德败度[⑫]；骤而语《书》，则狎法；骤而语《易》，则玩神。是以圣人知其必然，故立之以宗，列之以次。先成诸已，然后备诸物[⑬]；先济乎近[⑭]，然后形乎远。亶其深乎[⑮]！亶其深乎！”子闻之，曰：“姚子得之矣。”

【注释】

①孔庭之法：即孔子教子之法。《论语·季氏》：“鲤趋而过庭，曰：‘学《诗》乎？’对曰：‘未也。’‘不学《诗》，无以言。’鲤退而学《诗》。

他日又独立,鲤趋而过庭。曰:'学《礼》乎?'对曰:'未也。''不学《礼》,无以立。'鲤退而学《礼》。"

②《四经》:此指儒家《六经》除去《诗》《礼》之外的《四经》,即下文中之《春秋》《乐》《书》《易》。

③《春秋》断物:西晋杜预《春秋左传序》:"周德既衰,官失其守。上之人不能使《春秋》昭明,赴告策书,诸所记注,多违旧章。仲尼因鲁史策书成文,考其真伪而志其典礼,上以遵周公之遗制,下以明将来之法。其教之所存,文之所害,则刊而正之,以示劝戒。"即谨遵礼制以裁断天下万物是非曲直。

④及:及教,即方可言及教导。

⑤《乐》以和:《礼记·乐记》:"礼节民心,乐和民声,政以行之,刑以防之。礼、乐、刑、政,四达而不悖,则王道备矣。乐者为同,礼者为异。同则相亲,异则相敬。"即《乐》可以协和天下万民。

⑥《书》以制法:《尚书序》:"所以恢弘至道,示人主以轨范也。帝王之制,坦然明白,可举而行,三千之徒并受其义。"即《书》可以制定王朝为政之规范。

⑦《易》以穷理:《周易·说卦》:"昔者圣人之作《易》也,幽赞于神明而生蓍,参天两地而倚数,观变于阴阳而立卦,发挥于刚柔而生爻,和顺于道德而理于义,穷理尽性以至于命。"即《周易》穷尽自然万物之理。

⑧不学《春秋》,无以主断:实模仿《论语·季氏》:"不学《诗》,无以言。"下同。

⑨具体:大体完备,初步具备。

⑩养蒙:开蒙,教养童蒙。具:准备。

⑪"夫教之以《诗》"六句:实模仿《论语·泰伯》:"君子所贵乎道者三:动容貌,斯远暴慢矣;正颜色,斯近信矣;出辞气,斯远鄙倍矣。"辞气,谈吐。此指谈吐高雅。暴慢,暴戾傲慢。容貌,此指

仪容庄重。

⑫喧：杂。此指扰乱。

⑬备：求备，谋求完美无缺。

⑭济：完善。与上文“成”对应。

⑮亶（dǎn）：确实，的确。

【译文】

门生有人问姚义：“孔子教子之法，言及《诗》《礼》，而未言及其他《四经》，这是为何？”姚义说：“我曾听夫子说：《春秋》裁断是非，意志坚定方能言及教导；《乐》协和万民，德行完备方能言及教导；《尚书》制定规范，参与政务方能言及教导；《周易》穷尽事理，洞悉天命方能言及教导。因此不学《春秋》，无法裁断是非曲直；不学《乐》，无法知道协和万民；不学《尚书》，无法议定兴立规范；不学《周易》，无法通达世间之理。这四者不先具备则无法掌握，因此圣人待此具备之后方才施教，哪里是为童子开蒙准备的呢？”有人问：“那么为何要先学《诗》和《礼》呢？”姚义说：“用《诗》教导人，则谈吐高雅，使之远离暴戾傲慢；用《礼》约束人，则仪容庄重，使之得以树立威严。揣度他的话语，审察他的志向，考量他的操行，辨别他的品德。意志坚定方可教授《春秋》，于是能裁断而不失权变；德行完备方可教授《乐》，于是能协和而不失礼节；参与政务方可教授《尚书》，于是能兴立制度；洞悉天命方可教授《周易》，于是能穷理尽性。如果贸然讲授《春秋》，则使人心志不定而轻视道义；贸然讲授《乐》，则使人常德扰乱而法度败坏；贸然讲授《尚书》，则使人轻视法令；贸然讲授《周易》，则使人亵渎神明。圣人知道必会如此，所以立《六经》为法，依次排列。先成就自己，然后再求备于外物；先完善四近，然后再尽见于八方。这其中的道理确实太深奥了！这其中的道理确实太深奥了！”文中子听闻后说：“姚义领会了《六经》的奥妙。”

9.7 子曰：“识寡于亮[①]，德轻于才[②]，斯过也已。”

【注释】

①识寡于亮：阮逸注云："有亮少识，必有太缓之过。"亮，通"谅"，诚信，忠诚。《孟子·告子下》："孟子曰：'君子不亮，恶乎执？'"东汉赵岐注云："亮，信也。"

②德轻于才：阮逸注云："有才少德，必有太浅之过。"

【译文】

文中子说："为人诚信而见识不足，才学过人而德不相配，这些都会产生问题。"

9.8 子曰："治乱，运也，有乘之者，有革之者[①]。穷达，时也，有行之者[②]，有遇之者。吉凶，命也，有作之者[③]，有偶之者。一来一往[④]，各以数至，岂徒云哉？"

【注释】

①有乘之者，有革之者：阮逸注云："乘之，谓舜乘尧之类；革之，谓汤革夏之类是也。"乘，依托，凭借。革，革命，即改朝换代。

②行：去。此指不遇时。

③作：阮逸注云："谓自作孽、自求多福，皆由人作之者也。"

④一来一往：即循环往复。

【译文】

文中子说："世道治乱，自有运数，有人乘势而起，有人革旧鼎新。困顿显达，自有时机，有人一生不遇，有人恰逢其时。吉凶祸福，自有命数，有因所作而得，有因偶然而得。天道循环往复，万事万物自有运数，哪里只是随便说说的啊？"

9.9 辽东之役[①]，天下治船。子曰："林麓尽矣。帝省其山[②]，其将何辞以对[③]？"

【注释】

①辽东之役：见4.17条注。

②帝省其山：《诗经·大雅·皇矣》："帝省其山，柞棫斯拔，松柏斯兑。"

③其将何辞以对：阮逸注云："掌林麓之官何辞对帝？"

【译文】

隋炀帝征辽东，天下修造战船。文中子说："山林砍伐殆尽。如果帝王巡视山林，掌管山林之官将何言以对？"

9.10 或非《续经》，薛收、姚义告于子。曰："使贤者非邪，吾将饰诚以请对[①]；愚者非邪，吾独奈之何？"因赋《黍离》之卒章[②]，入谓门人曰："五交、三衅[③]，刘峻亦知言哉[④]！"

【注释】

①饰：通"饬"。此指谨慎。

②《黍离》之卒章：见7.22条注。

③五交、三衅：南北朝刘孝标《广绝交论》中指出的五种以利交友的方式：势交、贿交、谈交、穷交、量交，及由这五种交友方式所导致的三种过失：败德殄义、仇讼所聚、名陷饕餮。

④刘峻：见1.41条注。知言：见6.48条注。

【译文】

有人批评《续六经》，薛收、姚义告知了文中子。文中子说："如果是贤哲之人的批评，我将谨慎诚挚地进行说明；如果是愚钝之人的批评，我又能怎样呢？"于是吟诵《黍离》末章，进来对门生说："刘峻的'五交''三衅'，可谓真知灼见之言！"

9.11 房玄龄问："善则称君，过则称己，可谓忠乎？"子曰："让矣。"

【译文】

房玄龄问："有美善之处则说君主所为，有过失之处则说自己所为，可以称为忠吗？"文中子说："这是谦让。"

9.12 杜如晦问政。子曰："推尔诚，举尔类[①]；赏一以劝百，罚一以惩众。夫为政而何有[②]？"如晦出，谓窦威曰[③]："谠人容其讦[④]，佞人杜其渐[⑤]，赏罚在其中[⑥]。吾知乎为政矣。"

【注释】

①类：《诗经·大雅·既醉》："孝子不匮，永锡尔类。"毛传云："类，善也。"

②夫为政而何有：阮逸注云："未有过此得为政之要者。"

③窦威：见 2.3 条注。

④谠（dǎng）人：方正刚直之人。讦：见 8.51 条注。

⑤渐：渐染，即日久而逐渐受到影响。

⑥赏罚在其中：阮逸注云："容一讦直，示赏百善之门；绝一佞媚，示罚众恶之柄。"

【译文】

杜如晦问为政之道。文中子说："以诚待人，举贤任能；奖赏少数以劝勉大众，责罚少数以惩戒大众。除此之外，为政还有其他要义吗？"杜如晦告退，对窦威说："对待方正刚直之人，要容许他的批评；对待谄佞阿谀之人，要防止他的渐染；赏罚之道就在其中。我知道如何为政了。"

9.13 文中子曰："制、命不及黄初[①]，志、事不及太熙[②]，褒贬不及仁寿[③]。"叔恬曰："何谓也？"子泫然曰[④]："仁寿、大业之际，其事忍容言邪？"

【注释】

①制、命不及黄初：阮逸注云："《续书》《帝制》《公命》惟汉有之，不及魏矣。黄初，魏文帝初即位年号。"

②志、事不及太熙：阮逸注云："《续书》《君志》《臣事》至晋太康而止矣，不及惠帝。太熙，惠帝年号。"

③褒贬不及仁寿：阮逸注云："《元经》至隋开皇而止矣，不及仁寿。仁寿四年，炀帝弑立。"《元经》，模仿《春秋》而作，寓正道于褒贬。褒贬，此代指《元经》。见1.2条注。

④泫（xuàn）然：流泪的样子。见1.5条注。

【译文】

文中子说："《续书》中的'制''命'止于黄初年间，《续书》中的'志''事'止于太熙年间，《元经》止于仁寿年间。"叔恬问："为何这样说呢？"文中子流着眼泪说："仁寿、大业之时所发生的事情让我不忍心说。"

9.14 贾琼问："富而教之[①]，何谓也？"子曰："仁生于歉[②]，义生于丰，故富而教之，斯易也。古者圣王在上，田里相距，鸡犬相闻，人至老死不相往来[③]，盖自足也。是以至治之代[④]，五典潜[⑤]，五礼措[⑥]，五服不章[⑦]。人知饮食，不知盖藏[⑧]；人知群居，不知爱敬。上如标枝，下如野鹿[⑨]。何哉？盖上无为，下自足故也。"贾琼曰："淳漓朴散[⑩]，其可归乎？"子曰："人能弘道[⑪]，苟得其行，如反掌尔。昔舜、禹继轨而天下朴[⑫]，夏桀承之而天下诈，成汤放桀而天下平，殷纣承之而天下陂[⑬]，文、武治而幽、厉散，文、景宁而桓、灵失。斯则治乱相易，浇淳有由。兴衰资乎人，得失在乎教。其曰太古不可复，是未知先王之有化也。《诗》《书》《礼》《乐》，复何为哉？”董常闻之，谓贾琼曰：“孔、孟云亡，夫子之道行，则所谓‘绥之斯来，动之斯和’乎[14]？孰云淳朴不可归哉？”

【注释】

①富而教之：《论语·子路》：“子适卫，冉有仆。子曰‘庶矣哉！’冉有曰：‘既庶矣，又何加焉？’曰：‘富之。’曰：‘既富矣，又何加焉？’曰：‘教之。’”《汉书·食货志》：“殷、周之盛，《诗》《书》所述，要在安民，富而教之。”即先使百姓富足，而后再施以教化。

②歉：阮逸注云：“岁歉则仁者恻隐。”

③“田里相距”三句：实模仿《老子》第八十章：“邻国相望，鸡犬之声相闻，民至老死不相往来。”距，离，疏离。

④至治之代：最好的时代，即礼乐大行之时代。

⑤五典：五常之典。见5.40条注。潜：藏。

⑥五礼：古代吉、嘉、宾、军、凶五种礼仪制度。措：搁置。

⑦五服：古代天子、诸侯、公卿、大夫、士五个等级的礼服。《尚书·皋陶谟》：“天命有德，五服五章哉。”章：明。此指等级分明。

⑧盖藏：《礼记·月令》：“（孟冬之月）命百官，谨盖藏。”东汉郑玄注云：“谓府库囷仓有藏物。”即储存积累物资。

⑨上如标枝，下如野鹿：实模仿《庄子·天地》：“至德之世，不尚贤，不使能，上如标枝，民如野鹿。”标，树梢。意在说明“至德之世”，君主就像树梢之枝，高而不尊；百姓就像原野之鹿，率性自由。

⑩淳漓朴散：又作“浇淳散朴”。《汉书·黄霸传》：“浇淳散朴，并行伪貌。”唐颜师古注云：“不杂为淳，以水浇之，则味漓薄。朴，大质也，割之，散也。”即淳朴的世风变得浮薄。

⑪人能弘道：《论语·卫灵公》：“子曰：‘人能弘道，非道弘人。’”

⑫继轨：继承遵循。

⑬陂（bì）：倾斜。此指世道倾颓。

⑭绥（suí）之斯来，动之斯和：《论语·子张》："夫子之得邦家者，所谓立之斯立，道之斯行，绥之斯来，动之斯和。"西汉孔安国注云："绥，安也。言孔子为政，其立教则无不立，道之则莫不兴行，安之则远者来至，动之则莫不和睦。"意在说明文中子之道若能广行于世，则安邦而使远人来，行教而使万民和，世风归朴当在不远。

【译文】

贾琼问："先富民而后施教，为何这样说？"文中子说："仁生于荒歉，义生于丰足，因此先富民而后施教，这样才能容易。古时圣王统治天下，百姓田宅疏离，鸡犬之声相闻，老死不相往来，大概能自给自足。因此最美好的时代，先王典册藏而不用，礼乐教化搁置不行，尊卑等级混而不分。人们只知满足日常饮食而不积累财货，只知成群聚集生活而无亲爱恭敬。君主高而不尊，百姓率性自由。这是为什么呢？是因为君主无为而治，百姓自给自足。"贾琼问："淳朴的世风已经变得浇薄，还能回到从前吗？"文中子说："人能弘扬大道，如果大道得以推行，世风重归淳朴可谓易如反掌。从前舜、禹继承遵循大道而世风淳朴，夏桀承袭盛世而使世风诡诈；商汤流放夏桀而天下太平，商纣承袭盛世而使天下倾颓；周文王、周武王时国家安定，周幽王、周厉王时国家离乱；汉文帝、汉景帝时社会安宁，汉桓帝、汉灵帝时社会动荡。这就是世道治乱交替循环，世风浮薄淳朴皆有原因。世道兴衰取决于君主，政事得失有赖于教化。有人说无法回到上古治世的状态，这是不知道古圣先王的教化之功。如若不然，传承《诗》《书》《礼》《乐》又是为了什么呢？"董常听闻后，对贾琼说："孔子、孟子皆已逝去，先生之道若能广行于世，应该就能达到'安邦而远人来，行教而万民和'的境界吧？谁说无法回归世风淳朴的状态呢？"

9.15 子曰："以性制情者鲜矣。我未见处歧路而不迟回者。《易》曰：'直方大，不习，无不利，则不疑其所行也[①]。'"

【注释】

①"直方大"四句:《周易·坤卦》:"六二:直方大,不习,无不利。《象》曰:'六二之动,直以方也。不习无不利,地道光也。'"唐孔颖达疏云:"言六二之体所有兴动,任其自然之性。""言所以不假修习,物无不利,犹地道光大故也。""《文言》曰:'直方大,不习,无不利',则不疑其所行也。""直方大"即为纯粹质朴之"坤德",与上文"以性制情"之"性"对应,皆为人之"善心本性"。"不疑其所行也"则为秉承"坤德",内心为"善心本性"所主宰,故能行事而不疑,与上文"未见处歧路而不迟回者"对应。直,质直。方,方正。大,读为"泰",安定沉稳。习,修习,学习。利,吉祥。

【译文】

文中子说:"能够以善心本性来控制情感的人太少了。我还没有见到身处岔路而不犹豫的人。《周易》说:'心地质直、品行方正、性情沉稳,即便没有学习,也会吉祥平安,并且行事不会犹豫不决。'"

9.16 窦威曰:"大哉!《易》之尽性也[1]。门人孰至焉?"子曰:"董常近之。"或问:"威与常也,何如?"子曰:"不知。"

【注释】

①《易》之尽性也:《周易·说卦》:"穷理尽性以至于命。"尽性,即穷理尽性。

【译文】

窦威说:"伟大啊!《周易》穷尽万物之理洞悉人之本性。门生中谁能达到这种境界呢?"文中子说:"董常已经接近了。"有人问:"窦威与董常相比如何?"文中子说:"不知道。"

9.17 子曰:"大雅或几于道[1],盖隐者也,'默而成之,不言而信’[②]。”

【注释】

①大雅:温大雅。见 2.3 条注。几于道:见 5.28 条注。

②默而成之,不言而信:见 5.1 条注。

【译文】

文中子说:“温大雅应该几近于道了,是位高士,‘默然明理达道,不用言语自能令人深信不疑’。”

9.18 或问陶元亮[①]。子曰:“放人也。《归去来》有避地之心焉,《五柳先生传》则几于闭关矣[②]。”

【注释】

①陶元亮:即陶渊明(? —427),名潜,字渊明,又字元亮,自号“五柳先生”,私谥“靖节”,世称“靖节先生”,浔阳柴桑(今江西九江)人。东晋大司马陶侃曾孙,东晋末至南朝宋初诗人。历任江州祭酒、建威参军、镇军参军、彭泽县令等职,出任彭泽县令八十余天便弃官而去,从此归隐田园,被誉为“古今隐逸诗人之宗”。《晋书》卷九十四有传。

②闭关:此指藏身世外。见 4.3 条注。

【译文】

有人问陶渊明。文中子说:“是放达之人。他的《归去来兮辞》有避世隐居之意,而《五柳先生传》则近乎藏身世外了。”

9.19 子曰:“和大怨者必有余怨[①],忘大乐者必有余乐,天之道也。”

【注释】

①和大怨者必有余怨：实模仿《老子》第七十九章："和大怨，必有余怨。"南宋范应元《老子道德经古本集注》："为政以德则民自无怨，苟不以德而刚强多欲，取之不以度，使之不以时，则民怨，及其有祸乱大作，方且抚绥而和释之，则亦必有余怨矣。"意在提醒为政之人当谨遵先王之道。

【译文】

文中子说："纵然大乱已平必定尚存余怨，倘若淡泊功业必定另有他趣，这就是天道。"

9.20　子曰："气为上，形为下，识都其中[①]，而三才备矣[②]。气为鬼，其天乎[③]？识为神，其人乎[④]？吾得之理性焉[⑤]。"薛收曰："敢问天神、人鬼，何谓也？周公其达乎？"子曰："大哉！周公。远则冥诸心也[⑥]。心者非他也，穷理者也，故悉本于天；推神于天，盖尊而远之也[⑦]，故以祀礼接焉[⑧]。近则求诸己也，己者非他也，尽性者也，卒归之人；推鬼于人，盖引而敬之也[⑨]，故以飨礼接焉[⑩]。古者观盥而不荐[⑪]，思过半矣。"薛收曰："敢问地祇。"子曰："至哉！百物生焉，万类形焉。示之以民，斯其义也。形也者，非他也，骨肉之谓也，故以祭礼接焉。"收曰："三者何先？"子曰："三才不相离也，措之事业，则有主焉。圜丘尚祀[⑫]，观神道也；方泽贵祭[⑬]，察物类也；宗庙用飨，怀精气也。"收曰："敢问三才之蕴。"子曰："至哉乎问！夫天者，统元气焉，非止荡荡苍苍之谓也；地者，统元形焉，非止山川丘陵之谓也；人者，统元识焉，非止圆首方足之谓也。乾坤之蕴，汝思之乎？"于是收退而学《易》。

【注释】

①识:此指人的思想意识。都:阮逸注云:"居也。"

②三才:见 1.1 条注。

③气为鬼,其天乎:阮逸注云:"《易》曰:'精气为物,游魂为变,是故知鬼神之情状。'鬼者精气之变也,故曰'气为鬼'。"

④识为神,其人乎:阮逸注云:"《易》曰:'神而明之,存乎其人。'非识则不能神,故曰'识为神'。"

⑤理性:阮逸注云:"穷理尽性,则能行变化,通鬼神。"见 5.2 条注。

⑥冥:冥求,即潜心探索。"冥诸心"与下文"求诸身"对应。

⑦尊而远之:即"敬而远之"。见 2.25 条注。

⑧祀礼:阮逸注云:"此宗祀天神也。"《周礼·春官·大宗伯》:"大宗伯之职,掌建邦之天神、人鬼、地祇之礼,以佐王建保邦国。"东汉郑玄注云:"立天神、地祇、人鬼之礼者,谓祀之、祭之、享之。"接:交接。此指沟通神明。

⑨引而敬之:即反用"敬而远之"之义。

⑩飨(xiǎng)礼:宴享之礼。飨,通"享"。

⑪观盥(guàn)而不荐:《周易·观卦》:"盥而不荐,有孚颙若。"三国王弼注云:"王道之可观者,莫盛于宗庙。宗庙之可观者,莫盛于盥也。至荐,简略不足复观。故观盥而不观荐也。"盥事简而荐事繁,于简之中,更见行礼之谨、事神之敬,故"观盥而不荐"。盥,祭祀前主祭者用清水洗手,以酒灌地降神之礼。荐,进献牺牲供品。

⑫圜(yuán)丘:古时天子祭天的圆台。《周礼·春官·大司乐》:"冬日至,于地上之圜丘奏之。"圜,同"圆"。

⑬方泽:即"方丘",古时天子祭地的方台,因设于水中,故又称"方泽"。《周礼·春官·大司乐》:"夏日至,于泽中之方丘奏之。"

【译文】

文中子说:"气居上,形居下,识居其中,而三才齐备。气化为鬼,应当源出于天吧？识化为神，应当源出于人吧？我穷天理、尽人性而得此义。”薛收说：“请问天神、人鬼，说的是什么？周公明白其中的道理吗？”文中子说：“伟大啊，周公！对于遥远之物则探索本心。探索本心没有其他原因，实为穷尽天地之理，因此天地之理皆源出于天；将神归属于天，意在敬而远之，因此通过祀礼进行沟通。对近处之物则考求自身，考求自身没有其他原因，实为穷尽人之本性，因此人之本性皆源出于人；将鬼归属于人，意在引而敬之，因此通过飨礼进行沟通。古时祭祀观盥而不观荐，主要就这个道理。”薛收说：“请问地神。”文中子说：“至善啊！众生赖之以化生，万物得之以成形。可以将此告诉百姓，这就是地神之义。形不是别的，就是通常所说的躯体，因此通过祭礼进行沟通。”薛收问：“这三者哪个最重要？”文中子说：“三才不可相分离，用于不同的事，则各有侧重。圜丘祭祀上天，以观自然之道；方泽祭祀大地，以察万物之情；宗庙祭祀祖宗，以怀先人之德。”薛收说：“请问三才的深义。”文中子说：“问得好啊！天统摄世间元气，不只是所谓的虚空浩渺之处；地统摄万物元形，不只是所谓的山川丘陵之所；人统摄宇宙元识，不只是所谓的头圆脚方之物。乾坤的深义，你思考过吗？”于是薛收告退而钻研《周易》。

9.21 子曰：“射以观德①，今亡矣。古人贵仁义，贱勇力。”

【注释】

①射以观德：《礼记·射义》：“故射者，进退周还必中礼，内志正，外体直，然后持弓矢审固；持弓矢审固，然后可以言中，此可以观德行矣。”射，射礼。

【译文】

文中子：“古时举行射礼以观察人的德行，这种做法现在已经消失了。古人崇尚仁义，轻视勇力。”

9.22 子曰："弃德背义而患人之不己亲，好疑尚诈而患人之不己信，则有之矣。"

【译文】

文中子说："背弃道德和仁义却担心别人不亲爱自己，喜好怀疑和欺诈却担心别人不信任自己，世上就有这样的人。"

9.23 子曰："君子服人之心，不服人之言；服人之言，不服人之身[①]。服人之身，力加之也。君子以义，小人以力，难矣夫！"

【注释】

①服人之言，不服人之身：阮逸注云："此其次也。"

【译文】

文中子说："君子使人心服，而不使人口服；其次使人口服，而不使人身体屈服。因为使人身体屈服，势必要强加以暴力。君子躬行仁义，小人奉行暴力，这是难以改变的！"

9.24 子曰："太熙之后，天子所存者号尔。乌乎！索化列之以政[①]，则蕃君比之矣[②]。《元经》何不兴乎[③]？"

【注释】

①索化列之以政：阮逸注云："《续诗》有政、化。"见3.24、3.26条。

②蕃君：即蕃臣。见3.24条注。比：等同。

③《元经》何不兴乎：阮逸注云："《诗》亡则《春秋》作。"《孟子·离娄下》："孟子曰：'王者之迹熄而《诗》亡，《诗》亡然后《春秋》作。'"

文中子将《续诗》比之于《诗经》,《元经》比之于《春秋》,借"《诗》亡则《春秋》作"以说明《续诗》亡而《元经》必兴。见1.8条。

【译文】

文中子说:"西晋太熙之后,天子仅存名号而已。哎!《续诗》之所以把'化'列于'政'之下,是将天子等同于诸侯。《元经》怎能不广行于世呢?"

9.25　房玄龄谓薛收曰:"道之不行也必矣,夫子何营营乎①?"薛收曰:"子非夫子之徒欤?天子失道,则诸侯修之;诸侯失道,则大夫修之②;大夫失道,则士修之;士失道,则庶人修之。修之之道:从师无常③,诲而不倦④,穷而不滥⑤,死而后已⑥。得时则行,失时则蟠⑦。此先王之道所以续而不坠也,古者谓之继时⑧。《诗》不云乎:'纵我不往,子宁不嗣音⑨?'如之何以不行而废也?"玄龄惕然谢曰⑩:"其行也如是之远乎!"

【注释】

①营营:奔波劳苦之貌。

②"天子失道"四句:见6.28条。

③从师无常:实模仿《论语·子张》:"夫子焉不学?而亦何常师之有?"

④诲而不倦:实模仿《论语·述而》:"子曰:'默而识之,学而不厌,诲人不倦,何有于我哉?'"

⑤穷而不滥:实模仿《论语·卫灵公》:"子曰:'君子固穷,小人穷斯滥矣。'"

⑥死而后已:《论语·泰伯》:"曾子曰:'士不可以不弘毅,任重而道

远。仁以为己任，不亦重乎？死而后已，不亦远乎？'"

⑦蟠（pán）：盘伏。此指归隐。

⑧继时：继时之道，即传承时世之大道。

⑨纵我不往，子宁不嗣音：《诗经·郑风·子衿》："青青子衿，悠悠我心。纵我不往，子宁不嗣音？"唐孔颖达疏云："纵使我不往彼见子，子宁得不来学习音乐乎？责其废业去学也。"

⑩惕然：惊惧醒悟之貌。

【译文】

房玄龄对薛收说："大道无法推行是必然的事，先生何必如此奔波劳苦？"薛收说："你难道不是先生的门生吗？天子无道，则诸侯予以修明；诸侯无道，则大夫予以修明；大夫无道，则士人予以修明；士人无道，则庶民予以修明。修明之法：无所不学，诲人不倦，困穷而不失操守，至死而坚守正道。得其时推行大道，失其时则归隐山林。这就是古圣先王之道延续至今而未坠失的原因，古人称之为'继时'。《诗经》不是说：'纵然我不去见你，难道你就放弃学业吗？'怎么能以大道不得推行而使之荒废呢？"房玄龄内心惊惧幡然醒悟并致歉说："先生所为原来意义如此深远！"

卷十

关朗篇

【题解】

《关朗篇》与《问易篇》既有联系,又有不同。联系体现在这两篇皆有阐发《周易》之道的论述,所不同的是《问易篇》侧重于阐释周公圣道之源,而《关朗篇》则侧重借北魏精通《易》道、长于占算的关朗为线索,进而引出王通对《周易》之道的理解与体悟。《问易篇》侧重于阐发立德修身与治国安邦,《关朗篇》则侧重于阐发对隋朝国祚不永、二世将亡的敏锐洞察与深刻分析。《关朗篇》遵循"以诗观风"的线索,指出当今"无诗"是朝政不法古制。于是对安贫守道、虚心求教的门生给予肯定,更对仲长子光提纲挈领的为政之法大加赞赏。王通深刻指出,无论修身、为政,皆应明大道、知天命、合礼义、遵古制。知天命、遵古制,可修《续书》《元经》之教;明大道、合礼义,当悟《周易》之理。唯有如此,方能知晓何为善行、何为善政、何为中国!《关朗篇》中,王通赞《易》道而察隋运,观政教而明得失,可谓深谙《周易》的精微与玄妙。隋灭南陈之后,王通敏锐地发现隋文帝"龙德亢矣",已然洞见隋道将衰之几。献《太平十二策》而不能用,进"五德终始说"而不能行。隋文帝晚年昏聩"委任不一""监察不止"可谓"卒不悔",恰好印证了王通之言。而后由《易》道延及古制,指出隋文帝对杨广宠爱尤甚,未及冠而封王,种种作为,已然渐露"亡征"。此外,更以古今之政进行对比,表达对四民分治、五等封爵、井田里居等传统古制的追慕和向往，转而指斥当下君臣无道、上下无德，所行之政实为“苟道”。因而，鉴于世道混乱，不遇其时，王通阐释君子隐世的深刻寓意与矢志弘道的坚定信念。最后，是关于王通之弟太原府君王凝的简要载录。太原府君谨承其说、躬行其道，教化王通后嗣。此外，更有门人修业，及《中说》成书等内容包含其中。

10.1 或问关朗①。子曰：“魏之贤人也。孝文没而宣武立②，穆公死③，关朗退，魏之不振有由哉！”

【注释】

①关朗：字子明，河东解县（今山西临猗）人。有经济大器，善占算。北魏太和末，任公府记室。晋阳穆公叹服其学，将其举荐于孝文帝。孝文帝驾崩，遂隐居不仕。详见《录关子明事》。

②孝文：北魏孝文帝。见2.52条注。宣武：北魏宣武帝元恪（483—515），孝文帝拓跋宏之子，太和二十一年（497）册立为皇太子。太和二十三年（499）孝文帝去世后即位。在位期间，扩建洛阳，巩固汉化改革成果。南取益州，北攻柔然，使疆域拓展，国势盛极一时。在位后期，外戚高肇专权，朝政日趋黑暗，国力逐渐衰弱。《魏书》卷八有《世宗纪》。

③穆公：晋阳穆公。见1.1条注。

【译文】

有人问关朗。文中子说：“是魏国的贤才。孝文帝驾崩而宣武帝即位，晋阳穆公离世，关朗归隐，魏国不兴是有原因的。”

10.2 子曰：“中国失道，四夷知之。”魏徵曰：“请闻其说。”子曰：“《小雅》尽废，四夷交侵①，斯中国失道也，非其说乎？”徵退，谓薛收曰：“时可知矣②。”

【注释】

①《小雅》尽废，四夷交侵：《诗经·小雅·六月·序》："《小雅》尽废，则四夷交侵，中国微矣！"见6.45条。

②时可知矣：阮逸注云："时隋炀帝失道可知。"

【译文】

文中子说："中原尽失王道，四夷戎狄皆知。"魏徵说："愿听其中原委。"文中子说："《小雅》之道尽废，四夷迭相侵犯，皆因中原尽失王道，不正说明了问题所在吗？"魏徵告退，对薛收说："隋朝失道可想而知。"

10.3 薛收问曰："今之民胡无诗[①]？"子曰："诗者，民之情性也[②]。情性能亡乎？非民无诗，职诗者之罪也[③]。"

【注释】

①胡：为什么。

②诗者，民之情性也：《毛诗序》："诗者，志之所之也，在心为志，发言为诗，情动于中而形于言，言之不足，故嗟叹之，嗟叹之不足，故咏歌之，咏歌之不足，不知手之舞之足之蹈之也。"

③职诗者：采诗官。见2.7条及注。

【译文】

薛收问："当今百姓为何没有诗歌？"文中子说："诗歌，反映的是百姓的情感。情感岂能消失？不是百姓没有诗歌，而是采诗之人的过错。"

10.4 姚义困于窭[①]。房玄龄曰："伤哉！窭也。盍请乎[②]？"姚义曰："古之人为人请，犹以为舍让也[③]，况为己乎？吾不愿。"子闻之曰："确哉[④]！义也。实行古之道矣，有以发我也：难进易退[⑤]。"

【注释】

①窭（jù）：贫穷，贫困。

②盍（hé）：何不。请：此指求助。

③舍：留有，保有。让：辞让。

④确：此指意志坚定。

⑤难进易退：《礼记·儒行》："儒有衣冠中，动作慎。其大让如慢，小让如伪；大则如威，小则如愧。其难进而易退也，粥粥若无能也。"意在说明君子当谨慎于有为而常思谦退。

【译文】

姚义生活贫困。房玄龄说："令人伤心啊，这么贫困！何不向人求助呢？"姚义说："古时之人为他人寻求帮助，尚且保有辞让之礼，更何况是为自己呢？因此我不愿求助。"文中子听闻后说："意志坚定啊，姚义！践行古人之道，能够启发我理解：慎于有为而常思谦退。"

10.5 子曰："虽迩言必有可察[①]，求本则远。"

【注释】

①迩言：《礼记·中庸》："子曰：'舜其大知也与！舜好问而好察迩言，隐恶而扬善，执其两端，用其中于民，其斯以为舜乎！'"东汉郑玄注云："迩，近也。近言而善易以进人。"即浅近易懂之言。必有可察：实模仿《论语·子张》："子夏曰：'虽小道，必有可观者焉。'"

【译文】

文中子说："即使是浅近之言亦必有可取之处，探究其本质则意蕴深远。"

10.6 王珪从子求《续经》[①]。子曰："叔父[②]，通何德以之哉？"珪曰："勿辞也。当仁不让于师[③]，况无师乎！吾闻关朗之筮矣[④]：积乱之后，当生大贤。世习礼乐，莫若吾族。天未亡道，振斯文者[⑤]，非子谁欤？”

【注释】

①王珪（guī，570—639）：字叔玠，太原祁（今山西祁县）人。南朝梁尚书令王僧辩之孙，唐初名相。为人安贫乐道，品行方正。开皇十三年（593），入召秘书内省，为奉礼郎。唐朝建立后，任太子中舍人等职，为李建成心腹，后因杨文幹事件被流放巂州。贞观年间，征召回朝，历任谏议大夫、黄门侍郎、侍中、同州刺史、礼部尚书等职，封永宁郡公。贞观十三年（639）离世，追赠吏部尚书，谥号“懿”。《旧唐书》卷七十有传。

②叔父：阮逸注云：“子之从叔。”

③当仁不让于师：《论语·卫灵公》：“子曰：‘当仁，不让于师。’”西汉孔安国注云：“当行仁之事，不复让于师，言行仁急。”

④筮（shì）：卜筮，即对未来的预测。

⑤斯文：见1.1条注。

【译文】

王珪师从文中子学习《续六经》。文中子说：“叔父，我有何德敢做您的老师？”王珪说：“请不要推辞。当仁行义不谦让于老师，何况当世无人传授大道！我听闻关朗卜筮：连年灾祸之后，当有大贤产生。并且世代传习礼乐，无人可比肩我家。如果上天不亡大道，能够重振礼乐之人，不是你还能是谁？”

10.7 魏徵问：“议事以制[①]，何如？”子曰：“苟正其本[②]，刑将措焉；如失其道，议之何益？故至治之代[③]，法悬而不犯[④]；其次犯而不繁，故议事以制。噫！中代之道也[⑤]。如有用我，必也无讼乎[⑥]？”

【注释】

①议事以制:《尚书·周官》:"学古入官,议事以制,政乃不迷。"西汉孔安国注云:"言当先学古训,然后入官治政,凡制事必以古义议度终始,政乃不迷错。"即商议政事谨遵古制。

②本:此指为政之本,即修德安民。

③至治之代:见9.14条注。

④悬:公布,颁布。

⑤中代:阮逸注云:"商、周已后为中代。"即中古时代。

⑥必也无讼乎:实模仿《论语·颜渊》:"子曰:'听讼,吾犹人也,必也使无讼乎!'"

【译文】

魏徵问:"商议政事谨遵古制,这样如何?"文中子说:"如果能匡正根本,刑罚将搁置不用;如果违背正道,商议政事又有何用?因此最美好的时代,法令颁布而无人触犯;其次是触犯的人不多。因此商议政事谨遵古制。哎!这是中古时代的方法。如果任用我的话,一定会让世间没有争讼。"

10.8 文中子曰:"平陈之后①,龙德亢矣,而卒不悔②。悲夫!"

【注释】

①平陈:隋开皇八年(588)十二月至翌年二月,隋文帝杨坚命晋王杨广统率水陆大军五十余万,攻灭南陈。随即陆续招降三吴、岭南等地,完成统一大业,结束了汉末以来魏晋南北朝近四百年的分裂局面。

②龙德亢矣,而卒不悔:《周易·乾卦》:"上九:亢龙有悔。""《象》曰:'亢龙有悔,盈不可久也。'""《文言》曰:'亢龙有悔,穷之灾也。'"

意在借《周易·乾卦》说明隋文帝君道已臻于极盛，然不悟“亢龙有悔”之义，无所改悔而终使隋室崩颓。龙德，君道。亢，极。悔，改悔。

【译文】

文中子说：“灭陈之后，隋文帝君道已臻于极盛，然而终不改悔。令人悲哀啊！”

10.9 子曰：“吾于《续书》《元经》也，其知天命而著乎！伤礼乐则述章、志①，正历数则断南北②，感帝制而首太熙③，尊中国而正皇始④。”

【注释】

①章、志：阮逸注云：“《乐章》《礼志》。”

②历数：气数，运数。此指王朝正朔、正统。《论语·尧曰》：“尧曰：‘咨！尔舜！天之历数在尔躬，允执其中。’”南北：即南北朝。

③感帝制而首太熙：阮逸注云：“《书》帝制尚不及黄初，况太熙乎！然《元经》首于太熙者，盖感帝制之绝而持振之也。”见1.2、9.24条。

④尊中国而正皇始：阮逸注云：“晋、宋卒不振，则历数断归北朝，以后魏孝文皇始年都洛阳，得中国也。”见1.10、5.47、7.10条。

【译文】

文中子说：“我对于《续书》《元经》，应该是知悉天命方著录于文！感伤礼崩乐坏而作《乐章》《礼志》，辨正王朝正朔而裁断南北朝政，感怀帝制衰亡而编撰始于太熙，尊崇中原王道而采用皇始年号。”

10.10 文中子曰：“动失之繁，静失之寡①。”

【注释】

①动失之繁，静失之寡：阮逸注云：“不得中。”《周易·系辞上》：“动

静有常，刚柔断矣。”西晋韩康伯注云：“刚动而柔止也。动止得其常体，则刚柔之分著矣。”《论语·先进》：“子曰：‘师也过，商也不及。’”繁，多，过。寡，少，不及。意在说明人之动静皆当循常道，方能得中正。

【译文】

文中子说：“违常之动，失之于过；违常之静，失之于不及。”

10.11 子曰：“罪莫大于好进，祸莫大于多言①，痛莫大于不闻过，辱莫大于不知耻。”

【注释】

①罪莫大于好进，祸莫大于多言：实模仿《老子》第四十六章：“祸莫大于不知足，咎莫大于欲得。”

【译文】

文中子说：“罪莫大于争强好胜，祸莫大于多言多语，痛莫大于不听批评，辱莫大于不知羞耻。”

10.12 子曰：“天子之子，合冠而议封①，知治而受职，古之道也。”

【注释】

①合冠而议封：阮逸注云：“年二十成人，始封之土。”《隋书·炀帝纪上》：“开皇元年，立为晋王，拜柱国、并州总管，时年十三。”意在说明杨广尚未成年而授以政事，实有违古制。合，应当。冠，冠礼。见2.23条注。

【译文】

文中子说：“天子的儿子，应当成年之后再讨论封爵，懂得为政之后再授予官职，这是古代之制。”

10.13 薛收问政于仲长子光[①]。子光曰：“举一纲，众目张[②]；弛一机[③]，万事隳[④]。不知其政也。”收告文中子。子曰：“子光得之矣。”

【注释】

①仲长子光：见2.14条注。

②举一纲，众目张：实模仿《吕氏春秋·离俗览·用民》：“壹引其纲，万目皆张。”

③弛：废。机：枢机，即事物关键所在。

④隳（huī）：毁。

【译文】

薛收问仲长子光为政之道。仲长子光说：“大纲举，则众目张；枢机废，则万事毁。并不知道应该如何为政。”薛收将此事禀告了文中子。文中子说：“仲长子光懂得为政之道了。”

10.14 文中子曰：“不知道，无以为人臣[①]，况君乎？”

【注释】

①不知道，无以为人臣：实模仿《论语·子张》：“子曰：‘不知命，无以为君子也。’”

【译文】

文中子说：“不知晓天地大道，就无法做臣子，更何况君王呢？”

10.15 子曰：“人不里居[①]，地不井受[②]，终苟道也[③]，虽舜、禹不能理矣。”

【注释】

①里居：遵井田之制，一井之地，八家耕种生活其中。《孟子·滕文公上》："方里而井，井九百亩，其中为公田，八家皆私百亩，同养公田。公事毕，然后敢治私事。"

②井受：遵井田之制授予百姓土地。井，井田。受，同"授"，授田，给予百姓土地。

③苟道：见5.27条。

【译文】

文中子说："百姓不遵里居之制，土地不守井田之法，终究是苟且简略之道，即使舜、禹也无法治理。"

10.16 子曰："政猛[①]，宁若恩；法速，宁若缓；狱繁，宁若简；臣主之际，其猜也宁信。执其中者，惟圣人乎？"

【注释】

①政猛：为政严苛。《礼记·檀弓》："夫子曰：'小子识之：苛政猛于虎也。'"

【译文】

文中子说："与其为政严苛，不如施予恩泽；与其执法迅疾，不如待之宽缓；与其狱讼繁多，不如省刑息讼；臣子君主之间，与其互相猜忌，不如彼此信任。能够守此中正之道的，应该只有圣人吧？"

10.17 子曰："委任不一，乱之媒也[①]；监察不止，奸之府也[②]。"裴晞闻之曰[③]："左右相疑[④]，非乱乎？上下相伺[⑤]，非奸乎？古谓之蛇豕之政[⑥]。噫！亡秦之罪也。"

【注释】

①委任不一,乱之媒也:《隋书·高祖纪下》:"(开皇二十年)冬十月,……乙丑,皇太子勇及诸子并废为庶人。……十一月戊子,……以晋王广为皇太子。"意在说明隋文帝晚年听信谗言,废黜太子杨勇而另立杨广,为隋朝动乱埋下祸根。媒,有亡国之兆,而尚无亡国之实。此实就隋文帝而言,与10.8条对应。

②监察不止,奸之府也:《隋书·高祖纪下》:"天性沉猜,素无学术,好为小数,不达大体,故忠臣义士莫得尽心竭辞。其草创元勋及有功诸将,诛夷罪退,罕有存者。"意在说明隋文帝生性多疑,好猜忌,信谗言,晚年昏聩益甚,虞庆则、史万岁等功臣故旧先后被杀,导致隋朝世风日下,人心丧乱。府,为奸邪所聚,而尚无倾颓之崩。此亦就隋文帝而言,与10.8条对应。

③裴晞(xī):见1.18条注。

④左右:此指亲近之人,即父子兄弟。

⑤上下:此指君臣。伺:窥察,窥探。

⑥蛇豕(shǐ):《左传·定公四年》:"吴为封豕长蛇,以荐食上国。"西晋杜预注云:"言吴贪害如蛇豕。"即贪婪残暴。

【译文】

文中子说:"废立储君不一,国家动乱由此而产生;监察朝臣无休无止,奸邪狡诈由此而汇聚。"裴晞听闻说:"父子兄弟互相猜疑,国家怎能不乱?君臣上下互相窥探,人心怎能不诈?这就是古人所谓长蛇封豕般的贪残之政。哎!这是暴秦的罪过啊。"

10.18 杜淹问隐[①]。子曰:"非伏其身而不见也,时命大谬则隐其德矣[②],惟有道者能之,故谓之退藏于密[③]。"杜淹曰:"《易》之兴也,天下其可疑乎[④],故圣人得以隐?"子曰:"显仁藏用[⑤],中古之事也[⑥]。"淹曰:"敢问藏之之说。"子曰:

"泯其迹[7],闷其心[8],可以神会,难以事求,斯其说也。"又问道之旨。子曰:"非礼勿动,非礼勿视,非礼勿听[9]。"淹曰:"此仁者之目也。"子曰:"道在其中矣。"淹退,谓如晦曰:"'瞻之在前,忽然在后'[10],信颜氏知之矣。"

【注释】

①杜淹:见2.3条注。

②非伏其身而不见也,时命大谬则隐其德矣:实模仿《庄子·缮性》:"古之所谓隐士者,非伏其身而弗见也,非闭其言而不出也,非藏其知而不发也,时命大谬也。"德,此指大道。

③退藏于密:《周易·系辞上》:"圣人以此洗心,退藏于密,吉凶与民同患,神以知来,知以藏往。"西晋韩康伯注云:"言其道深微,万物日用而不能知其原,故曰'退藏于密',犹藏诸用也。"即大道深邃精微,圣人藏之于万物日用,百姓用之而不察。

④疑:疑乱。此指世道混乱。与上文"时命大谬"对应。

⑤显仁藏用:实模仿《周易·系辞上》:"显诸仁,藏诸用,鼓万物而不与圣人同忧,盛德大业至矣哉!"西晋韩康伯注云:"衣被万物,故曰'显诸仁';日用而不知,故曰'藏诸用'。"即圣人大道仁及万物,藏于日用而百姓不知。

⑥中古:见10.7条"中代"注。

⑦泯其迹:此指藏身世外。

⑧闷(bì)其心:闭守内心,不受外界打扰。见4.3条"闭关"注。闷,关闭。

⑨"非礼勿动"三句:实模仿《论语·颜渊》:"颜渊问仁。子曰:'克己复礼为仁。一日克己复礼,天下归仁焉。为仁由己,而由人乎哉?'颜渊曰:'请问其目。'子曰:'非礼勿视,非礼勿听,非礼勿言,非礼勿动。'"

⑩瞻之在前，忽然在后：实模仿《论语·子罕》："颜渊喟然叹曰：'仰之弥高，钻之弥坚；瞻之在前，忽焉在后。夫子循循然善诱人，博我以文，约我以礼。欲罢不能，既竭吾才，如有所立卓尔。虽欲从之，末由也已。'"北宋邢昺疏云："瞻之似若在前，忽然又复在后也。"意在说明文中子之道深奥广博。

【译文】

杜淹问归隐。文中子说："并非藏身山野而不现于世，而是在时运乖谬之时隐藏自己的大道，唯有有道之人能够做到，因此称之为退藏于密。"杜淹问："《周易》之所以广行于世，是因为世道混乱，圣人归隐吧？"文中子说："显仁藏用，已经是商、周时的事了。"杜淹问："请问什么是藏？"文中子说："藏身世外，闭守内心，可以心神相交，不可有事相求，这就是所说的藏。"又问大道的要义。文中子说："非礼勿动，非礼勿视，非礼勿听。"杜淹说："这是仁的条目。"文中子说："大道就在其中。"杜淹告退后，对杜如晦说："瞻之在前，忽然在后。"相信颜回确实体会到了。

10.19　文中子曰："四民不分①，五等不建②，六官不职③，九服不序④，《皇坟》《帝典》不得而识矣⑤。不以三代之法统天下，终危邦也。如不得已，其两汉之制乎？不以两汉之制辅天下者⑥，诚乱也已。"

【注释】

①四民：古时称士、农、工、商为四民。《尚书·周官》："司空掌邦土，居四民，时地利。"分：分而居之，不使杂处。《国语·齐语》："桓公曰：'成民之事若何？'管子对曰：'四民者，勿使杂处。'"

②五等：古时分封制度下公、侯、伯、子、男五等爵位。《孟子·万章下》："天子一位，公一位，侯一位，伯一位，子男同一位，凡五等也。"建：封立诸侯。《尚书·康王之诰》："乃命建侯树屏，在我后

之人。”唐孔颖达疏云:“乃施政令封立贤臣为诸侯者,树之以为蕃屏。”

③六官:古时所设天官冢宰、地官司徒、春官宗伯、夏官司马、秋官司寇、冬官司空六卿之官,分掌邦国之政。《孔子家语·执辔》:“古之御天下者,以六官总治焉。”职:此指遵循古制设六卿之官。

④九服:古时分封制度下王畿以外,由近及远将地域划分为九等。《周礼·夏官·职方氏》:“乃辨九服之邦国:方千里曰王畿,其外方五百里曰侯服,又其外方五百里曰甸服,又其外方五百里曰男服,又其外方五百里曰采服,又其外方五百里曰卫服,又其外方五百里曰蛮服,又其外方五百里曰夷服,又其外方五百里曰镇服,又其外方五百里曰藩服。”序:此指遵循古制有序经理天下邦国。

⑤《皇坟》《帝典》:即《三坟》《五典》。见5.40条注。

⑥辅:扶,匡扶。

【译文】

文中子说:“百姓四民不分而居之,五等诸侯不封而建之,公卿六官不设而行之,九服天下不序而经之,就无法理解《三坟》《五典》。不以三代之法治理天下,终究会使国家离乱。倘若不能如此,应该可以遵循两汉之制吧?如果不能以两汉之制匡扶天下,必会大乱。”

10.20 文中子曰:“仲尼之述,广大悉备①,历千载而不用,悲夫!”仇璋进曰:“然夫子今何勤勤于述也?”子曰:“先师之职也②,不敢废。焉知后之不能用也?是藨是蓘,则有丰年③。”

【注释】

①广大悉备:《周易·系辞下》:“《易》之为书也,广大悉备。”

②先师:见6.29条注。

③是藨（biāo）是蓘（gǔn），则有丰年：《左传·昭公元年》："譬如农夫是穮是蓘，虽有饥馑，必有丰年。"唐孔颖达疏云："言耕锄不息，必有丰年之收。"藨，通"穮"，耘田锄草。蓘，培土育苗。

【译文】

文中子说："孔子的著述，内容广博而完备，历经千年却不得推行，令人悲哀啊！"仇璋上前说："那么现在先生为何还要辛勤著述呢？"文中子说："先师孔子职责所在，我不敢荒废。怎知后世不能推行呢？所谓辛勤耕耘，才获丰年。"

10.21 子谓薛收曰："元魏已降①，天下无主矣。开皇九载②，人始一。先人有言曰：'敬其事者大其始③，慎其位者正其名④。'此吾所以建议于仁寿也⑤：'陛下真帝也，无踵伪乱⑥，必绍周、汉⑦，以土袭火，色尚黄，数用五⑧，除四代之法⑨，以乘天命。千载一时，不可失也。'高祖伟之而不能用。所以然者，吾庶几乎周公之事矣。故《十二策》何先？必先正始者也⑩。"

【注释】

①元魏：见4.13条注。

②开皇九载：开皇九年（589），南陈为隋所灭，天下一统。见10.8条注。

③大其始：《左传·襄公二十五年》："《书》曰：'慎始而敬终，终以不困。'"大，重。

④正其名：《论语·子路》："子曰：'必也正名乎！'"

⑤建议于仁寿：见8.25条注。

⑥无踵伪乱：阮逸注云："南北朝伪乱相继。"踵，继踵，跟随。伪乱，

以伪乱真，有名而无实。见5.50、5.51、6.4条。

⑦绍：继承。

⑧“以土袭火”三句：阮逸注云：“周木德，汉火德，隋当为土德。”即按“五德终始说”周朝为木德，木生火故汉朝为火德，火生土故隋朝当为土德。土德以黄色为尊，数以五为法。战国末年，齐人邹衍创立五行学说，以金、木、水、火、土五行相生相克解释世间万物发展变化及朝代更迭。战国末至汉采相克之说，以“(虞)土—(夏)木—(商)金—(周)火—(秦)水”之次序阐释朝代更迭；汉以后则采相生之说，以“(虞)土—(夏)金—(商)水—(周)木—(汉)火”之次序阐释朝代更迭。《中说》原文及阮注皆从相生之说。

⑨四代：阮逸注云：“谓北朝魏、周、齐，南朝陈也。”

⑩正始：与文中“大其始”对应。

【译文】

文中子对薛收说：“北魏开国以来，天下无主。开皇九年，天下归一。家中先人曾说：‘敬其事者大其始，慎其位者正其名。’这就是我仁寿年间向隋文帝建言的原因：‘陛下是实至名归的帝王，不要跟随乱道，应当继承周、汉之制，以土德承袭火德，色以黄为尊，数以五为法，摒除四朝旧政，以顺天命。时机千载难逢，不可错失。’文帝大加赞赏然而并未采纳。因为这样，我或许可以精研周公之道了。因此《十二策》以何为先？一定是以正始为先。”

10.22 魏永为龙门令[①]，下车而广公舍[②]。子闻之曰：“非所先也。劳人逸己，胡宁是营？”永遽止以谢子。

【注释】

①魏永：其人不详。

②下车：官吏到任。公舍：衙署，官吏办公及居住之处。

【译文】

魏永出任龙门令，刚刚到任就扩建衙署。文中子听闻后说："这不是首要之事。使他人劳苦而自己安逸，为何要这样做？"魏永立即停工并向文中子致歉。

10.23 子曰："不勤不俭，无以为人上也①。"

【注释】

①不勤不俭，无以为人上也：《隋书·炀帝纪下》："盛治宫室，穷极侈靡。"意在批判隋炀帝穷奢极欲，无人君之德。不勤不俭，实反用"克勤克俭"。《尚书·大禹谟》："克勤于邦，克俭于家。"人上，此指君主。

【译文】

文中子说："不勤不俭，不可为君。"

10.24 门人窦威、贾琼、姚义受《礼》，温彦博、杜如晦、陈叔达受《乐》，杜淹、房乔、魏徵受《书》①，李靖、薛方士、裴晞、王珪受《诗》，叔恬受《元经》，董常、仇璋、薛收、程元备闻《六经》之义②。凝常闻③：不专经者，不敢以受也④。经别有说⑤，故著之⑥。

【注释】

①房乔：房玄龄。见1.23条注。

②《六经》：即《续六经》。

③凝：王凝自称。

④受：同"授"，教授，传授。

⑤经：《续六经》。

⑥著：注明，标明。

【译文】

门生窦威、贾琼、姚义学习《礼》，温彦博、杜如晦、陈叔达学习《乐》，杜淹、房玄龄、魏徵学习《书》，李靖、薛方士、裴晞、王珪学习《诗》，王凝学习《元经》，董常、仇璋、薛收、程元尽知《续六经》之义。王凝常听说：不专心于经典的人，不敢教授。至于《续六经》则另有他论，因此予以注明。

10.25 太原府君曰[①]："文中子之教，不可不宣也。日月逝矣，不可使文中之后不达于兹也。"召三子而教之《略例》焉[②]。

【注释】

①太原府君：见1.10条"叔恬"注。

②三子：文中子的三个儿子，福郊、福祚、福畤。《略例》：阮逸注云："《续经》略例。"

【译文】

太原府君说："文中子的思想，不可不发扬光大。时光流逝，不能使文中子的后代不知道他的思想。"于是召集文中子的三个孩子，教授他们《续六经略例》。

10.26 太原府君曰凝，当居栗如也[①]，子弟非公服不见[②]，闺门之内若朝廷焉。昔文中子曰："贤哉！凝也。权则未，而可与立矣[③]。"府君再拜曰："谨受教。"非礼不动终身焉。贞观中，起家监察御史[④]，劾奏侯君集有无君之心[⑤]。及退，则乡党以穆[⑥]。御家以四教：勤、俭、恭、恕；正家以四礼：冠、婚、丧、祭。三年之畜备，则散之亲族。圣人之书及公服、礼器不假[⑦]。垣屋什物必坚朴[⑧]，曰“无苟费也”；门巷果木必方列，曰“无苟乱也”。事寡嫂以恭顺著，与人不款曲[⑨]，不受遗[⑩]。非其力，非其禄，未尝衣食。飨食之礼无加物焉[⑪]，曰“及礼可矣”；居家不肉食，曰“无求饱”[⑫]；一布被二十年不易，曰“无为费天下也”。乡人有诬其税者，一岁再输。临官计日受俸[⑬]。年逾七十，手不辍经。亲朋有非义者，必正之，曰：“面誉背毁[⑭]，吾不忍也。”群居纵言[⑮]，未尝及人之短。常有不可犯之色，故小人远焉。

【注释】

①当居：居家之时。栗如：庄重谨慎貌。《尚书·皋陶谟》：“皋陶曰：‘宽而栗，柔而立，愿而恭，乱而敬，扰而毅，直而温，简而廉，刚而塞，强而义。彰厥有常，吉哉！’”西汉孔安国注云：“性宽弘而能庄栗。”

②公服：官员所穿的礼服。

③权则未，而可与立矣：实模仿《论语·子罕》：“子曰：‘可与共学，未可与适道；可与适道，未可与立；可与立，未可与权。’”权，见2.4、4.3、5.28、7.29条。

④起家：古代士人出任官职。见3.42条。

⑤劾奏：弹劾，上奏罪状。侯君集（？—643）：豳州三水（今陕西旬邑）人。北周平州刺史侯植之孙，唐初名将。随秦王李世民征战四方，战功卓著，拜秦王府车骑将军、全椒县子。积极策划并参与玄武门之变。唐太宗即位后，为左卫将军，封潞国公，迁右卫大将军。贞观四年(630)，为兵部尚书。后参与平定东突厥，大破吐谷浑，封陈国公。历任光禄大夫、吏部尚书、交河道行军大总管等职，位列“凌烟阁二十四功臣”。贞观十七年(643)，卷入太子李

承乾谋反事件，坐罪处死。《旧唐书》卷六十九有传。

⑥穆：通“睦”，和睦。

⑦圣人之书及公服、礼器不假：见1.30条及注。

⑧垣：围墙。什物：家用什物，即各种常用器物。坚：牢固。朴：朴素，质朴。

⑨款曲：应酬。此指曲意逢迎。

⑩遗（wèi）：给予，馈赠。

⑪飨（xiǎng）食之礼：飨礼。见9.20条注。

⑫无求饱：《论语·学而》：“子曰：‘君子食无求饱，居无求安，敏于事而慎于言，就有道而正焉，可谓好学也已。’”

⑬计日受俸：官员根据自己家中每日基本所需领取朝廷俸禄，以此彰显清廉。

⑭面誉背毁：见3.29条注。

⑮纵言：闲谈。《礼记·仲尼燕居》：“仲尼燕居，子张、子贡、言游侍，纵言至于礼。”

【译文】

太原府君名凝，居家时庄重谨慎，不穿公服则不见家中子弟，家门之中宛若朝堂。从前文中子说：“贤能啊，王凝！虽不知权变，但可与他明道立身。”太原府君再拜说：“谨遵您的教诲。”终身行动皆遵礼法。贞观年间，出任监察御史，弹劾侯君集意图谋反。退官居家，乡里和睦。以勤、俭、恭、恕四教管理家庭；以冠、婚、丧、祭四礼匡正家风。家中储备三年之用，其余施予亲戚族人。圣贤经典及官服、礼器概不借人。房屋围墙，家用器物必定坚固朴素，说“不要随意浪费”；门庭里巷，栽种果树，必定方正整齐，说“不要随意乱为”。侍奉寡嫂以恭敬顺从著称，不曲意逢迎，不接受馈赠。不是自己耕种所获，不是自己俸禄所得，则不吃不穿。祭祀飨礼贡品不求繁多，说“合乎礼制即可”；平时不吃肉食，说“君子食无求饱”；一条布被盖了二十年没有更换，说“不要浪费天下物力”。有乡人诬陷他没有交税，于是他一年中交了两次。做官时只按家中每日所需领取俸禄。年过七旬，手不释卷。亲朋之中，有人不合道义，必定批评纠正，说："当面称道而背后诋毁，我不会那样做。"群坐闲谈，从不谈论他人短处。始终神色威严不容侵犯，因此小人敬而远之。

10.27 杜淹曰："《续经》其行乎？"太原府君曰："王公大人最急也①，先王之道，布在此矣②。天下有道，圣人推而行之；天下无道，圣人述而藏之③。所谓流之斯为川焉，塞之斯为渊焉。升则云，施则雨，潜则润，何往不利也。"

【注释】

①急：急需，迫切需要。

②布：此指著录且含昭示于天下之义。

③"天下有道"四句：实模仿《论语·卫灵公》："邦有道，则仕；邦无道，则可卷而怀之。"圣人述而藏之，见10.18条及注。

【译文】

杜淹问："《续六经》能否广行于世呢？"太原府君说："王公贵族最迫切需要，因为古圣先王之道，著录于此。天下有道，圣人可以推广而行之天下；天下无道，圣人可以著录而藏之内心。正所谓奔流则为河川，壅塞则为深潭。升腾则为云，化施则为雨，潜藏则润泽万物，因此无往而不利。"

10.28 太原府君曰："夫子得程、仇、董、薛而《六经》益明①。对问之作②，四生之力也。董、仇早殁，而程、薛继殂③。文中子之教，其未作矣。呜呼！以俟来哲。"

【注释】

①《六经》：即《续六经》。

②对问之作：阮逸《文中子〈中说〉序》："《中说》者，子之门人对问之书也，薛收、姚义集而名之。"即指《中说》。

③继：相继。殂（cú）：死亡。

【译文】

太原府君说："先生得到程元、仇璋、董常、薛收的辅助，《续六经》之道更加彰明。《中说》的编纂，有赖于四位门生的助力。董常、仇璋早卒，而程元、薛收也相继离世。因而文中子的思想没有广行于世。哎！以待后来贤哲吧。"

叙篇

文中子之教，继素王之道，故以《王道篇》为首。古先圣王，俯仰二仪必合其德，故次之以《天地篇》。天尊地卑，君臣立矣，故次之以《事君篇》。事君法天，莫如周公，故次之以《周公篇》。周公之道，盖神乎《易》中，故次之以《问易篇》。《易》者，教化之原也，教化莫大乎礼乐，故次之以《礼乐篇》。礼乐弥文，著明则史，故次之以《述史篇》。兴文立制，燮理为大，惟魏相有焉，故次之以《魏相篇》。夫阴阳既燮，则理性达矣，穷理尽性以至于命，故次之以《立命篇》。通性命之说者，非《易》安能至乎？关氏，《易》之深者也，故次之《关朗篇》终焉。

【译文】

文中子的学说，继承了孔子的思想，因此将《王道篇》编为第一篇。古时的先君圣主，仰观苍天俯察大地，必使自身行为举止合于天地之德，因此继之以《天地篇》。苍天在上、大地居下，君臣等级于是井然有序，因此继之以《事君篇》。奉侍君主遵循天道，首推周公，因此继之以《周公篇》。周公的思想，实因参悟了《周易》的玄妙，因此继之以《问易篇》。

《周易》是教化的源头，而教化之要当属礼乐，因此继之以《礼乐篇》。礼乐教化与典章制度，直书实录则为史传，因此继之以《述史篇》。广兴文教推行圣制，当以治国理政为要，唯有魏相能够做到，因此继之以《魏相篇》。乾坤既定天下承平，万事皆顺其理而万物咸达其性，于是穷极万物深奥之理、究尽生灵所禀之性进而洞悉天命，因此继之以《立命篇》。若想懂得天之所赋与人之所禀之间的关系，不读《周易》怎么能行呢？关朗是精研《周易》之人，因此继之以《关朗篇》作为结尾。

文中子世家

文中子，王氏，讳通，字仲淹。其先汉征君霸，洁身不仕。十八代祖殷，云中太守，家于祁，以《春秋》《周易》训乡里，为子孙资。十四代祖述，克播前烈，著《春秋义统》，公府辟不就。九代祖寓，遭愍、怀之难，遂东迁焉。寓生罕，罕生秀，皆以文学显。秀生二子：长曰玄谟，次曰玄则；玄谟以将略升，玄则以儒术进。

【译文】

文中子，姓王，名通，字仲淹。文中子的先祖是汉朝时得到朝廷征辟的隐士王霸，王霸洁身自好没有出仕为官。十八代祖王殷，为云中郡太守，安家于祁地，以《春秋》《周易》教乡里，为子孙确立安身立命之本。十四代祖王述，弘扬先人功业，作《春秋义统》，朝廷征辟皆不就任。九代祖王寓，遭逢西晋永嘉之乱，于是随晋室南渡东迁。王寓生王罕，王罕生王秀，皆以文才显名当时。王秀生有二子：长子王玄谟，次子王玄则；王玄谟因通晓兵略而得到擢升，王玄则因精研儒术而获得进用。

玄则字彦法，即文中子六代祖也。仕宋，历太仆、国子博士。常叹曰："先君所贵者礼乐，不学者军旅，兄何为哉？"遂究道德，考经籍，谓"功业不可以小成也"，故卒为洪儒；"卿相不可以苟处也"，故终为博士；曰"先师之职也，不可坠"，故江左号"王先生"，受其道曰"王先生业"。于是大称儒门，世济厥美。

【译文】

王玄则字彦法，即文中子的六代祖。南朝刘宋时出仕为官，历任太仆、国子博士等职。王玄则常常慨叹道："家中先祖崇尚礼乐文教，不习戎马军旅，兄长为何要从戎呢？"于是王玄则探索伦常大道，精研经传典籍，认为"钻研学问不可止步于小有收获"，故终成大儒；"王侯将相不可轻慢相待"，故终成博士；曾言"孔子之圣教，不可坠失"，因而江东人称"王先生"，得其所学称为"王先生业"。于是时人尊称为儒学宗师，世承家学。

先生生江州府君焕，焕生虬。虬始北事魏，太和中为并州刺史，家河汾，曰晋阳穆公。穆公生同州刺史彦，曰同州府君。彦生济州刺史一，曰安康献公。安康献公生铜川府君，讳隆，字伯高，文中子之父也，传先生之业，教授门人千余。隋开皇初，以国子博士待诏云龙门。时国家新有揖让之事，方以恭俭定天下。帝从容谓府君曰："朕何如主也？"府君曰："陛下聪明神武，得之于天，发号施令，不尽稽古，虽负尧、舜之姿，终以不学为累。"帝默然，曰："先生朕之陆贾也，何以教朕？"府君承诏著《兴衰要论》七篇。每奏，帝称善，然未甚达也。府君出为昌乐令，迁猗氏、铜川，所治著称，秩满退归，遂不仕。

【译文】

王玄则生江州府君王焕，王焕生王虬。王虬方北迁效命于北魏，太和年间任并州刺史，安家于河汾之地，称为晋阳穆公。晋阳穆公生同州刺史王彦，王彦称为同州府君。同州府君生济州刺史王一，王一称为安康献公。安康献公生铜川府君，铜川府君名隆，字伯高，即文中子之父，传承先生家学，教授门生上千人。隋朝开皇初年，王隆以国子博士待诏云龙门。当时国家新立兴制礼乐，恰逢隋文帝以恭谨俭约治天下。隋文帝语气舒缓地对铜川府君说："朕是个怎样的君主呢？"铜川府君说："陛下聪明神武之资，实得之于上天，然而陛下发布政令却不能深入考查古制，纵然有唐尧、虞舜般的资质，终究会因不学古制而造成祸患。"隋文帝沉默不语，说："先生是朕的陆贾啊，拿什么教朕呢？"铜川府君奉诏作《兴衰要论》七篇。每次奏陈，隋文帝都称赞有加，然而却并未通晓其中的道理。铜川府君出任昌乐令，又由昌乐改任猗氏、铜川，治理政绩显著，任期届满退归家中，于是不再出仕为官。

开皇四年，文中子始生。铜川府君筮之，遇《坤》之《师》，献兆于安康献公。献公曰："素王之卦也，何为而来？地二化为天一，上德而居下位，能以众正，可以王矣。虽有君德，非其时乎？是子必能通天下之志。"遂名之曰"通"。

【译文】

隋文帝开皇四年（584），文中子出生。铜川府君卜了一卦，卜得《坤》卦变为《师》卦，他将占卜结果呈给安康献公。安康献公说："这是素王孔子的卦象，为何会出现呢？六二阴爻化为九二阳爻，这意味着虽负盛德却身处下位，能够成为众人表率，可以为王了。然而终究无法为王，也许是因为纵有人君之德，却未逢其时吧？此子必能通达天下大道。"于是起名为"通"。

开皇九年，江东平。铜川府君叹曰："王道无叙，天下何为而一乎？"文中子侍侧，十岁矣，有忧色，曰："通闻古之为邦，有长久之策，故夏、殷以下数百年，四海常一统也；后之为邦，行苟且之政，故魏、晋以下数百年，九州无定主也。上失其道，民散久矣。一彼一此，何常之有？夫子之叹，盖忧皇纲不振，生人劳于聚敛而天下将乱乎？"铜川府君异之曰："其然乎！"遂告以《元经》之事，文中子再拜受之。

【译文】

隋文帝开皇九年（589），隋灭陈平定江东一统天下。铜川府君慨叹道："王道崩颓，为何天下要一统呢？"文中子在侧，年方十岁，面带愁容，说："我听说古时治国，采用长治久安之策，因此夏、商以来数百年间，天下能够长久一统；后来治国，推行草率简陋之政，因此魏、晋以来数百年间，天下没有稳定的王朝。统治者不遵治国之道，老百姓人心离散已久。政令一会儿那样一会儿这样，哪有什么定制？您所慨叹的，是担忧上古圣制无法施行，百姓疲于应付朝廷的搜刮而天下将要大乱吧？"铜川府君感到无比惊异，说："确实如此啊！"于是告诉他《元经》褒贬之义，文中子再拜受教。

十八年，铜川府君宴居，歌《伐木》而召文中子。子矍然再拜："敢问夫子之志何谓也？"铜川府君曰："尔来！自天子至庶人，未有不资友而成者也。在三之义，师居一焉，道丧已来，斯废久矣。然何常之有？小子勉旃，翔而后集。"文中子于是有四方之志。盖受《书》于东海李育，学《诗》于会稽夏琠，问《礼》于河东关子明，正《乐》于北平霍汲，考《易》于族父仲华，不解衣者六岁，其精志如此。

【译文】

隋文帝开皇十八年(598),铜川府君闲居家中,吟唱《伐木》之诗并唤来了文中子。文中子面露惊异之色再拜说:"请问您的志向是什么?"铜川府君说:"古往今来!从天子到百姓,无不依靠朋友的帮助而成就功业的。做人应当礼敬君、亲、师,尊重老师居其一,大道沦丧以来,尊师之义已荒废日久。然而形势哪有恒久不变的呢?你要勉励笃学,博采众长而后方能学有所成。"于是文中子树立了远大的志向。向东海李育请教《尚书》,向会稽夏琠学习《诗经》,向河东关子明拜问《礼记》,向北平霍汲访求《乐经》,向族父仲华考求《周易》,六年来未曾休息,足见其心志赤诚。

仁寿三年,文中子冠矣,慨然有济苍生之心,西游长安,见隋文帝。帝坐太极殿召见,因奏《太平策》十有二,策尊王道,推霸略,稽今验古,恢恢乎运天下于指掌矣。帝大悦,曰:"得生几晚矣,天以生赐朕也。"下其议于公卿,公卿不悦。时将有萧墙之衅,文中子知谋之不用也,作《东征之歌》而归,曰:"我思国家兮远游京畿,忽逢帝王兮降礼布衣。遂怀古人之心兮将兴太平之基,时异事变兮志乖愿违。吁嗟!道之不行兮垂翅东归,皇之不断兮劳身西飞。"帝闻而再征之,不至。四年,帝崩。

【译文】

隋文帝仁寿三年(603),文中子成年,意气风发胸怀济世安民之志,西游都城长安,拜见隋文帝。隋文帝在太和殿召见,于是文中子奏陈《太平策》十二篇,该策尊崇儒家王道,纵论称霸谋略,评古论今,气象磅礴,对运筹天下治国安邦可谓了如指掌。隋文帝甚为高兴,说:"我与您相见恨晚啊,是上天将您赐予我。"隋文帝将其奏议下发于朝臣公卿,朝臣公卿心中不快。当时隋朝宗室将有夺位之争，文中子深知自己的谋划得不到采用，于是作《东征之歌》归于乡里，说："我心系国家远游京城，忽得帝王屈尊以礼相迎。于是胸怀古人之志要奠定基业实现太平，然而时过境迁，事与愿违。哎！大道不得推行唯有失意东归，皇帝没有圣断枉我西行劳累。"隋文帝听闻后再次征辟，然而文中子并未应征前来。仁寿四年(604)，隋文帝驾崩。

大业元年，一征又不至，辞以疾。谓所亲曰："我周人也，家于祁。永嘉之乱，盖东迁焉，高祖穆公始事魏。魏、周之际，有大功于生人，天子锡之地，始家于河汾，故有坟陇于兹四代矣。兹土也，其人忧深思远，乃有陶唐氏之遗风，先君之所怀也。有敝庐在，茅檐、土阶撮如也。道之不行，欲安之乎？退志其道而已。"乃续《诗》《书》，正《礼》《乐》，修《元经》，赞《易》道，九年而《六经》大就。门人自远而至，河南董常、太山姚义、京兆杜淹、赵郡李靖、南阳程元、扶风窦威、河东薛收、中山贾琼、清河房玄龄、巨鹿魏徵、太原温大雅、颍川陈叔达等，咸称师北面，受王佐之道焉。如往来受业者，不可胜数，盖千余人。隋季，文中子之教兴于河汾，雍雍如也。

【译文】

隋炀帝大业元年(605)，朝廷征辟，文中子又没有应征前来，以身患疾病相推辞。文中子对亲近的人说："我本是周人，居于祁地。永嘉之乱后，就随晋室东迁了，家中自高祖晋阳穆公起，效命于北魏。北魏、北周之时，对黎民百姓有大恩，天子赐予土地，自此居于河汾之地，所以自有先人丘墓至今已历四代了。此地百姓思虑深远，有上古治世善民之遗风，家中先人感怀于此。家有草庐，编茅为屋，垒土为阶。大道不得推行，怎能安于享乐？唯有退居乡里记述圣人大道罢了。”于是续编《诗经》《尚书》，订正《礼记》《乐经》，修撰《元经》，增益《周易》，历时九年完成《续六经》。门生从远方而来，河南董常、太山姚义、京兆杜淹、赵郡李靖、南阳程元、扶风窦威、河东薛收、中山贾琼、清河房玄龄、巨鹿魏徵、太原温大雅、颍川陈叔达等，皆拜文中子为师，学习辅佐君王之道。至于其他前来求学之人，数不胜数，约有千余人。隋末之时，文中子之学兴盛于河汾之地，可谓深沉厚重气象博大。

大业十年，尚书召署蜀郡司户，不就。十一年以著作郎、国子博士征，并不至。

【译文】

隋炀帝大业十年（614），尚书省征召文中子任蜀郡司户，文中子未去就任。大业十一年（615），朝廷以著作郎、国子博士之职征召文中子，文中子亦未应征前来。

十三年，江都难作。子有疾，召薛收，谓曰：“吾梦颜回称孔子之命曰：‘归休乎！’殆夫子召我也。何必永厥龄？吾不起矣。”寝疾七日而终。

【译文】

隋炀帝大业十三年（617），隋炀帝久居江都，荒废朝政，李渊于太原举兵。文中子患病在身，召唤薛收，对他说：“我梦到颜回传述孔子的谕令说：‘归家休息吧！’应该是孔老夫子召唤我了。何必久活于世呢？我的病情不会好转了。”文中子卧病七天后离世。

门弟子数百人会议曰："吾师其至人乎？自仲尼已来，未之有也。《礼》：男子生有字，所以昭德；死有谥，所以易名。夫子生当天下乱，莫予宗之，故续《诗》《书》，正《礼》《乐》，修《元经》，赞《易》道，圣人之大旨，天下之能事毕矣。仲尼既没，文不在兹乎？《易》曰：'黄裳元吉，文在中也。'请谥曰'文中子'。"丝麻设位，哀以送之。礼毕，悉以文中子之书还于王氏：《礼论》二十五篇，列为十卷；《乐论》二十篇，列为十卷；《续书》一百五十篇，列为二十五卷；《续诗》三百六十篇，列为十卷；《元经》五十篇，列为十五卷；《赞易》七十篇，列为十卷。并未及行，遭时丧乱，先夫人藏其书于箧笥，东西南北，未尝离身。大唐武德四年，天下大定，先夫人返于故居，又以书授于其弟凝。

【译文】

文中子门生数百人相聚商议说："我们的老师应该就是大德至圣之人吧？自孔子以来，还没有这样的人。《礼》载：男子在世有名字，用以昭明德行；离世有谥号，用以变易其名。夫子生逢乱世，未得开宗立派，故而续编《诗经》《尚书》，订正《礼记》《乐经》，修撰《元经》，阐明《周易》之道，圣人要旨、天下才思尽在其中。孔子离世后，文教不就在此吗？《易经》说：'黄色的裳衣昭示大吉大利，因为这象征着人胸怀文德。'请谥为'文中子'。"于是门生们身穿丧服设立灵位，哀伤地为先生送葬。丧礼结束后，门生皆将文中子之著述还给王氏族人：《礼论》二十五篇，编为十卷；《乐论》二十篇，编为十卷；《续书》一百五十篇，编为二十五卷；《续诗》三百六十篇，编为十卷；《元经》五十篇，编为十五卷；《赞易》七十篇，编为十卷。这些著述未得流布，就遭逢天下大乱，先夫人将这些著述收藏于箱中，无论前往何处，从不离身。唐武德四年(621)，天下平定，先夫人返回旧居，又将这些著述授予文中子之弟王凝。

文中子二子，长曰福郊，少曰福畤。

【译文】

文中子有二子，长子名福郊，少子名福畤。

（杜淹）

录唐太宗与房魏论礼乐事

大唐龙飞，宇内乐业，文中子之教未行于时，后进君子鲜克知之。

【译文】

大唐龙腾盛世，海内安居乐业，文中子的思想未得推行于世，后世学人君子罕有知晓。

贞观中，魏文公有疾，仲父太原府君问候焉，留宿宴语，中夜而叹。太原府君曰："何叹也？"魏公曰："大业之际，徵也尝与诸贤侍文中子，谓徵及房、杜等曰：'先辈虽聪明特达，然非董、薛、程、仇之比，虽逢明王，必愧礼乐。'徵于时有不平之色，文中子笑曰：'久久临事，当自知之。'

【译文】

唐太宗贞观年间，魏徵患病在身，仲父太原府君王凝前去探问，于是留宿家中闲谈，至夜半时分魏徵喟然长叹。太原府君王凝问："为何长叹呢？"魏徵说："隋炀帝大业年间，我曾与各位贤才师事文中子，文中子对我和房玄龄、杜淹等人说:‘诸公虽然聪明出众,但却无法比肩董常、薛收、程元、仇璋,即使将来遭逢明王圣主,注定无力重振礼乐。’我那时脸上露出不满的神情,文中子笑着说:‘过些时日参与政事,自然就明白了。’

“及贞观之始,诸贤皆亡,而徵也、房、李、温、杜获攀龙鳞,朝廷大议未尝不参预焉。上临轩谓群臣曰:‘朕自处蕃邸,及当宸极,卿等每进谏正色,咸云:嘉言良策,患人主不行,若行之,则三皇不足四,五帝不足六。朕诚虚薄,然独断亦审矣。虽德非徇齐,明谢濬哲,至于闻义则服,庶几乎古人矣。诸公若有长久之策,一一陈之,无有所隐。’房、杜等奉诏舞蹈,赞扬帝德。上曰:‘止。’

【译文】

“到唐太宗贞观初年,各位贤才都相继离世,而我、房玄龄、李靖、温大雅、杜淹得帝王赏识而位列庙堂,朝中大事无不参与其中。太宗来到正殿前对群臣说:‘朕身为藩王,自即位以来,列位公卿每每态度严正忠言直谏,都说:这些善言良谋,唯恐君主不能施行,若能施行,那么三皇不难为四,五帝不难为六。朕诚然才微力薄,但遇事决断亦多审慎。虽才思不是迅疾敏捷之人,智略亦非深邃睿哲之辈,但从善如流,应该接近古圣先贤了吧。各位公卿如果有使国家长治久安之策,还请一一说来,不要有所保留。’房玄龄、杜淹等人接受太宗谕旨叩拜行礼,盛赞太宗美德。太宗说:‘不必如此。’

“引群公内宴。酒方行,上曰:‘设法施化,贵在经久。秦、汉已下,不足袭也。三代损益,何者为当?卿等悉心以对，不患不行。’是时群公无敢对者，徵在下坐，为房、杜所目，因越席而对曰：‘夏、殷之礼既不可详，忠敬之化，空闻其说。孔子曰：周监二代，郁郁乎文哉！吾从周。《周礼》，公旦所裁；《诗》《书》，仲尼所述；虽纲纪颓缺，而节制具焉。荀、孟陈之于前，董、贾伸之于后，遗谈余义，可举而行。若陛下重张皇坟，更造帝典，则非驽劣所能议及也。若择前代宪章，发明王道，则臣请以《周典》唯所施行。’上大悦。

【译文】

“太宗延请群臣在内廷宴饮。刚刚依次斟满酒杯，太宗说：‘创设制度推行教化，关键在于持久。秦、汉以来，不足取法。夏、商、周三代各有得失，哪朝可取？还请各位公卿尽心回答，不用担心无法推行。’此时群臣无人敢答，我在末坐，房玄龄、杜淹都注视着我，于是我起身离席回答说：‘夏、商二朝的礼制不可详知，礼乐教化，只听闻其大概。孔子说：周朝参考夏、商二朝而创设礼乐，可谓文采繁盛！我遵从周礼。《周礼》，为周公姬旦所作；《诗经》《尚书》，为孔子所编；虽然世道纲常败坏，但礼乐制度具存。前有荀子、孟子加以传承，后有董仲舒、贾谊加以发扬，流传下来的言说，可以兴立推行。如若陛下想要重新申明三皇之典、兴制五帝之册，那么此事断非才能平庸之人所能妄议。如若选取前朝典章，阐明王道，那么臣请求遵照《周典》施行。’太宗龙颜大悦。

“翌日，又召房、杜及徵俱入。上曰：‘朕昨夜读《周礼》，真圣作也。首篇云：“惟王建国，辨方正位，体国经野，设官分职，以为民极。”诚哉深乎！’良久谓徵曰：‘朕思之，不井田、不封建、不肉刑，而欲行周公之道，不可得也。大《易》

之义，随时顺人。周任有言：陈力就列。若能一一行之，诚朕所愿，如或不及，强希大道，画虎不成，为将来所笑，公等可尽虑之。'

【译文】

"次日，太宗又征召房玄龄、杜淹还有我一同觐见。太宗说：'朕昨晚读《周礼》，真是伟大的著作啊。首篇说："圣王兴建国家，辨别确定地理方位，规划封国管控乡野，设置官爵分授职务，以此作为统治百姓的表率。"其中的道理确实深奥啊！'过了许久，太宗对我说：'朕想来，不用井田之法、不行封建之制、不采肉刑之律，而想推行周公之道，这是不可能的。《周易》的要义，在于上顺天时下合人心。周任曾说：量力任职。如若能够一一得以施行，这确实是朕的心愿，如若无法达到，勉强追慕圣道而强力推行，只怕画虎不成反类犬，被后世人耻笑，各位公卿应尽心竭力深思熟虑。'

"因诏宿中书省，会议数日，卒不能定，而徵寻请退。上虽不复扬言，而闲宴之次谓徵曰：'礼坏乐崩，朕甚悯之。昔汉章帝眷眷于张纯，今朕急急于卿等，有志不就，古人攸悲。'徵跪奏曰：'非陛下不能行。盖臣等无素业尔，何愧如之？然汉文以清静富邦家，孝宣以章程练名实，光武责成委吏，功臣获全；肃宗重学尊师，儒风大举；陛下明德独茂，兼而有焉，虽未冠三代，亦千载一时。惟陛下虽休勿休，则礼乐度数，徐思其宜，教化之行，何虑晚也？'上曰：'时难得而易失，朕所以遑遑也。卿退，无有后言。'徵与房、杜等并惭栗，再拜而出。

【译文】

“于是太宗下诏公卿留宿中书省，相聚商议数天，终无法商定礼乐之制，不久后我便请求告退。太宗虽不再倡言，然而闲谈之余对我说：‘天下礼崩乐坏，朕甚为愁苦。从前汉章帝对张纯颇为依赖，如今朕对各位甚为急切，实因胸怀大志而无法实现，这是古人所悲伤的。’我下跪奏陈说：‘这并不是陛下不能推行。实因臣子们没有精研儒学，陛下为何如此愧疚？并且汉文帝以清静无为使国家殷富，汉宣帝以法令条文使天下清明，光武帝委任官吏，保全功臣；汉章帝尊师重道，振兴儒学；陛下圣明仁德勤勉有加，兼此数种美德而有之，纵然未超越三代，也称得上千年一遇的盛世了。只要陛下受到称赞而不自满，那么典章礼乐，可以慢慢思考因事制宜，推行教化之事，何必担心来不及呢？’太宗说：‘朕之所以心急如焚，是因为时光宝贵。爱卿们退下吧，不要再说了。’我与房玄龄、杜淹等皆羞愧惶恐，再拜离开。

“房谓徵曰：‘玄龄与公竭力辅国，然言及礼乐，则非命世大才，不足以望陛下清光矣。’昔文中子不以《礼》《乐》赐予，良有以也。向使董、薛在，适不至此。噫！有元首无股肱，不无可叹也。”

【译文】

“房玄龄对我说：‘玄龄与您竭尽心力辅佐国家，然而论及礼乐圣制，却不是驰名当世的大才，不足以追慕陛下圣主的光辉。’从前文中子没有将《礼论》《乐论》传授于我，确有其原因。假使董常、薛收在世，事情也不会到这般地步。哎！有圣明之主而无股肱之臣，着实令人叹息啊！”

十七年，魏公薨，太原府君哭之恸。十九年，授余以《中说》，又以魏公之言告予，因叙其事。时贞观二十年九月记。

【译文】

唐太宗贞观十七年（643），魏徵离世，太原府君王凝哭泣甚为悲痛。贞观十九年（645），太原府君王凝将《中说》传授于我，又将魏徵的话告诉了我，于是我便记载了这件事。唐太宗贞观二十年（646）九月记录。

（王福畤）

东皋子答陈尚书书

东皋先生，讳绩，字无功，文中子之季弟也。弃官不仕，耕于东皋，自号东皋子。

【译文】

东皋先生，名绩，字无功，是文中子最小的弟弟。辞官归乡无意仕途，耕种于东皋，自号为“东皋子”。

贞观初，仲父太原府君为监察御史，弹侯君集，事连长孙太尉，由是获罪。时杜淹为御史大夫，密奏仲父直言非辜。于是太尉与杜公有隙，而王氏兄弟皆抑而不用矣。

【译文】

唐贞观初年，仲父太原府君王凝任监察御史，弹劾侯君集，此事牵连太尉长孙无忌，王凝因此获罪。当时杜淹任御史大夫，向皇帝密奏仲父王凝正义直言当属无罪。于是太尉长孙无忌与御史大夫杜淹就此结怨，而王氏兄弟皆遭打压不得重用。

季父与陈尚书叔达相善。陈公方撰《隋史》，季父持《文中子世家》与陈公编之。陈公亦避太尉之权，藏而未出，重重作书遗季父，深言勤恳。季父答书，其略曰：

【译文】

季父王绩与尚书陈叔达交好。陈叔达当时正在修撰《隋史》，季父王绩将《文中子世家》交给陈叔达编纂。陈叔达为避让太尉长孙无忌的威权，因而将此篇收藏而未示人，并多次写信给季父王绩，用语深沉态度诚恳。季父王绩回信，其大略为：

亡兄昔与诸公游，其言皇王之道至矣。仆与仲兄侍侧，颇闻大义。亡兄曰："吾周之后也，世习礼乐，子孙当遇王者，得申其道，则儒业不坠，其天乎！其天乎！"时魏文公对曰："夫子有后矣，天将启之，徵也傥逢明主，愿翼其道，无敢忘之。"

【译文】

我已故的兄长从前与各位交往之时，谈论圣王之道可谓精深透彻。我与仲兄王凝陪侍左右，也略听得些要义。我已故的兄长说："我是周人后裔，世代传习礼乐，子孙后代当遇明王圣主，得以推行礼乐王道，由此则儒家文教不绝，这就是天意啊！这就是天意啊！"当时魏徵回答说："先生的子孙后代，定能生逢于上天即将开启的昌平之世，我倘若遭逢明王圣主，愿辅佐他们推行礼乐王道，不敢忘记。"

及仲兄出胡苏令，杜大夫尝于上前言其朴忠。太尉闻之怒，而魏公适入奏事，见太尉，魏公曰："君集之事果虚邪？御史当反其坐果实邪？太尉何疑焉？”于是意稍解。然杜与仲父抗志不屈，魏公亦退朝默然。其后君集果诛，且吾家岂不幸而为多言见穷乎？抑天实未启其道乎？

【译文】

等到仲兄王凝外派为胡苏令，御史大夫杜淹曾在皇帝面前称其忠诚质朴。太尉长孙无忌听闻大为震怒，适逢魏徵觐见奏事，魏徵拜见太尉长孙无忌说：“侯君集之事确系子虚乌有吗？如果确有其事难道御史还要遭受牵连吗？太尉在疑虑什么呢？”于是太尉的怒气得以稍稍缓解。然而杜淹和仲父王凝志节高尚毫不屈服，而魏徵退朝后便沉默不语了。后来侯君集果然坐罪处死，而我家因为多言而遭受贬抑，岂不是甚为不幸？或者上天确实尚未开启圣明昌平之世吧？

仆今耕于野有年矣，无一言以裨于时，无一势以托其迹，没齿东皋，醉醒自适而已。然念先文中之述作，门人传受升堂者半在廊庙，《续经》及《中说》未及讲求而行。嗟乎！足下知心者，顾仆何为哉？愿记亡兄之言，庶几不坠，足矣！谨录《世家》寄去，余在福郊，面悉其意。幸甚，幸甚！

【译文】

如今我耕种乡野有些年头了，无一句善言以有益于时世，无一点声名以寄身于林泉，终老于东皋之野，时而醉酒时而清醒唯求安闲自乐。然而想起文中子之著述，门生得先生所传而登堂入室者多半已位列朝堂，但《续六经》及《中说》却并未得以深入研习乃至推行于世。哎！你与我是知己，为何对我这般关切？希望你记得我已故兄长的话，唯求大道不绝，我便心满意足了！现恭敬地抄录《文中子世家》并寄给你，其余著述皆在我已故兄长长子王福郊那里，福郊得我传授知晓其中大意。今日修书与你不胜荣幸，不胜荣幸！

（王福畤）

录关子明事

关朗字子明，河东解人也。有经济大器，妙极占算，浮沉乡里，不求官达。

【译文】

关朗，字子明，河东郡解县人。有经世济民之大才，穷极占卜推算之奥妙，退居乡里，不求为官显达。

太和末，余五代祖穆公封晋阳，尚书署朗为公府记室。穆公与谈《易》，各相叹服。穆公谓曰："足下奇才也，不可使天子不识。"入言于孝文帝，帝曰："张彝、郭祚尝言之，朕以卜算小道，不之见尔。"穆公曰："此人道微言深，殆非彝、祚能尽识也。"诏见之，帝问《老》《易》，朗寄发明玄宗，实陈王道，讽帝慈俭为本，饰之以刑政礼乐。帝嘉叹，谓穆公曰："先生知人矣。昨见子明，管、乐之器，岂占算而已！"穆公再拜对曰："昔伊尹负鼎干成汤，今子明假占算以谒陛下，臣主感遇，自有所因，后宜任之。"帝曰："且与卿就成筮论。"既而频日引见，际暮而出。会帝有乌丸之役，敕子明随穆公出镇并州，军国大议驰驿而闻，故穆公《易》筮，往往如神。

【译文】

北魏太和末年，我家五代祖穆公王虬在晋阳为官，尚书署关朗任公府记室。晋阳穆公王虬与关朗谈论《周易》，互相叹服。晋阳穆公对关朗说："先生是当世奇才，一定要让天子得见先生。"于是入朝奏闻于孝文帝，孝文帝说："张彝、郭祚曾经提及此人，朕因占卜推算是为小道，所以没有相见。"晋阳穆公说："此人虽务小道而言辞深邃，断非张彝、郭祚所能知晓。"于是召见关朗，孝文帝询问《老子》《周易》，关朗借以阐发老庄玄学，实则奏陈儒家王道，劝谏孝文帝当以慈爱节俭为本，又加之以刑罚礼乐。孝文帝大加赞叹，对晋阳穆公说："先生您真有知人之明。昨日见过关子明，确为管仲、乐毅之才，哪里只是占卜推算而已！"晋阳穆公再拜答道："从前伊尹背负鼎俎求见商汤，如今关朗凭借占算晋谒陛下，君臣相遇，自有其道，以后应多加重用。"孝文帝说："权且让我看看您的卜筮是否灵验。"不久之后，孝文帝连日召见，每次日夕时分方才得归。适逢孝文帝出征乌丸，敕令关朗随同晋阳穆公镇守并州，朝中军国大事快马递送晋阳穆公，因此晋阳穆公根据《周易》卜筮往往料事如神。

先是穆公之在江左也，不平袁粲之死，耻食齐粟，故萧氏受禅而穆公北奔，即齐建元元年、魏太和三年也，时穆公春秋五十二矣。奏事曰："太安四载，微臣始生。"盖宋大明二年也。既北游河东，人莫之知，惟卢阳乌深奇之，曰："王佐才也。"太和八年，征为秘书郎，迁给事黄门侍郎，以谓孝文有康世之意，而经制不立，从容闲宴，多所奏议，帝虚心纳之。迁都雒邑，进用王肃，由穆公之潜策也。又荐关子明，帝亦敬服，谓穆公曰："嘉谋长策，勿虑不行。朕南征还日，当共论道，以究治体。”穆公与朗欣然相贺曰：“千载一时也。”俄帝崩，穆公归洛，逾年而薨，朗遂不仕。同州府君师之，受《春秋》及《易》，共隐临汾山。

【译文】

起初晋阳穆公居于江东，因袁粲之死而心怀不满，耻于效命南齐，因此萧道成逼迫宋顺帝禅位于己而晋阳穆公投奔北魏，即南齐建元元年(479)、北魏太和三年(479)，当时晋阳穆公的年纪是五十二岁。奏事说：“北魏太安四年，为臣出生。”即刘宋大明二年(458)。向北游历河东，众人皆不知其才，唯有卢阳乌深对其大为赞叹以为当世奇才，说：“此人是辅佐帝王之才。”北魏太和八年(484)，朝廷征召为秘书郎，升任给事黄门侍郎，认为北魏孝文帝有平治天下之心，然而典章制度尚未确立，且行事又从容悠闲，于是多次进言，孝文帝虚心纳谏。北魏王朝迁都洛阳，任用王肃，皆由晋阳穆公暗中出谋划策。又举荐关子明，孝文帝亦对其恭敬信服，对晋阳穆公说：“奇谋良策，不必担心不得施行。朕南征班师回朝之日，当与先生一同讨论圣贤之道，探究治国之本。”晋阳穆公与关朗喜悦地相互道贺说：“真是千载难逢之时啊！”然而不久之后孝文帝驾崩，晋阳穆公辞官归于洛水之滨，一年后离世，关朗于是不再出仕为官。同州府君王彦师从关朗，学习《春秋》及《周易》，一同归隐于临汾山中。

景明四年，同州府君服阕援琴，切切然有忧时之思，子明闻之曰：“何声之悲乎？”府君曰：“彦诚悲先君与先生有志不就也。”子明曰：“乐则行之，忧则违之。”府君曰：“彦闻：治乱损益，各以数至，苟推其运，百世可知，愿先生以筮一为决之，何如？”子明曰：“占算幽微，多则有惑，请命蓍，卦以百年为断。”府君曰：“诺。”

【译文】

北魏景明四年(503),同州府君服丧期满抚琴,面露愁容心忧天下,关朗听闻琴声说:"为何琴声如此悲伤?"同州府君说:"我着实为已故父亲和先生您胸怀大志却无法实现而伤悲。"关朗说:"顺境时则入世为官,推行圣教;逆境时则出世归隐,独善其身。"同州府君说:"我听闻:世道治乱更替,皆有定数,若能推演世运,纵使百代之后亦可知晓,希望先生用卜筮之法决断此说,如何?"关朗说:"占卜推算之法幽深精微,方法过多反而让人迷惑,请用蓍草占卜,卜卦以百年为限。"同州府君说:"好的。"

于是揲蓍布卦,遇《夬》之《革》,䷪兑上乾下。䷰兑上离下。舍蓍而叹曰:"当今大运,不过二再传尔。从今甲申,二十四岁戊申,大乱而祸始,宫掖有蕃臣秉政,世伏其强,若用之以道,则桓、文之举也;如不以道,臣主俱屠地。"府君曰:"其人安出?"朗曰:"参代之墟,有异气焉,若出,其在并之郊乎?"府君曰:"此人不振,苍生何属?"子曰:"当有二雄举而中原分。"府君曰:"各能成乎?"朗曰:"我隙彼动,能无成乎?若无贤人扶之,恐不能成。"府君曰:"请刻其岁。"朗曰:"始于甲寅,卒于庚子,天之数也。"府君曰:"何国先亡?"朗曰:"不战德而用诈权,则旧者先亡也。"

【译文】

于是揲蓍草、布卦象,遇《夬卦》变为《革卦》,䷪兑上乾下。䷰兑上离下。关朗放下蓍草慨叹道:"当今天下大势,不过二纪,即再传二十四年。从今甲申之年起,二十四年为戊申,天下大乱灾祸产生,宫中有外藩权臣把持朝政,历代君主屈从于其强权,若君主控驭得法,则可成就齐桓、晋文之功;若君主御下无方,则君臣皆有杀身之祸。"同州府君说:"此人出自何方？”关朗说：“夏、商、周三代旧都，皆有异常之象，若出异乎寻常之人，应当在并州之地吧？”同州府君说：“此人不出，天下万民又将追随谁呢？”关朗说：“应该会出现二雄并立、中原分治的局面。”同州府君说：“都能成就功业吗？”关朗说：“内部分裂而皆欲有所作为，这样应该都不会有所成就吧？如果没有贤才扶持，恐怕无法成就功业。”同州府君说：“请具体限定其运数。”关朗说：“从甲寅年开始，至庚子年结束，这是上天决定的运数。”同州府君说：“哪个国家先灭亡？”关朗说：“适时天下不尚仁德而用欺诈权谋，那么旧国率先灭亡。”

府君曰：“其后如何？”朗曰：“辛丑之岁，有恭俭之主，起布衣而并六合。”府君曰：“其东南乎？”朗曰：“必在西北。平大乱者未可以文治，必须武定。且西北用武之国也。东南之俗，其弊也剽；西北之俗，其兴也勃。又况东南，中国之旧主也！中国之废久矣。天之所废，孰能兴之？”府君曰：“东南之岁可刻乎？”朗曰：“东南运历，不出三百，大贤大圣，不可卒遇，能终其运，所幸多矣。且辛丑，明王当兴，定天下者不出九载。己酉，江东其危乎？”府君曰：“明王既兴，其道若何？”朗曰：“设有始有卒，五帝、三王之化复矣。若非其道，则终骄亢，而晚节末路，有桀、纣之主出焉。先王之道坠地久矣，苛化虐政，其穷必酷。故曰：大军之后，必有凶年；积乱之后，必有凶主。理当然也。”

【译文】

同州府君说：“那后来情形如何？”关朗说：“辛丑年，会有恭敬勤俭之君，兴起于百姓之中，实现天下一统。”同州府君说：“出于东南方吗？”关朗说：“一定在西北方。能够平定天下大乱不可依靠文教，必须依靠武力。并且西北方正是用兵之地。东南风俗，有流于轻浮之弊；西北风俗，可以实现快速崛起。更何况东南方，是中原旧朝所在！中原旧朝荒废王道礼乐已久。上天注定其败亡，谁又能将其振兴呢？”同州府君说：“东南方王朝的运数可以限定吗？”关朗说：“东南方王朝的运数，不会超过三百年，高世之贤才，终不可遇，能够终其运数，已然值得庆幸了。况且辛丑年，应当有明王圣主兴起，不出九年就会平定天下。到己酉年之时，江东王朝的处境应该岌岌可危吧？”同州府君说：“既然明王圣主已经兴起，其为政治国之道如何？”关朗说：“假使此明王圣主能有始有终，那么将会复兴五帝、三王之政。如若不遵其道，那么终将因骄纵而在晚年走上穷途末路，会产生桀、纣般的暴君。古圣先王的美德善政之道衰微已久，苛虐暴政发展到极致必然异常酷烈。所以说：大战之后，必有灾年；大乱之后，必有暴君。这是理所当然的。”

府君曰：“先王之道竟亡乎？”朗曰：“何谓亡也？夫明王久旷，必有达者生焉。行其典礼，此三才五常之所系也。孔子曰：文王既没，文不在兹乎？故王道不能亡也。”府君曰：“请推其数。”朗曰：“乾坤之策，阴阳之数，推而行之，不过三百六十六，引而伸之，不过三百八十四，天之道也。噫！朗闻之，先圣与卦象相契，自魏已降，天下无真主，故黄初元年庚子，至今八十四年，更八十二年丙午，三百六十六矣，达者当生。更十八年甲子，其与王者合乎？用之，则王道振；不用，洙泗之教修矣。”府君曰：“其人安出？”朗曰：“其唐晋之郊乎？昔殷后不王而仲尼生周，周后不王则斯人生晋。夫生于周者，周公之余烈也；生于晋者，陶唐之遗风也。天地冥契，其数自然。”府君曰：“厥后何如？”朗曰：“自甲申至甲子，正百年矣，过此未或知也。”

【译文】

同州府君说："古圣先王的美德善政之道竟然就此消亡了吗？"关朗说："为何要说消亡呢？明王圣主长久不出，必然会有通达其道者产生。能够推行典章礼乐，这就是天地伦常得以维系的原因。孔子说：周文王离世后，礼乐文教不都在我这里吗？因此王道是不会消亡的。"同州府君说："请推演其运数。"关朗说："天地阴阳之数，推演变化，不过是三百六十六，加以引申，不过是三百八十四，这就是天道运数。哎！我听说，古圣先贤与卦象相合，自魏以来，天下没有真正的天子，因此从魏黄初元年庚子岁(220)，至今八十四年(此处当作：二百八十四年)，加之八十二年至丙午岁，共计三百六十六年，通达明王圣主之道者应当出生。加之十八年至甲子岁，应该合乎王者之气运吧？若得以重用，则能重振礼乐王道；若不得重用，则修明周公孔子之教。"同州府君说："此人出自何方？"关朗说："应当出自上古唐国、春秋晋国之地吧？从前殷人后裔无法称王，因而孔子生于东周之时；周人后裔无法称王，因而此人生于三晋之地。出生于东周之时的孔子，继承周公的功业；出生于三晋之地的此人，传承唐尧的风范。天地之道暗合其中，这就是运数自然。"同州府君说："此后情形如何？"关朗说："自甲申年至甲子年，刚好一百年，超过此范围就无法知晓了。"

府君曰："先生说卦，皆持二端。"朗曰："何谓也？"府君曰："先生每及兴亡之际，必曰'用之以道，辅之以贤，未可量也'，是非二端乎？"朗曰："夫象生有定数，吉凶有前期，变而能通，故治乱有可易之理。是以君子之于《易》，动则观其变而玩其占，问之而后行，考之而后举，欲令天下顺时而进，知难而退，此占算所以见重于先王也。故曰：危者使平，易者使颂，善人少恶人多，暗主众明君寡，尧、舜继禅，历代不逢；伊、周复辟，近古亦绝；非运之不可变也，化之不可行也！”

【译文】

同州府君说：“先生说解卦义，皆持非此即彼两端之论。”关朗说：“为何这样说？”同州府君说：“先生您每每论及王朝兴衰之时，一定会说‘如果遵循王道，有贤才辅佐，前途将不可限量’，这难道不是持两端之论吗？”关朗说：“卦象的产生自有定数，而吉凶祸福却有此前的机运与之相应，机运改变而运数亦随之变通，所以王朝治乱兴衰是可以改变的。因此贤人君子对于《周易》，若有兴举则观察卦象变化、体会其中占卜征兆，详加求问而后施行，深入考察而后兴举，希望带领天下百姓顺应时势而有所进取，知晓困难而适时退却，这就是占卜推算之所以深受古圣先王重视的原因。所以说：《周易》之道可以使危局转为太平，使美政得到称颂，但是往往圣明仁善之主少而昏聩凶恶之主多，因此唐尧、虞舜禅让王位，历代未有；伊尹、周公还政天子，近世绝迹；并非是运数不可改变，而是礼乐教化没有推行！”

“道悠世促，求才实难。或有臣而无君，或有君而无臣，故全之者鲜矣。仲尼曰：如有用我者，吾其为东周乎？此有臣而无君也。章帝曰：尧作《大章》，一夔足矣。此有君而无臣也。是以文武之业，遂沦于仲尼；礼乐之美，不行于章帝。治乱之渐必有厥由，而兴废之成终罕所遇。《易》曰：功业见乎变。此之谓也。何谓无二端！”府君曰：“周公定鼎于郏鄏，卜世三十，卜年八百，岂亦二端乎？”朗曰：“圣人辅相天地，准绳阴阳，恢皇纲，立人极，修策迥驭，长罗远羁，昭治乱于未然，算成败于无兆，固有不易之数，不定之期。假使庸主守之，贼臣犯之，终不促已成之期，干未衰之运。故曰：周德虽衰，天命未改。圣人知明王贤相不可必遇，圣谋睿策有时而弊，故考之典礼，稽之龟策，即人事以申天命，悬历数以示将来。或有已盛而更衰，或过算而不及，是故圣人之法所可贵也。”

【译文】

“天道悠远而人世短暂，求取贤才甚为艰难。时而有贤臣而无明君，时而有明君而无贤臣，因此能够两全者确实少有。孔子说：如果有君主重用我，我应该会使周朝礼乐复兴于东方吧？这就是有贤臣而无明君。汉章帝说：唐尧制作雅乐《大章》，得到一个夔这样精通音律的人就足够了。这就是有明君而无贤臣。因此，周文王、周武王的功业，只有孔子承袭；古圣先王的礼乐美政，汉章帝无法推行。天下治乱之端必有缘起，王朝兴衰之变终非偶成。《周易》说：功业因变而兴。说的就是这个道理。怎能不持两端之论！”同州府君说：“周公建都于郏鄏，占卜周朝传国三十代，享国八百年，难道也是持两端之论吗？”关朗说：“圣人顺天地之道，守阴阳之法，弘扬古圣先王之纲纪，确立苍生万民之伦常，深谋远虑，长驾远驭，洞见治乱于未发生之时，推算成败于无征兆之中，因此王朝的运数与期限原本就有变与不变之别。假使让平庸之主守护江山，乱臣奸佞侵犯社稷，终会缩短原有的期限，触动原本尚未衰败的国运。因此说：周朝虽然君德衰微，然而天命未变。古圣先贤深知圣君贤相未必相遇，良谋嘉策有时亦不能尽如人意，因此考求典章礼乐，详察灵龟蓍草，通过人之所为以洞悉天之所示，通过历数之推演以明辨未来之变化。偶有王朝臻于极盛忽而转为败亡，抑或超出历数推算期限而尚未衰败的，因此这些都足以说明古圣先贤卜筮之法的可贵。”

“向使明王继及，良佐踵武，则当亿万斯年与天无极，岂止三十世八百年而已哉？过算余年者，非先王之功，即桓、文之力也。天意人事，岂徒然哉？”府君曰：“龟策不出圣谋乎？”朗曰：“圣谋定将来之基，龟策告未来之事，递相表里，安有异同？”府君曰：“大哉人谟！”朗曰：“人谋所以安天下也。夫天下大器也，置之安地则安，置之危地则危，是以平路安车，狂夫审乎难覆；乘奔驭朽，童子知其必危，岂有《周礼》既行，历数不延乎八百；秦法既立，宗祧能逾乎二世？噫！天命人事，其同归乎？”

【译文】

“假使明王圣主即位，辅国良臣谨承先贤之道，那么国运会延续千年万年与天地一样绵延无穷，岂止于传位三十代、享国八百年呢？超出历数推算期限而王朝尚未衰败，若非开国君主建立的功业，那便是齐桓公、晋文公般能臣付出的努力。天意与人事，难道是无缘无故的吗？”同州府君说：“灵龟蓍草能否给人以嘉谋良策？”关朗说：“嘉谋良策奠定王朝未来基业，灵龟蓍草告知国家将来大事，二者互为表里，哪里有什么不同呢？”同州府君说：“圣人的谋略真是伟大啊！”关朗说：“圣人谋划因而天下安宁。天下是国家命脉所在，置于平安之处则海内升平，置于危险之地则风雨飘摇，因此于坦途之上行驶平稳之车，纵然狂徒莽夫定然不会倾覆；驾飞奔之马控驭朽败之车，即便稚子孩童必然知晓危险，哪有推行《周礼》王道，王朝历数不延续八百年；设立秦法暴政，宗庙传承能超过两代的呢？哎！天命与人事，应该是殊途同归吧？”

府君曰：“先生所刻治乱兴废果何道也？”朗曰：“文质递用，势运相乘。稽损益以验其时，百代无隐；考龟策而研其虑，千载可知。未之思欤？夫何远之有？”府君蹶然惊起，因书策而藏之，退而学《易》。盖王氏《易》道，宗于朗焉。

【译文】

同州府君说："先生您根据何种方法推算限定治乱兴衰的期限呢？"关朗说："文与实、势与运，相互联系交互使用。观察损益变化以验之当时，推知百世而不为所蔽；考求灵龟蓍草以深入思考，卜求千年亦可探知。没有想到吧？哪里有什么遥远而不可知的呢？"同州府君闻之大惊而慌忙起身，于是将此记录并收藏起来，退居家中学习《周易》之道。王氏一族所承《周易》之道，源于关朗。

其后，宣武正始元年岁次甲申，至孝文永安元年二十四岁戊申，而胡后作乱，尔朱荣起并州，君臣相残，继踵屠地。及周、齐分霸，卒并于西，始于甲寅，终于庚子，皆如其言。明年辛丑岁，隋高祖受禅，果以恭俭定天下。开皇元年，安康献公老于家，谓铜川府君曰："关生殆圣矣，其言未来，若合符契。"

【译文】

此后，北魏宣武帝正始元年（504），岁次为甲申年，至北魏孝庄帝永安元年（528），共计二十四年，岁次为戊申年，胡太后作乱毒杀孝明帝，尔朱荣借机起兵并州，君臣相残，相继被杀。至于北周、北齐列土称霸，终为西北之国吞并，这一切始于甲寅年，终于庚子年，皆如关朗所言。翌年辛丑年（581），隋文帝杨坚接受北周静帝禅让，确实以恭敬勤俭安定天下。隋开皇元年（581），安康献公在家中离世，对铜川府君说："关先生可谓近乎圣贤，所说未来之事，无不应验。"

开皇四年，铜川夫人经山梁，履巨石而有娠，既而生文中子，先丙午之期者二载尔。献公筮之曰："此子当知矣。"开皇六年丙午，文中子知《书》矣，厥声载路。九年己酉，江东平，高祖之政始迨。仁寿四年甲子，文中子谒见高祖，而道不行，大业之政甚于桀、纣。于是文中子曰："不可以有为矣。"遂退居汾阳，续《诗》《书》，论礼乐。江都失守，文中子寝疾，叹曰："天将启尧、舜之运，而吾不遇焉，呜呼！此关先生所言皆验也。"

【译文】

隋开皇四年(584)，铜川夫人经过山梁，脚踏巨石于是怀有身孕，不久之后生文中子，比关朗占卜推算的丙午年提前两年。安康献公占卜说："此子当为大智之人。"隋开皇六年丙午岁(586)，文中子通晓《尚书》，誉满乡里。隋开皇九年(589)，隋文帝灭陈平定江东，一统天下。隋仁寿四年(604)甲子岁，文中子晋谒隋文帝，然而礼乐王道却不得推行，以致大业年间朝政酷虐，有甚于桀、纣。于是文中子说："无法有所作为了。"随即退居汾阳乡里，续编《诗经》《尚书》，精研礼乐。隋炀帝久居江都，荒废朝政，李渊于太原举兵，文中子卧病在床，慨叹道："上天或许将要开启一个太平的时代，可我却等不到那一天了，哎！关朗先生卜筮所言皆得应验。"

(王福时)

王氏家书杂录

太原府君，讳凝，字叔恬，文中子亚弟也。贞观初，君子道亨，我先君门人布在廊庙，将播厥师训，施于王道，遂求其书于仲父。仲父以编写未就不之出，故《六经》之义代莫得闻。

【译文】

太原府君，名凝，字叔恬，是文中子的二弟。唐贞观初年，贤人君子时运畅达，我已故父亲的门生遍布朝堂，将弘布先师圣训，施行王道于天下，于是向仲父太原府君王凝求取已故父亲的著述。仲父王凝因著述编写尚未完成而没有出示，因此《续六经》之要义历代无人知晓。

仲父释褐，为监察御史。时御史大夫杜淹谓仲父曰："子圣贤之弟也，有异闻乎？"仲父曰："凝忝同气，昔亡兄讲道河汾，亦尝预于斯，然《六经》之外无所闻也。"淹曰："昔门人咸存记焉，盖薛收、姚义缀而名曰《中说》。兹书天下之昌言也，微而显，曲而当，旁贯大义，宏阐教源，门人请问之端、文中行事之迹，则备矣。子盍求诸家？"仲父曰："凝以丧乱以来，未遑及也。"退而求之，得《中说》一百余纸，大底杂记不著篇目，首卷及序则蠹绝磨灭，未能诠次。

【译文】

仲父王凝出仕为官，任监察御史。当时御史大夫杜淹对仲父王凝说："您是圣贤的弟弟，是否别有所闻？"仲父王凝说："我有辱于兄弟，从前已故兄长讲学于河汾，我曾参与其间，然而《续六经》之外别无所闻。"杜淹说："从前先师门生皆有载录，薛收、姚义缀编先师讲习对问之语并命名为《中说》。此书乃天下之良言佳篇，文辞幽微而大义显明，论说婉转而道理允当，旁征博引贯通儒家经典要义，弘扬光大阐发孔子圣教本源，门生求学问道之端绪，先师行为处事之事迹，皆载录其中。您为何不搜求于家中呢？"仲父王凝说："我自从天下离乱以来，尚未顾及此事。"归家后搜求已故兄长著述，得到《中说》一百余张，大抵为杂抄记录而未标明篇名及目次，首卷和序言则蠹蚀殆尽，无法编排次序。

会仲父黜为胡苏令，叹曰："文中子之教不可不宣也，日月逝矣，岁不我与。"乃解印而归，大考《六经》之目而缮录焉。《礼论》《乐论》各亡其五篇，《续诗》《续书》各亡《小序》，惟《元经》《赞易》具存焉，得六百六十五篇，勒成七十五卷，分为六部，号曰"王氏六经"。仲父谓诸子曰："大哉，兄之述也！以言乎皇纲帝道则大明矣，以言乎天地之间则无不至焉。自春秋以来，未有若斯之述也。"又谓门人曰："不可使文中之后不达于兹也。"乃召诸子而授焉。

【译文】

适逢仲父王凝贬为胡苏令，慨叹道："文中子的思想不可不弘扬于世，时光飞逝，时不我待。"于是辞官归乡，深入考求《续六经》的纲目体例并加以缮写抄录。《礼论》《乐论》各亡佚五篇,《续诗经》《续尚书》各亡佚《小序》,唯有《元经》《赞易》全文存世,共得六百六十五篇,编成七十五卷,分为六部,称为“王氏六经”。仲父王凝对家中子弟说:“兄长的著述是多么伟大啊!用来阐述明王圣主之法可谓明达晓畅,用来诠释天地世间之道可谓精深透彻。自从春秋以来,还没有能比肩此书的著述。”又对门生说:“不能让文中子的后代不明晓此书。”于是召集文中子的孩子,将其著述教授给他们。

贞观十六年,余二十一岁,受《六经》之义,三年颇通大略。呜呼!小子何足以知之,而有志焉。

【译文】

唐太宗贞观十六年(642),我二十一岁,学习《续六经》之要义,研修三年略通大概。哎!年轻后学哪里能尽得其精髓,只是有此志向而已。

十九年,仲父被起为洛州录事,又以《中说》授余曰:“先兄之绪言也。”余再拜曰:“《中说》之为教也,务约致深,言寡理大,其比方《论语》之记乎?孺子奉之,无使失坠。”

【译文】

唐太宗贞观十九年(645),仲父王凝被朝廷起用任命为洛州录事,将《中说》授予我说:“这是我已故兄长的存世之言。”我再拜说:“《中说》作为行教化人之书,务求主旨精练而寓意幽远,言辞简约而道理深刻,也许可以比肩《论语》所载录的内容吧?晚生恭承此书,不会让书中的至理大道坠失。”

余因而辨类分宗，编为十编，勒成十卷，其门人弟子姓字本末，则访诸纪牒，列于外传，以备宗本焉。且《六经》《中说》，于以观先君之事业，建义明道，垂则立训，知文中子之所为者，其天乎？年序浸远，朝廷事异，同志沦殂，帝阍攸邈，文中子之教抑而未行。吁，可悲哉！空传子孙以为素业云尔。时贞观二十三年正月序。

【译文】

我于是对此书分门别类，将其列为十编，分成十卷，文中子弟子们的姓名及其他生卒行年等相关内容，则求诸纪传谱牒，编列在外传中，以期书的主体详审完备。并且从《续六经》《中说》来审视我已故父亲的成就，可以说是树立大义昭明正道，为后世建立法则与规范，能够了解文中子之作为的，应该只有上天吧？然而随着年深日久，朝局变换，志同道合者凋零退散，朝廷之政也变得愈加远离正道，最终使得文中子的思想和学说遭受压制而未得推行。哎，可悲啊！白白将其当作儒家学说传给子孙后代。唐太宗贞观二十三年（649）正月作序。

（王福畤）

文中子中说序

周公，圣人之治者也，后王不能举，则仲尼述之，而周公之道明。仲尼，圣人之备者也，后儒不能达，则孟轲尊之，而仲尼之道明。文中子，圣人之修者也，孟轲之徒欤？非诸子流矣。盖万章、公孙丑不能极师之奥，尽录其言，故孟氏《章句》略而多阙；房、杜诸公不能臻师之美，大宣其教，故王氏《续经》抑而不振。

【译文】

周公，是平治天下的圣人，后世帝王不能兴周公之道，于是孔子对其加以继承阐发，使周公之道昭明于世。孔子，是德行完备的圣人，后世儒生不能明达孔子之教，于是孟子对其加以推崇尊奉，使孔子之教昭明于世。文中子，是著书立说的圣人，应该是孟子般的人物吧？而非诸子之类。万章、公孙丑不能穷尽其师孟子思想的精义，全部载录孟子的话语，因此孟子的《孟子章句》才会粗疏而多有阙漏；房玄龄、杜淹等各位朝臣不能达到其师文中子的境界，大力弘扬他的思想，因此王通的《续六经》才未得显扬。

《中说》者，子之门人对问之书也，薛收、姚义集而名之。唐太宗贞观初，精修治具，文经武略，高出近古。若房、杜、李、魏、二温、王、陈辈，迭为将相，实永三百年之业，斯门人之功过半矣。贞观二年，御史大夫杜淹始序《中说》及《文中子世家》，未及进用，为长孙无忌所抑，而淹寻卒。故王氏经书，散在诸孤之家，代莫得闻焉。二十三年，太宗没，子之门人尽矣。惟福畤兄弟传授《中说》于仲父凝，始为十卷。今世所传本，文多残缺，误以杜淹所撰《世家》为《中说》之序。又福畤于仲父凝得《关子明传》，凝因言关氏卜筮之验，且记房、魏与太宗论道之美，亦非《中说》后序也。盖同藏缃帙，卷目相乱，遂误为序焉。

【译文】

《中说》是载录文中子门生互相问答的一部书，薛收、姚义纂集而成并加以命名。唐太宗贞观初年，精修治国之道，文治武功皆超越近世。如房玄龄、杜淹、李靖、魏徵、温大雅和温彦博两兄弟、王凝、陈叔达等，多为将相，唐朝绵延三百年的基业，文中子门生的功劳当居大半。唐太宗贞观二年(628)，御史大夫杜淹编列《中说》并撰写《文中子世家》，杜淹未得擢升，遭长孙无忌压制，不久便离世了。因此王通著述散落在各孤子家中，几代人未得听闻。唐太宗贞观二十三年(649)，太宗离世，文中子门生亦无人在世。唯有王福畤兄弟从仲父王凝那里承习《中说》，至此《中说》方列为十卷。现在世上流传的版本，内容多有残缺，误将杜淹撰写的《文中子世家》当作《中说》序言。另外，王福畤从仲父王凝那里得到《关子明传》，仲父王凝于是谈论关子明占卜灵验，并载录房玄龄、魏徵与唐太宗讨论儒家圣道美政，认为该篇亦非《中说》后序，不过是书卷共藏一处，篇目错乱，于是将其误作序言。

逸家藏古编，尤得精备，亦列十篇，实无二序。以意详测，《文中子世家》乃杜淹授与尚书陈叔达，编诸《隋书》而亡矣。关子明事，具于裴晞《先贤传》，今亦无存。故王氏诸孤，痛其将坠也，因附于《中说》两间，且曰："同志沦殂，帝阍悠邈，文中子之教郁而不行。吁，可悲矣！"此有以知杜淹见抑而《续经》不传，诸王自悲而遗事必录。后人责房、魏不能扬师之道，亦有由焉。

【译文】

我家所藏古本，甚为精审详备，同样编为十篇，实际上并无此二序。以文意详加推测，《文中子世家》当系杜淹交予陈叔达，陈叔达将此文编录于《隋书》后亡佚。关子明之事，载录于裴晞《先贤传》，今亦不存。因此王氏各孤子，痛心于这些篇章即将坠失，于是将其附于《中说》之间，并且还说："志同道合者凋零退散，朝廷之政也变得愈加远离正道，最终使得文中子的思想和学说遭受压制而未得推行。哎，可悲啊！"据此可知杜淹遭到压制而《续六经》不传于世的原因，以及各位王氏族人悲叹自身命运不济而又有志于辑录文中子遗文的决心。后来人责怪房玄龄、魏徵不能弘扬先师之道，是有其原因的。

夫道之深者，固当年不能穷；功之远者，必异代而后显。方当圣时，人文复古，则周、孔至治大备，得以隆之。昔荀卿、扬雄二书，尚有韩愈、柳宗元删定，李轨、杨倞注释，况文中子非荀、扬比也，岂学者不能伸之乎？是用覃研蕴奥，引质同异，为之注解，以翼斯文。

【译文】

那些深沉厚重的大道，置于当世必然不会遭到埋没；那些影响深远的至理，历经百代定然会耀古烁今。正逢盛世，礼乐政教皆恢复古制，于是周公、孔子致太平之道修明齐备，得到推崇。从前荀子、扬雄二人著述，尚有韩愈、柳宗元来增删编订，李轨、杨倞加以注释，更何况文中子是荀子、扬雄所无法比肩的，难道学人不应弘扬文中子之教吗？因此我深入研究探寻奥妙，旁征博引辨别异同，对此书进行注释，以辅佐文教。

夫前圣为后圣之备，古文乃今文之修，未有离圣而异驱、捐古而近习，而能格于治者也。皇宋御天下，尊儒尚文，道大淳矣；修王削霸，政无杂矣；抑又跨唐之盛，而使文中之徒遇焉。彼韩愈氏力排异端，儒之功者也，故称孟子能拒杨、墨而功不在禹下。孟轲氏，儒之道者也，故称颜回，谓与禹、稷同道。愈不称文中子，其先功而后道欤？犹文中子不称孟轲，道存而功在其中矣。唐末司空图嗟功废道衰，乃明文中子圣矣。五季经乱，逮乎削平，则柳仲涂宗之于前，孙汉公广之于后，皆云圣人也，然未及盛行其教。

【译文】

古圣先贤是为后世学人之楷模，上世典册是为当世文章之轨范，背离圣贤之道另辟蹊径、抛弃古制采用今法，是无法实现天下大治的。大宋统治天下，推尊儒学崇尚文教，世风淳正民心归朴；皇帝修明王道裁抑霸略，政教纯一而不驳杂；国势超迈盛唐，使得文中子的门徒得遇其时。韩愈力排异端学说，是捍卫儒家学说建立功业之人，因此韩愈称颂孟子抵制杨朱、墨翟，功劳不逊于大禹。孟轲，是传承发扬儒家思想存续道统之人，因此孟轲称赞颜回，评论颜回与大禹、后稷成就相同。韩愈不称颂文中子，应该是将捍卫儒家学说的功业放在首位，而将存续道统放在其次吧？就好比文中子不称赞孟轲，道统存续而功业亦在其中。唐朝末年司空图慨叹儒家学说功业尽废道统衰微，于是方才懂得文中子的伟大。五代之时大道崩乱，等到天下平定，前有柳开尊奉经典，后有孙何广兴儒学，皆述圣人之作，然而其学说思想却未广行于世。

噫！知天之高，必辩其所以高也。子之道其天乎？天道则简而功密矣。门人对问，如日星丽焉，虽环周万变，不出乎天中。今推策揆影，庶仿佛其端乎？大哉，中之为义！在《易》为二五，在《春秋》为权衡，在《书》为皇极，在《礼》为中庸。谓乎无形，非中也；谓乎有象，非中也。上不荡于虚无，下不局于器用，惟变所适，惟义所在，此中之大略也。《中说》者，如是而已。李靖问圣人之道，子曰："无所由，亦不至于彼。"又问彼之说，曰："彼，道之方也。必也无至乎？"魏徵问圣人忧疑。子曰："天下皆忧疑，吾独不忧疑乎？"退谓董常曰："乐天知命，吾何忧？穷理尽性，吾何疑？"举是深趣，可以类知焉。或有执文昧理，以模范《论语》为病，此皮肤之见，非心解也。

【译文】

哎！知道苍天高远，必须明辨其为何高远。文中子的思想应当近乎天道吧？天道清静简约而泽及万物。门生互相问答之语，犹如日月星辰附丽苍天，虽然循环变化万端，但始终不会超出苍天的范畴。现在推究其本源，应该能够得其大端吧？中道的精义真是伟大啊！在《周易》卦象中为二五居中之位，在《春秋》笔法中为褒贬权衡之辞，在《尚书》经制中为皇极、九畴之法，在《礼记》体统中为中庸调和之道。中道既不流于缥缈无形，又不流于具象可感。中道既不是抽象层面的虚无空洞之论，又不是具象层面的特定功能之用，唯有以权变为宗，唯有以制宜为本，这就是中道思想的大概。《中说》的思想，如此而已。李靖询问圣人之道，文中子说："不知从何而来，亦不知向何而去。"有人问所谓向何处去是什么意思。文中子说："所谓向何处去，是与大道并行的。必定是永远无法达到的！"魏徵问圣人是否也会有忧愁和疑惑，文中子说："天下人都会有忧愁和疑惑，我又怎么会没有忧愁和疑惑呢？"魏徵告退，文中子对董常说："我乐天知命，有什么忧虑的呢？我穷理尽性，有什么疑惑的呢？"据此深入探究，可以类推而知。也许有人会因拘泥于文字而不明其中道理，会因模仿《论语》而加以诟病，这些都是浅陋之见，并未心领神会。

逸才微志勤，曷究其极！中存疑阙，庸俟后贤。仍其旧篇，分为十卷。谨序

【译文】

我虽然才疏学浅但心志勤勉，何不穷尽《中说》思想的奥妙！其中留有存疑及缺漏之处，就要等待后来贤哲了。全书沿袭旧有篇目，分为十卷。郑重作序。

（阮逸）

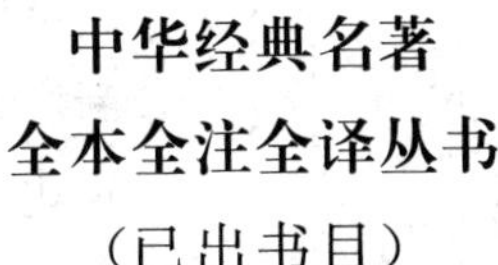

中华经典名著
全本全注全译丛书
（已出书目）

周易
尚书
诗经
周礼
仪礼
礼记
左传
韩诗外传
春秋公羊传
春秋穀梁传
孝经·忠经
论语·大学·中庸
尔雅
孟子
春秋繁露
说文解字
释名
国语
晏子春秋
穆天子传
战国策
史记
吴越春秋
越绝书
华阳国志
水经注
洛阳伽蓝记
大唐西域记
史通
贞观政要
营造法式
东京梦华录
唐才子传
大明律
廉吏传
徐霞客游记

读通鉴论
宋论
文史通义
老子
道德经
帛书老子
鹖冠子
黄帝四经·关尹子·尸子
孙子兵法
墨子
管子
孔子家语
吴子·司马法
商君书
慎子·太白阴经
列子
鬼谷子
庄子
公孙龙子(外三种)
荀子
六韬
吕氏春秋
韩非子
山海经
黄帝内经
素书
新书
淮南子
九章算术(附海岛算经)
新序
说苑
列仙传
盐铁论
法言
方言
白虎通义
论衡
潜夫论
政论·昌言
风俗通义
申鉴·中论
太平经
伤寒论
周易参同契
人物志
博物志
抱朴子内篇
抱朴子外篇
西京杂记
神仙传
搜神记
拾遗记

世说新语

弘明集

齐民要术

刘子

颜氏家训

中说

群书治要

帝范·臣轨·庭训格言

坛经

大慈恩寺三藏法师传

长短经

蒙求·童蒙须知

茶经·续茶经

玄怪录·续玄怪录

酉阳杂俎

历代名画记

化书·无能子

梦溪笔谈

北山酒经(外二种)

容斋随笔

近思录

洗冤集录

传习录

焚书

菜根谭

增广贤文

呻吟语

了凡四训

龙文鞭影

长物志

智囊全集

天工开物

溪山琴况·琴声十六法

温疫论

明夷待访录·破邪论

陶庵梦忆

西湖梦寻

幼学琼林

笠翁对韵

声律启蒙

老老恒言

随园食单

阅微草堂笔记

格言联璧

曾国藩家书

曾国藩家训

劝学篇

楚辞

文心雕龙

文选

玉台新咏

二十四诗品·续诗品

词品

闲情偶寄

古文观止

聊斋志异

唐宋八大家文钞

浮生六记

三字经·百家姓·千字文·弟子规·千家诗

经史百家杂钞